KB201454

뉴스를 묻다

뉴스통신
진흥총서
20

뉴스를 바로 보기 위해
알아야 할 거의 모든 지식

크리스토퍼 앤더슨
레너드 다우니 주니어
마이클 셔드슨
지음

오현경·김유정
옮김

일러두기
본문에서 대괄호([ ]) 안에 넣은 내용은 문맥상 의미를 좀 더 분명하게 하기 위해 옮긴이가 덧붙인 것입니다.
또한 본문 주석 중 앞에 '옙' 표시가 된 것은 독자의 이해를 돕기 위해 옮긴이가 덧붙인 것입니다.

이 책은 뉴스통신진흥자금을 지원받아 번역·출간되었습니다.

지은이 서문

2016년에 독자들에게 "언론에 관해 모두가 알아야 할 것"* 이라며 장담하는 책을 쓴다는 것은 건방지게 보일 수 있을 것이다. 어쨌든, 외부의 여러 관찰자에게 지난 20년이라는 시간은 뉴스를 이해할 수 있는 견고한 것에서 애매모호하고 불확실하며 '탈산업적'인 것으로 변형시켜 온 것처럼 보인다.** 과거에는 언론인이 저널리즘과 '뉴스'를 정의했다고들 한다. 전통적인 뉴스편집실의 작업 속도에 따라 오래된 사업 모델이 창출한 자본으로 저널리즘과 뉴스가 만들어졌던 것이다. 하지만 21세기에는 저널리즘의 생산 방식, 재원 조달 방법, 공적 목표, 그리고 심지어 **저널리즘의 정의**에 이르

---

* 역 이 책의 원제는 "The News Media: What Everyone Needs to Know"이며, 옥스퍼드대학출판사(Oxford University Press)의 "모두가 알아야 할 것(What Everyone Needs To Know)" 시리즈 중 언론 편으로 출판되었다.

** C.W. Anderson, Emily J. Bell and Clay Shirky, "Post Industrial Journalism: Adapting to the Present"(2013).

기까지 모든 가능성이 열려 있는 것 같다.

사람들은 일반적으로 언론과 저널리즘을 이해할 수 없다고 주장하지만, 사실은 우리가 많이 알고 있다는 것이 이 책의 내용이다. 우리는 우선, 언론의 과거에 대해 굉장히 많이 알고 있으며 우리가 과거 그 어느 때 알고 있던 것보다도 훨씬 더 많은 것을 알고 있다. '언론사言論史, journalism history'라는 학문 분야는 지난 수십 년간 급속도로 성장해 왔고, 이제 이 분야만의 전문 학술지, 컨퍼런스와 학술 토론회가 넘쳐난다. 우리는 언론사史라는 분야가 발달함에 따라서 언론계界가 소중히 여기는 많은 신화들이 (항상 전부 틀린 것은 아니라면) 언뜻 보는 것보다 훨씬 더 복잡하다는 것도 배우게 되었다. 물론 언론 사학자들이 그 모든 신화에 동의한다는 말은 아니다. 좋은 학문들이 그렇듯이 그들은 뉴스의 역사와 관련된 굉장히 많은 것에 대해 끊임없이 논쟁한다. 그럼에도 불구하고 언론사라는 주요 학문을 일상의 호기심 많은 독자들이 다가가기 쉽고 이해할 수 있게 만드는 것이 이 책의 목표 중 하나다.

또 믿거나 말거나 우리는 언론의 **현재**에 대해서도 대단히 많이 알고 있다. 아마도 하나의 사회로서 우리는 즉각 확인할 수 있는 것 이상의 더 많은 것을 알고 있을 것이다. 금방이라도 파산으로 치달을 것만 같은 신문사들, 급격히 변화하는 디지털 포맷들, 여기에 저항하는 언론 기관들의 전략 노트를 보고 나면, 모든 것이 이해할 수 없으며 불확실하다고 결론 내리기 쉽다. 하지만 현시점까지 디지털 뉴스는 20년 이상 존재해 왔고 그 과정에서 축적된 방대한 양의 데이터와 어렵게 얻은 지혜가 존재한다. 뉴스에 관해 이용할 수 있는 실제 **데이터**는 과거 그 어느 때보다 더 많다. 그중에 하나만 예를 들자면, 퓨리서치센터의 「뉴스 미디어 이용 현황State of the News Media」보고서*는 불과 2004년에 처음 발간되었을 뿐이지만 그때부터 매해 발간되고 있다. 그리고 이제는 일반인과 전문가 및 학계의 독자에게 10년 전에는 존재하지도 않던 보고서를 끝없이 제공하는 듯 보이는 준₩학술적 싱크탱크들이 옥스퍼드 대학의 로이터 연구소**부터 컬럼비아 대학의 토센터***에 이르기까지 무리지어 있다. 하지만 오늘날에는 단순히 데이터를 넘어서 언론에 관해 축적

---

* 옙 퓨리서치센터에서 매해 발간하는 이 보고서는 다음 웹사이트에서 찾아볼 수 있다. https://www.pewresearch.org/topics/state-of-the-news-media/
** 옙 2006년에 톰슨 로이터 재단(Thomson Reuters Foundation)의 기금을 바탕으로 영국 옥스퍼드 대학 내에 설립된 연구 기관으로, 정식 명칭은 'Reuters Institute for the Study of Journalism'이며, 2012년부터 매해 "Reuters Institute Digital News Report"를 발간하고 있다.
*** 옙 2010년에 온라인 저널리즘 연구 및 교육을 위해서 미국 컬럼비아 대학 내에 설립된 연구 기관으로, 정식 명칭은 'Tow Center for Digital Journalism'이다.

된 방대한 **지혜**가 있다. 지난 몇 년간 뉴스 업계의 전문가들은 그들의 사업에 관해 정말 많은 것을 배웠으며, 우리는 그 축적된 지혜의 일부를 다음 장에서 여러분과 함께 공유하고 싶다.

미래에 대한 예측이 대개 학자가 아니라 예언자 및 점성술사의 영역이라는 점에서 아마도 부끄러울 것은 없겠지만, 우리도 다른 사람들과 마찬가지로 뉴스의 **미래**는 과거나 현재에 비해 훨씬 더 불확실하다는 것을 인정한다. 심지어 이 책을 집필하는 동안에도 저자들은 새로운 발명품들을 보게 되었다. 예컨대, 페이스북Facebook 같은 디지털 플랫폼들도 언론으로서 영향력이 증가한 것이라든지, 훗날 '파나마 페이퍼스Panama Papers*'로 알려지게 된 문서들이 대량으로 유출되어 이를 보도하기 위해 언론사들 간에 유례없는 협업이 이루어지고 있는 것 등은 이 책의 작업을 시작하던 당시에는 예상하지 못했던 초미의 문제가 되고 있다. 이는 출처가 무엇이건 간에 예언을 너무 믿어서는 안 된다는 경고임이 틀림없다. 하지만 저널리즘에 어떤 일이 일어날지에 대한

---

* 옙 파나마 최대 로펌인 모색 폰세카(Mossack Fonseca & Co.)가 보유하던 약 1150건의 기밀문서로, 세계 각국의 정부 고위 관료 등의 조세회피 관련 내용이 포함되어 있으며, 2016년에 국제탐사보도언론인협회(International Consortium of Investigative Journalists)가 조사해 폭로했다.

합리적 논의를 이 책의 바깥에다가 남겨두는 것은 호기심 많은 독자들에게 못 할 짓이다. 그리고 여기가 바로 과거와 현재에 대해 조금 알고 있다는 것이 유용해지는 지점이다. 앞으로 어떤 일이 일어나게 될지 확실하게 아는 것은 불가능하지만, 뉴스의 역사와 뉴스가 현재 작동하는 방식 둘 다를 익숙하게 알고 있으면 지금으로부터 10년 혹은 심지어 20년 후에 어떤 일이 **일어나게 될지** 추측하는 데 훨씬 더 큰 힘이 된다. 그리고 심지어 이런 추측이 완전히 빗나가더라도 여기서 미래에 관한 몇몇 질문에 우리가 답한 것이 적어도 좋은 논의를 불러일으키기를 바란다!

이 모든 것을 고려하면 이 책이 뉴스의 '과거', '현재', '미래' 세 장으로 구분되는 것은 놀랍지 않을 것이다. 초고 단계에서는 셔드슨 교수가 뉴스의 과거를, 다우니 교수가 현재를, 그리고 앤더슨 교수가 뉴스의 미래와 씨름하며 행운을 빌어주었다. 하지만 집필 과정을 거치면서 저자들 간 작업 구획은 흐릿해졌고 최종 원고는, 궁극적으로 이를 바라는 것이 당연하듯, 우리의 사고 과정이 통합되어 정제된 것이라고 확신한다.

다양한 집단의 독자들이 각기 다양한 목표를 마음속에 두고 이 책을 읽기 시작할 것이다. 일반 학생들은 저널리즘의 과거에 대한 논의에서 중요한 가치를 발견하게 될 것이다.

특히 현직에 있는 언론인 또는 언론학도는 이 책의 제2장 '현재'에 가장 많은 관심을 갖게 될 것이다. 그리고 뉴스의 미래에 대한 약간의 예측을 좋아하지 않을 사람이 누가 있을까? 하지만 우리는 어떤 이유에서든 이 책을 접하게 된 독자들이 이 책을 끝까지 놓지 않고 뉴스에 관해 처음에 예상하지 못한 것들을 알게 되기를 바란다. 바쁜 언론사 간부들이 자기 직업의 역사에 관해 배울 수 있기를 바란다. 언론 사학자들이 재빨리 최신 정보를 얻고 21세기에는 언론에 어떤 변화가 나타날지에 대해 가장 견문이 넓은 상태에서 사고할 수 있기를 바란다. 그리고 아마도 가장 중요한 것은, 모든 독자들이 언론에 관해 여전히 우리가 모르는 것이 많더라도 그만큼 우리가 알고 있는 것도 많다는 것을 이 책을 다 읽고 나서 깨달을 수 있기를 바란다.

차례

2
현재

3
미래

1

과거

The Past

세계 최초의 신문은 언제, 어디서 발간되었을까?

이 질문에 대한 답은 우리가 무엇을 '신문'으로 정의하느냐에 따라 다르다. 우리가 여기서 말하는 신문은, 주제 면에서는 **현재 중심**적이고, (수기로는 훨씬 더 어렵고 비용이 많이 들기 때문에 일반적인 유통을 가능하게 해주는) **인쇄물**의 형태이며, (추가 발행에 대한 약속이나 기대가 없이 특정 행사에 관한 뉴스를 전달하기 위해 발행하는 광고지와는 달리) **주기적**으로, (개인적 서신과는 달리) 발행인들은 모를 수 있는 사람들이 다수 포함된 불특정 다수의 대중에게 배포하는 것을 목적으로 **출판**되는 것을 의미한다고 가정해보자. 최초의 신문은 독일 슈트라스부르크 Strasbourg의 인쇄공 요한 카롤루스Johann Carolus가 1605년에 만들었다. 이후 곧 비슷한 신문들이 잇따라 등장했다.

얼마 뒤인 1620년에는 최초의 영어판 신문도 등장했다. 영어판 신문이 처음 발행된 곳이 런던이나 옥스퍼드가 아니라, 최초의 프랑스어판 신문이 발행된 곳이기도 한 암스테르담이라는 점은 현대의 독자에게 놀랍게 다가올 수도 있을 것이다. 암스테르담에서 발간된 프랑스어판 신문과 영어판 신문은 각각 프랑스와 영국 시장을 위해 독일어 및 네덜란드어 신문을 번역한 것이었다.

그리고 미국 최초의 신문은 언제, 어디서 발간되었을까?

미국 최초의 신문은 1690년 보스턴에서 발행된 《퍼블릭 어
커런스Publick Occurences Both Foreign and Domestick》로, 이는 미국
으로 독립하기 이전인 영국 식민지 시대의 북미 지역 최초
의 신문이다. 이 신문의 소유주 벤저민 해리스Benjamin Harris
는 "너무도 많이 발생해서 우리가 알아채게 된 일들"을 독자
들에게 매월(또는 "어떤 사건이건 넘쳐"나기만 한다면 그보다 더 자
주) 충실히 제공하겠다고 밝혔다. 이 신문은 "신의 섭리에
따라 일시적으로 발생하는 기억할 만한 사건"이나 "사회 문
제의 상황"에 관한 뉴스를 다루고자 했다. "우리의 주의를
끄는" 것만 발간하려는 수동성이라든지, 일반적으로 한 달
에 한 번만 발간하려는 의도, 그리고 보도할 만한 뉴스 가치
가 있는 관련자들이 신성하면서도 인간적이라는 전제에 주
목해 보자.

　이런 야심을 깨뜨린 것은 사람들이었는데, 일차적으로는
소유주인 해리스 그 자신이었다. 그는 왕실의 발행 허가를
유지하지 못했고, 신문은 첫 호 발행 이후 폐간되어 사라졌
다. 그 이후에 저널리즘으로 뛰어든 모험가는 10년 넘게 나
타나지 않다가 1704년에 역시 보스턴에서 등장한 《보스턴
뉴스레터Boston Newsletter》였다. 그 발행인인 존 캠벨John
Campbell은 보스턴의 우체국장이자 서점주였으며, 초기 신문

사업자 중에는 이례적으로 인쇄업자가 아니었다. 《보스턴 뉴스레터》의 내용도 그 이후에 등장한 식민지 시대 초기 신문들처럼 기본적으로 런던의 신문에서 전재轉載한 뉴스였다.

그렇다면 1600년대까지는 언론이 존재하지 않았던 것일까? 현재에 일어난 사건을 주된 내용으로 하여 정기적으로 인쇄물의 형태로 출간하는 식의 신문은 존재하지 않았다. 고유한 정의를 가지며 인간의 다른 활동과 차별화되는 활동의 장으로서의 저널리즘, 사람들이 직업상 혹은 취미로 자신을 그 일부로 이해할 수 있는 사회적 영역으로서의 저널리즘, 그리고 다른 영역과 최소한 부분적으로라도 구별되는 일련의 이념과 실천으로서의 저널리즘 같은 것은 존재하지 않았다.

　뉴스와 뉴스 취재, 뉴스 배포 자체가 없었다는 뜻은 아니다. 언어가 발생한 곳이라면 어디든, 이를테면 "도망쳐, 약탈자들이 나타났어!" 하고 소리쳐 집단 내부 구성원들에게 위험을 알려주는 사람들이 당연히 존재했을 것이다. "배의 오른편 전방에 고래가 나타났다!" 하고 외쳐서 자신의 승무원들에게 위험을 알린 에이허브 선장Captain Ahab* 같은 선조

* 옙 허먼 멜빌(Herman Melville)의 소설 『모비딕(Moby-Dick)』의 주인공으로, 거대한 고래 모비딕을 잡기 위해 분투하는 인물로 그려진다.

들도 당연히 있었을 것이다. 글쓰기가 발달한 이후에는 사람들이 "적군이 산 너머에 나타났대" 혹은 "에이미가 브라이언을 좋아한대" 같은 소식을 틀림없이 서로 주고받았을 것이다. 이는 모두 현재와 관련된 정보를 담고 있다. 하지만 그런 것은 차별화되는 사회적 기능을 수행하고 특수한 목적을 추구하는 저널리즘과는 거리가 멀다.

신문이 존재하기 전에는 설교가 지금의 뉴스와 같은 목적을 갖는 경우도 있었다. 설교는 서로 알고 지내는 공동체를 위해 정기적으로 공표하는 것이지만, 어느 일요일에든 이방인도 일부 포함될 수 있다. 설교는 추후에 책의 형식으로 출판되기도 했지만, 그때쯤에는 지역 현안에 관한 뉴스로서 설교의 가치는 사라졌을 것이다. 실제로 1500년대 후반부터 1600년대 초반까지 영국에서는 설교가 주님의 뜻이라는 맥락에서 해외의 군사적 전투 결과를 교구 주민들과 공유하는 수단인 경우가 적지 않았다. 그러나 설교가 세상의 뉴스를 제공하는 수단이었을 때조차 당연히 그것은 확연히 종교적인 환경에서 종교적인 목적으로 전달되었다. 신문은 400년 동안 저널리즘의 중심이었는데, 교회의 후원을 받는 중요한 신문이라 하더라도 그 계보는 종교가 아니라 국가와 정당, 상업에 뿌리를 두고 있다.

공적인 통신 수단으로서 뉴스를 체계적으로 제공하고자

하는 계기들은 고대 로마 시대부터 간간이 있었지만, 적어도 1600년대 이후로 우리가 알고 있는 언론으로 발돋움하는 데 업적을 남기지는 못했다. 중국에서는 18세기 초 《경보京報》*가 발간되기 약 1000년 앞서 이미 궁중의 관보官報가 존재했지만, 그 독자는 일반 대중이 아니라 궁궐의 대신이었다. 중국에서 최초의 근대적 신문으로 볼 수 있는 것은 개신교 선교사들의 주도로 19세기에 등장했다.

현대적 신문과 언론은 특이해 보여서는 안 됐다. 스토리텔링은 오래된 전통이지만, 서구에서 소설이 내러티브 형식으로 나타나게 된 것은 1700년대였다. 인간은 짐작컨대 항상 호기심이 많고 탐구적이었지만, 하나의 구별되는 직업이자 영역 및 활동으로서의 체계적인 과학이 등장한 것은 1600년대였다. 사람들은 또한 자신을 둘러싼 새로운 사건에 대해 늘 궁금해했지만, 그런 시사 문제에 관한 단평이나 해설을 정기적으로 유포하는 것이 의도적인 활동으로 체계화된 것은 고작 400년 정도밖에 되지 않았다.

* 역 중국에서 목판인쇄술이 처음 등장한 것은 당나라(618~917) 때이지만, 최초의 신문은 청나라(1616~1912)의 관보로 등장한 《경보》다.

초기 신문은 어떤 모습이었을까? 누가, 왜 시작하게 되었을까?

초기 신문들(1600년대와 대략 1700년대 중반까지의 신문들)은 모두 '신문'이라는 정의가 시사하고 있는 것처럼 일반 독자를 위해 내용상 주로 현재에 관심을 둔 정기 간행물로 출간되었다. 하지만 신문이 어떠해야 한다는 단일한 모형이 있었던 것이 아니라 다양한 모형이 존재했으며 여러 모형이 혼합된 형태로도 존재했다.

역사학자 찰스 클라크Charles Clark는 18세기 영국 및 그 식민지령의 〔신문〕 글쓰기에서 네 가지 유형이 발견된다고 말했다. 한 가지 중요한 유형은 국가에서 공식적으로 발행하는 뉴스 간행물로, 1600년대에 처음 등장했다. 영국에서는 《런던 가제트London Gazette》가 1665년에 정부 간행물로 처음 시작되었다. 이는 공식적인 정부 발표문 모음집이었다. 또 다른 모형은 '광고지advertiser'였다. 광고주가 광고**만** 싣는 경우도 있었다. 이런 광고지는 서점, 카페, 여관 등에서 무료로 배포할 수 있었다. 런던의 《시티 머큐리City Mercury》는 이런 방식으로 1670년대에 등장했으며, 1690년대에 이르러서는 광고만 싣는 것이 아니라 경제 뉴스도 함께 싣기 시작했다.

세 번째 유형은 강한 정파성에 따라 출판되는 선전지propaganda journal였다. 마지막으로, 문학적이고 풍자적인 신문과 잡지가 있었다. 영국의 가장 대표적인 사례는 활달하고 유머러스하며 때로 철학적 성향을 가진 작가로 명성을 얻은 조지프 애디슨Joseph Addison이 1710년에 발행한 《스펙테이터The Spectator》였다. 놀랍게도 애디슨은 보통 신문이 일주일에 한 번 발행되던 시대에 개인 블로그와도 같은 1인칭 출판물을 몇 년 동안 매일매일 발간했다. 1700년대에 걸쳐 다양한 형태를 띤 신문의 개수가 점점 늘어났다. 1790년까지 런던에서 집계된 신문은 23개에 달했다.

식민지*에서 초기 신문들은 어떤 모습이었으며, 누가, 왜 시작하게 되었을까?

사실 식민지 시대 미국에서 신문은 손에 꼽을 정도로 적었다. 창간호를 발행하고 유지된 첫 번째 신문이 바로 1704년 창립된 《보스턴 뉴스레터》였다. 약 10여 년 후에 벤저민 프랭클린Benjamin Franklin의 큰형 제임스 프랭클린James Franklin이 보스턴에서 신문사 창업을 고려하자 그의 친구들은 매사추세츠에 신문은 하나면 충분하다며 그를 말렸다. 제임스 프랭클린은 그럼에도 불구하고 《뉴잉글랜드 커런트The New

---

* 〔역〕 여기서 말하는 '식민지'란 훗날 미국의 영토가 된 북미 동부 연안에 위치한 13개 지역(뉴욕주, 뉴저지주, 펜실베이니아주, 메사추세츠주 등)을 가리키는 용어로, 이 절에 나오는 식민지는 모두 이런 지역을 의미한다.

England Courant》를 창간했고, 어린 벤저민을 견습생으로 고용해 신문 사업의 경험을 쌓게 했다.

1760년 총 13군데의 미국의 식민지에서는 약 20개의 신문이 존재했고, 1775년에는 신문사 개수가 40개로 두 배나 증가했는데, 주로 보스턴, 뉴욕, 볼티모어, 필라델피아의 인구 밀집 지역에서 늘어난 것이었다. 당시 신문들은 그보다 먼저 탄생한 런던의 신문들처럼 한 면이 두세 열로 구성된 네 장짜리 주간지였다. 그 내용은 여러 종류의 지역 광고, 지역의 소문에 관해서 몇 단락, 그리고 런던의 신문들로부터 직접 전재轉載, reprinting한 유럽의 정치와 경제 관련 다량의 정보로 구성되었다(그리고 그 런던의 신문들은 종종 네덜란드, 독일, 이탈리아 기사를 번역한 네덜란드 신문의 기사를 전재했다). 조지 워싱턴George Washington 대통령 시절에 국무장관이었던 토머스 제퍼슨Thomas Jefferson은 대부분의 미국 신문사들이 일상적으로 전재하던 런던의 신문보다 프랑스 혁명에 훨씬 더 동조하던 네덜란드 신문 《가제트 드 레드Gazette de Leyde》*의 기사를 신고 싶어 하는 편집인들과 함께 일했다. 제퍼슨은 오늘날의 중개仲介, aggregating와도 같은 전재가 미국 신문들이

---

* 옙 《가제트 드 레드》는 17~18세기 네덜란드의 레이던(Leyden, 프랑스어로 Leyde)에서 프랑스어로 발행되던 신문으로, 오늘날 유럽의 신문 역사에서 비중 있게 다뤄진다.

작동하는 법이라는 점을 매우 잘 이해하고 있었다.

당시 어떤 식민지 신문이든 다른 식민지에 대한 정치 뉴스는 거의 찾아보기 어려웠다. 지역 정치 뉴스가 언급되거나 논의되는 경우는 거의 없었다. 인쇄업자들은 신문을 정치적인 수단으로 보거나 스스로 뉴스를 수집하는 전문적인 기관이라고 생각하지 않았다. 그들은 단지 주문받은 것을 인쇄할 뿐이었다. 그들은 논란을 피하고자 했지만, 일반적으로 개인 고객들이 무료로 제공한 기고문이라면 내용에 관계없이 무엇이든 인쇄했기 때문에 논란을 항상 피할 수는 없었다. 하지만 당시 신문에는 〔영국 등〕 해외 뉴스가 압도적으로 많았다. 벤저민 프랭클린이 필라델피아로 이주해 그곳에서 자신의 신문인《펜실베이니아 가제트Pennsylvania Gazette》를 시작했을 당시 몇십 년 동안 필라델피아 및 펜실베이니아주 식민지의 정치를 다루는 뉴스는 6% 수준에 불과했다.

대중이 정치 뉴스에 적합한 독자라는 인식은 거의 없었다. 정치적 사안에 지면을 할애하는 비정기적 책자는 있었지만, 이는 일반 대중이 아니라 식민지의 의회나 입법 기관을 대상으로 한 것이었다. 작가들이 명백하게 일반 시민들을 독자층으로 하여 제작한 책자는 1740년대까지 존재하지 않았다. 이후 특히 뉴욕, 필라델피아, 보스턴과 같은 상업과 소동commerce and commotion의 중심지에서 정치적 갈등이 갈수

록 흔해지면서 비로소 일반 시민을 독자로 하는 인쇄물이
출간되었다.

수정헌법 제1조는 어떤 의미일까?

수정헌법 제1조는 다음과 같은 하나의 문장으로 되어 있다.
"의회는 종교를 설립하거나, 자유로운 종교 활동을 금지하
거나, 표현의 자유나 언론의 자유, 평화로운 집회의 자유,
그리고 정부에 청원할 수 있는 권리를 제한하는 어떤 법률
도 제정할 수 없다." 만약 여기서 언론 부문에 초점을 맞추
자면 "의회는 … 표현의 자유나 언론의 자유를 제한하는 어
떤 법률도 제정할 수 없다"라고 할 수 있을 것이다.* 너무나
도 간단명료한 조항이지 않은가? 그럼에도 불구하고 이 조
항에 관한 수천 편의 책과 법학 학술논문이 쏟아져 나왔을
만큼 해석의 여지도 많고 복잡한 조항이다. 그리고 연방 대
법원의 대법관 중 한 명(휴고 블랙Hugo Black 판사)은 "'어떤 법
률도 안 된다'는 것은 말 그대로 아무 법률도 만들 수 없

---

* ⑲ 수정헌법 제1조의 원문은 다음과 같으며, 여기서 강조한 부분은 언론의 자유가 명
시된 부분이다. "Congress shall make **no law** respecting an establishment of
religion, or prohibiting the free exercise thereof; or **abridging the freedom of
speech, or of the press**; or the right of the people peaceably to assemble,
and to petition the government for a redress of grievances."

다'"*라는 의미라고 선언하기도 했지만, 이는 그의 희망사항이었다. 수많은 법률과 사법 해석이 수정헌법 제1조에 의거해 표현과 언론에 어떤 제한이 허용될 수 있는지를 집어내려고 해왔던 것이다.

수정헌법 제1조를 작성한 사람들과 이를 1791년 미국 헌법 개정으로 승인한 사람들에게 이 조항이 의미하는 바는 간단했다. 시간이 흐르면서 이 조항의 의미는 매우 달라졌다. 이 조항은 20세기에 이르러서야 언론에 관한 법의 초석이 되었다.

그렇다면 이 조항을 만들고 수정헌법에 이 조항을 넣은 사람들이 당시에 생각했던 것은 정확히 무엇이었을까? 역사학자에 따라 의견이 엇갈리기는 하지만, 수정헌법 제1조 중 "의회는 … 표현의 자유나 언론의 자유를 제한하는 어떤 법률도 제정할 수 없다"라는 언론의 자유에 관한 조항에서 헌법 제정자마다 역점을 두는 부분에 차이가 있음에도 가장 중요한 단어가 바로 '의회'라는 점에는 대부분이 동의한다.

---

* 🈟 원문은 "'No law' means no law"이다. "의회는 … 표현의 자유나 언론의 자유를 제한하는 어떤 법률도 제정할 수 없다(Congress shall make **no law** … abridging the freedom of speech, or of the press"라는 수정헌법 제1조 조문을 어떤 예외도 허용하지 않는 것으로 해석한 휴고 블랙(1937~1971년 대법관으로 재직)은 절대론적인 표현의 자유를 주장한 대법관으로 평가된다.

실제로 제임스 매디슨James Madison은 수정헌법에 연방 정부뿐 아니라 주 정부도 언론의 자유를 제약하거나 개입할 수 없게 하는 조항을 넣을 것을 제안했지만, 이는 불발되었다. 연방법 차원에서는 언론의 자유를 제한하는 법률의 제정을 금지하는 조항이 살아남았지만, 주법에서는 아니었다. 토머스 제퍼슨은 1804년에 애비게일 애덤스Abigail Adams에게 이렇게 설명했다. "우리는 의회가 언론의 자유를 제한할 권한이 있다는 것을 부인하지만, 주 정부가 독자적으로 그렇게 할 권한에 대해서는 항상 주장해 왔다." 그런 제퍼슨도 대통령으로 재직할 당시(1801~1809)에 정부 비판 기사를 실은 언론사를 자신의 정치적 동지들이 명예훼손으로 고소하도록 (주 법원에서 고소하는 한) 부추긴 것은 한 번뿐이 아니었다.

지금의 수정헌법 제1조가 모양새를 갖추기 시작한 것은 약 한 세기 전부터였다. 1925년(기틀로 대 뉴욕Gitlow v. New York 판례)에 이르러서야 연방 대법원은 수정헌법 제1조의 적용 대상에 주 정부의 행위가 포함된다는 판례를 내놓았다. 이후 1931년 연방 대법원은 주에서 제정한 표현 및 언론의 자유 제한 법률이 수정헌법 제1조에 위배된다는 이유로 첫 위헌 판결을 내렸다.

1920년대에 와서 모양이 갖춰지기 시작한 수정헌법 제1조는 1964년 그 유명한 '뉴욕 타임스 대 설리번New York

Times v. Sullivan' 판례를 계기로 더욱 자리를 잡아가기 시작했는데, 가치가 '높은' 발언과 '낮은'(적어도 '상대적으로 더 낮은') 발언을 구분하는 대법원의 판결이 등장하면서 더 견고해졌다. 정부나 정부 관료에 대한 비판적 발언을 비롯해 선거와 정치 및 공공정책에 관한 발언은 가치가 높은 발언이라는 것이다. 미국 헌법 제정자들이 가장 유념했던 것이 바로 이런 발언 유형이다. 정치적 발언을 보호하는 것은 매우 중요하지만, 몇몇 유형의 발언(허위 광고, 명예훼손 발언과 비방, 범죄 모의를 재현하는 발언, 혹은 폭력을 부를 만한 공격적 언사)은 보호받을 수 없다고 대법원은 판결해 왔다.

설리번 판례에서 문제가 된 표현은 《뉴욕 타임스The New York Times》에 실린 광고였는데, 이는 앨라배마주 정부에 대한 소송을 진행 중이던 마틴 루서 킹 목사의 변호를 위해 기금을 모금하는 광고였다. 앨라배마주의 몽고메리 카운티 경찰위원* 설리번은 해당 광고에 자신의 이름이 직접 언급되지는 않았지만 해당 광고가 비난한 몽고메리 경찰을 감독하던 공무원이었다. 그는 해당 광고로 자신의 명예가 훼손되었다고 주장하면서 뉴욕 타임스사에 손해배상 소송을 제기

---

* 역 미국에서는 대체로 주 및 도시마다 독임제로 경찰청장을 두고 있지만, 명칭은 경찰위원(public safety commissioner), 경찰관리관(director of public safety), 경찰청장(chief of police) 등 기관에 따라 차이가 있다.

했다. 대법원은 만장일치로 뉴욕 타임스사의 손을 들어주었다. 이 판결은 공직자가 언론사를 상대로 한 명예훼손 소송에서 승소하는 것이 몹시 어렵다는 것을 증명했다. 공직자는 언론사가 거짓 정보나 표현을 게재했다는 점은 물론, 거짓임을 알고도 '악의적으로' 게재했다는 점도 입증해야 했기 때문이다.

20세기의 사법적 판결들을 통해 수정헌법 제1조를 구체화하는 원칙들이 만들어졌으며 가치 높은 발언과 그렇지 않은 발언 간의 구분이 생긴 것도 이 시기였다. 이는 헌법 제정자들이 미처 생각하지 못한 것이었다. 따라서 수정헌법 제1조는 미국 역사와 함께 변해왔다고 할 수 있다. 변하지 않은 것이 있다면, **언론인이 미국 헌법에서 언급된**("… or of the press") **유일한 직업군**이라는 사실에 대한 미국 언론의 자부심이다. 또한 분명한 것은 언론의 자유에 관한 미국의 사법적 원칙이 여러 차례 변화해 왔음에도 현대의 그 어떤 민주주의 국가들, 심지어 언론의 자유를 실질적이고 엄격하게 보장하는 국가들과 비교하더라도 폭넓은 표현의 자유 및 언론의 자유에 대한 정부 규제나 제약에 찬성할 가능성은 더 적다는 점이다.

언론의 자유에 대한 미국의 전통은 다른 민주 국가들과 어떤 차이가 있을까?

대부분의 민주주의 국가들은 '반론권'과 관련한 법률을 두고 있는데, 이에 따라 공직 후보자들에 대한 비판적 논평을 실은 언론사는 요청이 있는 경우에 비판을 받은 개인이 대응할 수 있는 장을 제공해야 한다. 그러나 미국 연방 대법원은 그런 법률이 수정헌법 제1조에 저촉된다고 선언했다. 유럽의 여러 민주주의 국가에서는 '혐오 표현hate speech'을 법으로 금지하고 있으나, 미국 법률은 그렇지 않다. 유럽의 법사상가들은 표현의 자유 및 언론 자유에 관한 자신들의 관점이 궁극적으로는 수정헌법 제1조가 기여하는 것보다도 더 민주주의에 기여한다고 옹호했다. '반론권'에 관한 법률은 사적 소유의 언론사들이 비판하거나 공격했던 대상에게 발언권을 제공할 것을 요구하지만, 그 언론사가 표현하고자 하는 바를 제한하지는 않는다. 이처럼 정부가 〔반론권을 보장함으로써〕'더 많은 의견'이 나올 수 있게 하는 것은, 관련법이 시행되지 않아서 결과적으로 '표현의 위축'을 가져오는 것보다 낫지 않을까?

혐오 표현은 폄하(실제로 혐오의 대상이)되곤 하는 소수 집단의 구성원들을 상당히 위축시킨다. 혐오 표현은 위협적이며 폭력을 선동하거나 부추길 수도 있다. 그렇다면 혐오 표현을 금하는 것은 가장 중요한 민주주의의 가치에 도움이 되지 않을까? 신중하게 작성한 혐오 표현 금지 법안을 정부가 기꺼이 시행하고자 할 정도로 말이다. 미국의 법사상가들 중에는 혐오 표현 금지를 옹호하는 유럽의 법사상가들에게 동의하는 의견도 있지만, 어떤 방식으로든 정치적 표현으로 추정되는 것을 금하는 것은 위험할 수 있다는 의견도 있다.

수정헌법 제1조가 아무리 독창적이라고 해도 제2차 세계대전 이후에는 언론의 자유가 불완전한 전 세계 여러 국가에서도 표현의 자유 및 언론 자유에 대한 신념이 공언되었다. 1948년 유엔에서 채택된 세계인권선언Universal Declaration of Human Rights에서도 19조에 "모든 사람은 자유롭게 생각하고 표현할 권리를 가지고 있다. 이런 권리에는 외부의 간섭을 받지 않고 의견을 고수할 자유, 국경에 구애받지 않고 모든 매체를 통해서 정보와 의견을 구하며 얻고 전달할 수 있는 자유를 포함한다"라고 선언하고 있다.

미국 헌법 제정자들은 어떻게 수정헌법 제1조를 승인할 수 있었을까? 또 신문에 대한 연방 보조금은 어떻게 지지할 수 있었을까? 그리고 연방 정부를 비판하는 것을 범죄로 간주한 1798년 선동금지법*은 어떻게 통과될 수 있었을까?

수정헌법 제1조에 대한 현대적 이해와 해석이 미국 헌법 제정자들에게는 이해가 되지 않을 수도 있다는 점을 생각해 볼 필요가 있다. 그들은 분명히 연방 정부가 언론을 **장려하는** 것을 수정헌법 제1조가 금지하고 있다고 생각하지는 않았다. 이 조항은 단지 정부가 언론의 자유를 **제한하지** 못하게 하는 것이다. 따라서 수정헌법 제1조가 입법화된 지 1년 후인 1792년에는 조지 워싱턴 대통령이 우편법Postal Act을 의회의 승인을 거쳐 법률로 제정했다. 우편 체계에 대한 기본 원칙을 수립하는 과정에서 우편법은 (당시 신문 유통의 일반적인 방식이었던) 우편으로 발송되는 신문에 할인된 우편 요금을 적용하는 우대 조치를 시행했다. 신문을 다른 신문사로 우편 발송하는 경우에는 요금이 모두 무료였다. 초기의 신문사 편집장들에게 이는 결코 사소한 것이 아니었다. 당시 신문의 주된 역할은 '중개자aggregators'였다. 그들은 다른 신문에서 찾아낸 기사를 자사의 신문에 전재해 지역 독자에게 제공했다. 따라서 우편법은 어떤 의미에서 초기 미국 언론의 뉴스 수집에 필요한 주요 수단을 정부가 직접적으로 지

* 옙 정식 명칭은 '외국인 규제 및 선동 금지법(Alien and Sedition Act)'으로, 이 법률에 따르면 정부에 대한 비판은 금지되어 미국 정부에 대한 거짓된 정보를 포함하는 글, 혹은 추문을 들추고 악의적인 글을 인쇄하는 것은 범죄 행위로 간주된다. 이 법은 우리말로 '보안법', '치안유지법', '폭동방지법' 등으로도 번역되지만, 제1장을 마이클 셔드슨 교수가 집필했다는 점을 고려해 그의 다른 책 『뉴스의 사회학(The Sociology of News)』의 국내 번역서에 사용된 용어를 따라 '선동금지법'으로 옮겼다.

원하는 보조금의 성격이 강했다. 당시 신문사들은 서로 자신들의 신문을 신속하고 저렴하게 교환하지 않고서는 살아남기 힘들었다.

선동금지법(1798)도 마찬가지다. 혹자는 이에 대해 언론의 자유를 옥죄는 법률이었다고 평하기도 한다. 이 법에 따르면, "미국 정부나 국가에 대한 … 거짓의 추문을 다룬 악의적인 글"을 실은 신문의 편집인을 벌금이나 징역형에 처할 수 있었다. 하지만 선동금지법은 정부가 취약한 기관으로 여겨지던 시대, 미국 연방 정부가 프랑스와 선전포고 없는 전쟁Undeclared War with France*을 벌이던 시기에 법률로 제정되었다. 미국 정부는 광범위한 군사력의 방비와 고속도로 건설 및 세금 징수로 유지되는, 대리석 궁전에서 칙령을 내리는 위압적 세력이 아니었다. 미국 독립의 아버지들은 정부나 공직자 개인을 문제 삼는 것이 〔설립된 지〕 10년도 채되지 않아 검증되지 않은 공화당 정부의 존립을 심각하게 위협한다고 강하게 확신했다.

실제로 '공화당계' 신문의 약 4분의 1은 존 애덤스John

---

* 옌 1798년부터 1799년까지 프랑스 혁명 이후 들어선 프랑스 정부와 미국 간에 발생한 모든 해상 전쟁을 가리키는 표현으로, '유사전쟁(Quasi-War)', '해적전쟁(Pirate Wars)', '절반전쟁(Half-War)' 등으로도 불린다. 당시 미국의 존 애덤스 대통령이 1800년 프랑스와 새로운 통상 협정을 맺으면서 타협이 이루어졌다.

Adams 행정부 및 그의 '연방주의' 기조를 향해 맹공을 퍼부었고, 선동금지법에 의거해 발행인이 구속되는 상황도 발생했다. 그러나 이런 조치는 반대파인 공화당의 투사 토머스 제퍼슨이 1800년 대선에서 당선되는 것을 막지는 못했다. 선동금지법은 제퍼슨 대통령 당선 이듬해인 1801년에 폐기되었고 제1차 세계대전 발발까지 이와 비슷한 법률이 제정된 예는 없었다.

그렇다면 미국의 헌법 제정자들은 어떻게 선동금지법과 수정헌법 제1조를 조화시킬 수 있었을까? 그러지 못했다. 선동금지법은 매우 근소한 차로 통과되었다. 매디슨과 제퍼슨은 이를 강하게 반대했다. 그러나 이를 적용하는 법원에서 이 법률 자체를 크게 중시하지 않았다. 당시는 연방 대법원에서 의회에서 제정한 법률이 헌법에 위배되는지를 판단하는 이른바 위헌 법률 심사의 법적 전통이 있었던 것도 아니었다. 이런 위헌 법률 심사는 마베리 대 매디슨Marbury v. Madison 판례가 나온 1803년에 가서야 비로소 확립되기 시작한다.

19세기에 미국을 방문한 유럽인들은 미국 언론을 보며 왜 그렇게 자주 놀라워(그리고 때로는 두려워)했을까?
놀라워했던 것은 분명하다. 당시 그토록 **많은** 수의 신문이 존재하고 있었던 것에 놀랄 수밖에 없었다! 더구나 도시는 물론이고 정치 중심부와 멀리 떨어진 작은 마을에도 신문이 존재한다는 사실이 놀라울 수밖에 없었을 것이다. 그렇다면 미국에는 왜 그렇게 많은 신문이 존재했던 것일까? 그 대답에는 미국 건국의 아버지들이 신문사 창간을 장려하도록 했다는 점이 큰 부분을 차지한다. 당시 연방 정부는 미국 전역에 우체국을 두었다. 1830년까지 미국은 10만 명당 하나 꼴로 우체국을 둔 영국보다 약 4배, 당시 프랑스보다는 15배나 많은 우체국을 설치했다. 또한 미국 정부는 신문사에 대해 우편 요금을 낮춰주고 신문사 간에 주고받는 우편물에 대해서는 요금을 면제해 줌으로써 신문 유통을 금전적으로 지원했다. 특히 후자의 정책은 당시 신문들이 내용의 상당 부분을 구성하기 위해 서로의 기사를 자유롭게 전재했기 때문에 뉴스 수집의 효과를 크게 높여주었다.

미국에서 신문과 같은 언론이 탄탄하게 자리 잡을 수 있었던 또 다른 요인으로는 각 신문사가 지역 공동체를 대표하는 상징으로 여겨졌다는 점을 지적할 수 있다. 당시 각 지역 공동체에서 신문은 단순한 뉴스 수집 기구라기보다는 지역 내 경사스러운 일들을 알리는 일종의 상공회의소와도 같았다. 19세기 중반 미국 국경은 계속 서쪽으로 확장되었고, 이에 따라 인구도 적고 경제적 자원도 한정된 새로운 마을과 공동체는 새로운 정착자들을 마을로 끌어들여 공동체를 키우고자 했으며, 앞다퉈 대학 설립, 호텔 건축과 더불어 자신들의 경제적 기대감을 북돋아줄 수 있는 신문을 창간하고자 했다.

유럽 방문자들의 간담을 서늘하게 했던 것은 바로 19세기 정파적 신문들의 오만함, 독설, 과장이었다. 당시 젊은 프랑스 지식인이었던 알렉시스 드 토크빌Alexis de Tocqueville 역시 미국의 신문과 언론에 대해 경외감을 느끼던 유럽인 중 한 명이었다. 토크빌은 1830~1831년 미국을 방문하고 당시 미국 신문에 대해 다음과 같은 강렬한 기록을 남겼다. "신문이 단지 자유를 보장한다고만 생각한다면 신문의 중요성을 과소평가하는 것이다. 신문은 문명을 유지시킨다." 토크빌은 이와 동시에 미국 신문의 폭력성과 언어의 저속함을 지적하기도 했다. 사실 그는 신문이 수도에 집중되어 있기보다 미국 전역에 퍼져 있다는 것을 (그럼으로써 그들이 해를 덜 끼칠 수 있다는 점에서) 장점으로 보았다. 토크빌이 생각한 신문의 미덕은 "곳곳에 정치의 생명이 순환될 수 있게" 한다는 점이었지만, 언론의 지나친 권력화에 대해서는 경계심을 풀지 않았다. 그는 개별 신문은 무력하지만 집합으로서 언론은 시민의 뒤를 잇는 '권력 중의 권력'이라고 생각했다.

신문은 어떻게 대중 매체가 되었을까?

신문은 대중 매체가 될 수밖에 없었던 것이 아니었고, 어디에서나 대중 매체가 된 것도 아니었다. 일본과 북유럽 국가, 영국, 독일 등에서는 신문 열독이 대중화되었지만, 프랑스, 이탈리아, 그리스, 스페인, 포르투갈에서는 그렇지 못했다. 2000년을 기준으로 노르웨이, 핀란드, 스웨덴에서는 성인 1000명당 500부 이상의 신문이 팔렸고, 미국, 네덜란드, 독일, 영국에서는 250부 이상, 프랑스, 스페인, 이탈리아에서는 200부 미만, 그리고 그리스와 포르투갈에서는 100부 미만의 신문이 팔렸다.

　인도에서도 신문 시장이 크게 성장했지만, 이는 1970년대에 들어와서야 시작된 일이다. 당시 인도의 유명한 신문은 모두 영자 신문이었으며, 이를 읽을 수 있는 사람은 전체 인도 인구의 5% 정도에 지나지 않았다. 대중 매체로 신문이 성장할 수 있었던 이유에는 여러 가지가 있지만, 가장 큰 영향을 미친 것은 기술적 성장이다. 컴퓨터화가 진행되기 전까지 인도의 다양한 언어와 문자로 인쇄한다는 것은 거의 불가능에 가까운 일이었다.

　미국에서 신문이 시장의 재화가 되어 대중 매체의 길을 걷게 된 데는 두 차례 중요한 계기가 있었다. 첫 번째는 대서양 연안을 따라 위치한 보스턴, 뉴욕, 필라델피아, 볼티모어 등 대도시에서 시작된 1830~1840년대 '페니 프레스 penny press'의 등장이다. 당시 신문사들은 구독자들에게 우편으로 신문을 발송한 반면, 페니 프레스 신문들은 매일 발간되자마자 길거리에서 신문팔이 소년들에 의해 싼값에 팔렸고, 주요 페니 프레스들은 범죄와 법원 관련 보도를 비롯한 지역 뉴스를 강조했다. 페니 프레스의 사주들은 자신의 상업적 야심을 공공연히 드러냈고, 높은 판매율과 광고를 통해 성공한 사업으로 만들고 싶어 했다. 이는 디지털 시대에 들어설 때까지도 매우 효과적인 수익 모델로 자리매김했다.

두 번째 계기는 19세기 말 몇몇 신문 기업이 비용 감축과 새로운 독자 유치 방법을 찾았을 때였다. 1880년대와 1890년대에 조지프 퓰리처Joseph Pulitzer가 창간해 이끈 《뉴욕 월드New York World》는 표제의 크기를 키우고 삽화를 강화했으며 뉴스 취재를 확대했고, (스포츠 등) 일반적으로 관심을 갖는 주제, 그리고 특히 여성과 이민자처럼 전통적으로 신문 독자로 분류되지 않았던 이들을 끌어들이는 주제에 주목했다. 발행인 제임스 스크립스James Scripps는 〔E. W. 스크립스사의 소유주인 이복형제 E. W. 스크립스와 함께 운영하던 신문사가 위치한〕 디트로이트, 클리블랜드, 신시내티, 세인트루이스, 버펄로에서 신문 면수를 줄이고 인쇄비를 절감했으며, 취재 비용을 줄이기 위해 전신을 통해 중계하는 뉴스에 대한 투자를 삭감했다.* 스크립스는 취재에 들어가는 엄청난 비용은 "우리가 구독자가 되어달라고 요청해야 하는 일반 시민들에게는 결코 환영받지 못한다"라고 말하곤 했다. 그의 소박한 독자 접근법은 큰 성공을 거뒀고, 다른 신문사들도 그 방식을 널리 모방했다. 1870년대 600개에 못 미치던 미국 일간지는 급격히 늘기 시작해 1910년대에는 약 2600개에 이르러 역사상 가장 많은 신문이 존재했던 시기로 기억되고 있다.

마르크스가 정기적으로 호러스 그릴리의 《뉴욕 트리뷴》에 기고한 것이 사실인가?

맞다. 카를 마르크스Karl Marx는 1853년부터 1861년까지 약 350개 칼럼을 기고했으며 프리드리히 엥겔스Friedrich Engels (혼자 125개 글을 썼다)와 함께 약 12편의 글을 같이 작성하기도 했다. 《트리뷴》의 편집인 찰스 데이나Charles Dana가 독일을 여행하던 1848년 쾰른에서 마르크스를 만나면서 이 모든 것이 시작되었다. 그 당시 마르크스는 엥겔스와 함께 저술한 『공산당선언Communist Manifesto』으로 상당히 알려진 인물이었는데, 데이나는 그와의 만남에서 깊은 인상을 받게

---

* 역 《뉴욕 월드》는 1931년에 신문 재벌인 스크립스-하워드(Scripps-Howard)에 매각되었다.

되었다. 몇 년 후 데이나는 마르크스에게 프랑스의 1848년 혁명이 독일에 미친 영향에 관한 기고문을 요청했고, 이것이 《트리뷴》과의 인연으로 이어졌다. 마르크스는 데이나가 《트리뷴》을 떠날 때까지 정기적으로 글을 기고했다. 그 무렵, 이 신문은 노예제 폐지에 대한 확고한 입장에서 한 발짝 물러섰으며, 미국의 독자들은 남북 전쟁으로 유럽 뉴스에 대한 관심이 이전만 못했다.

약 100년 후 케네디 대통령이 미국신문편집인협회ANPA를 대상으로 연설하면서 공산주의의 창시자인 카를 마르크스가 한때 미국의 신문 발행인에 의해 고용되었음을 상기시키기도 했다. 마르크스는 종종 《트리뷴》의 원고료가 너무 낮다고 불평하곤 했는데, 케네디 대통령은 이를 두고 《트리뷴》의 인색한 발행인이 원고료를 조금만 더 올려줬어도 공산주의와 관련한 엄청난 불화를 피할 수 있지 않았을까 하는 농담을 하기도 했다.

마르크스의 칼럼 대부분은 유럽의 정치 상황을 다뤘다. 그의 글은 마르크스 본인의 의견이었으며, 권력을 가진(혹은 다른 어떤 정보원이든) 정보원과의 토론이나 인터뷰를 바탕으로 한 것은 하나도 없었다. 이는 당시 저널리즘의 일반적인 모습이기도 했다.

링컨은 남북전쟁 중에 전신국에서 왜 그렇게 많은 시간을 보냈을까?

전신은 1844년에 발명되었고 신문사들은 재빨리 이를 활용하기 시작했다. 그러나 미국 정부는 그러지 못했다. 남북전쟁이 발발한 1861년에 전보를 쳐야 할 때면 정부 관료들은 상업적으로 전신 서비스를 제공하는 사무소에 가야 했고 일반인들과 똑같이 줄을 서야 했다.

전쟁이 발발한 지 1년 후인 1862년 5월, 백악관 옆에 있던 전쟁부(국방부의 전신)는 자체 전신국 사무소를 개소했다. 그 전까지는 링컨 대통령이 매달 한 번 정도 전보를 발송했다. 역사학자 톰 휠러Tom Wheeler에 따르면,* 1862년 5월 24일 링컨 대통령은 하루에 아홉 통의 전문을 발신하기도 했다. 그는 하루에 몇 번씩 전신국까지 산책하는 버릇이 있었고, 들어온 전보는 무엇이든 읽곤 했다. 전쟁이 한창일 때 그는 아예 전신국에서 잠을 자기도 했다. 젊은 남성들이 대개 그렇지만 링컨 대통령도 새로운 발명품이나 새로운 기술에 대한 관심이 지대했다. 전쟁으로 국가의 존립 자체가 위태로울 때 링컨 대통령은 이런 신新문명의 최전방에 서서 최

---

* 옙 Tom Wheeler, *Mr. Lincoln's T-mails: The Untold Story of How Abraham Lincoln Used the Telegraph to Win the Civil War* (New York: Collins, 2006).

대한 빨리 뉴스를 받아 보고, 작전 중에 있는 다루기 힘든 장군들에게 대통령이 그들을 가까운 곳에서 지켜보고 있다는 것을 알리고 싶어 했다.

이후 다른 대통령들도 새로운 미디어 기술에 대한 관심이 큰 편이었다. 프랭클린 루스벨트 대통령은 라디오 매체를 십분 활용한 선구자이기도 했다. 그는 라디오를 보는 순간 사람들에게 따뜻하고 유머러스하며 진심을 전달해 줄 매체라는 것을 감지했다. 라디오를 통해 루스벨트 대통령은 미국인들과 직접적이고 매우 친밀한 소통을 해나갈 수 있었다. 버락 오바마 대통령은 블랙베리 모바일폰 이용자로 유명하다.

최초의 인터뷰는 언제였을까? 그리고 인터뷰는 어떻게 취재의 표준 관행이 되었을까?

인터뷰는 사실 19세기까지 저널리즘에서 크게 중요한 부분은 아니었는데, 이는 비단 미국만이 아니라 거의 대부분의 나라에서도 마찬가지였다. 최초의 인터뷰는 제임스 고든 베넷James Gordon Bennett이 (자신이 소유주이자 편집인이며 기자이기도 했던 페니 프레스)《뉴욕 헤럴드New York Herald》를 위해 1836년에 벌어진 헬렌 주잇Helen Jewett 사건*에서 형사이자 기자로서 사건을 취재하며 진행했던 인터뷰일 것이다. 아니면 호

러스 그릴리Horace Greeley가 1859년 모르몬교 지도자인 브리
검 영Brigham Young을 인터뷰해 《뉴욕 트리뷴New York Tribune》
에 질의응답 형식으로 게재한 것일지도 모른다. 당시 이런
형식은 상당히 낯선 것으로, 그릴리는 서두에 인터뷰 형식
에 대해 다음과 같은 설명을 남겼다. "이는 두 시간에 걸친
인터뷰 내용을 내가 기억하는 것에 가장 가깝게 표현한 방
식이라 할 수 있다. 다만 즉흥적으로 오간 대화로 뉴스 가치
가 별로 없는 부분은 제외했다." 조지프 매컬러그Joseph
McCullagh는 신문에 싣기 위해 미국 대통령을 인터뷰한 최초
의 기자임이 틀림없는 것 같은데, 그 인터뷰는 1867년에 앤
드루 존슨Andrew Johnson 대통령과 한 것이었다.

인터뷰는 미국 전역에서 빠르게 퍼져나갔다. 토머스 쿠퍼
Thompson Cooper는 1871년 교황을 최초로 인터뷰해 그 기사
를 《뉴욕 월드》에 실었는데, 이는 전무후무한 일대 사건이
었다. 신문들, 그리고 훗날 언론사들이 지금까지도 독점적
인터뷰에 대해 계속 자랑하듯이, 《뉴욕 월드》는 이 사건에
대해 자랑하면서 다음과 같은 내용으로 지면을 가득 메웠

---

* 옛 뉴욕시의 매춘부였던 헬렌 주잇이 살해된 사건으로, 당시 《뉴욕 헤럴드》를 비롯한
많은 언론사들이 흥미 위주의 선정적인 보도로 신문 발행 부수를 늘렸다. 하지만 재판 결
과 용의자였던 로빈슨은 무죄 판결을 받고 석방되어, 피의 사실 공표에 관한 언론의 책임
을 놓고 논란이 일었다.

다. "로마 가톨릭교회는 가장 오래된 곳이지만, 인터뷰는 인류의 가장 젊은 제도다. 이 둘은 오늘 아침 얼굴을 맞대고 앉았다. … 가톨릭교회와 언론은 서로에게 키스했다." 미국 기자들은 이후에도 계속해서 영국 각료, 유럽 정부의 수반, 왕실 등을 인터뷰한 최초의 기자로 이름을 남기게 된다.

영국 기자들은 인터뷰라는 형식을 다른 유럽 지역 기자들보다 더 빨리 받아들이기는 했지만, 이를 최초로 활용한 것이 미국인이라는 것을 알고 있었다. 1902년 영국의 윌리엄 스테드William Stead 기자는 "인터뷰라는 형식은 분명히 미국인의 발명품이다"라고 쓴 바 있다. 오랫동안 인터뷰는 품위 없는 취재 방식으로 여겨졌다. 어느 베테랑 미국 기자는 19세기 후반을 떠올리면서, 예전 좋았던 시절에는 워싱턴 특파원들이 "도청자도, 인터뷰 진행자도 아니었으며, 사회에서 알려진 지위를 가진 신사들로서 절대로 그 지위를 남용하지 않았다"라고 회고했다(물론 이것은 말도 안 된다). 그는 인터뷰라는 것을 "해로운 습관"이며 "우리 공인들과 일반인 간의 위험한 커뮤니케이션 방법"이라고 판단했다.

왜 인터뷰는 해로운 것으로 여겨졌을까? 그것은 있는 그대로 보여주는 것이 부적절하다는 생각 때문이었다. 켄터키주 루이빌에서 편집장 헨리 워터슨Henry Watterson은 인터뷰 진행자들이 "(기차)역에서 정체를" 가져오고 "호텔 로비에서 매복 공습"을 수행함으로써 "현대의 여행에 공포를 하나 더 추가"하고 있다고 불평했다. 그런 행동은 너무나 무례한 일이었던 것이다! 당시 '공인'은 보통 높은 지위와 사회적 혈통을 갖고 있었다. 일반적으로 기자들은 그것과는 거리가 멀었다. 누구나 기자가 될 수 있었다. 다만, 미국은 유럽에 비해 상대적으로 사회적 계층화가 덜했기 때문에 인터뷰에 대한 저항이 유럽 대륙에서보다 미약했다.

결국 인터뷰는 사실상 미국의 모든 기자들과 해외의 점점 더 많은 기자들이 활용하는 일반적인 취재 방식으로 자리 잡게 되었다. 미국에서 이처럼 인터뷰 방식이 쉽게 받아들여지게 된 것은 공인으로서의 삶을 비교적 평등하게 인식했다는 점, 그리고 계급 구분이 상대적으로 덜 뚜렷했다는 점과 관련이 있다. 수십 년 후에 등장한 껌과 허쉬 초콜렛 바, 그리고 오늘날 맥도날드와 스타벅스가 전 세계에 미국의 비격식성informality을 대변하고 있지만, 인터뷰는 그런 미국의 비격식성을 전파한 초기의 수출품이었던 것이다.

유럽의 인터뷰 비판론자들은 저널리즘이 높은 수준의 문해文解적 야심을 가진 사람들에 의해 실현되어야 하는 일종의 소명이라고 여겼다. 신문 기사의 모범적 형태는 에세이였다. 이는 보통 정치나 경제 현안에 대한 (단순한 보고이기보다는) 분석이었다. 이런 기사는 뉴스편집실보다는 개인적 연구에서 만들어질 가능성이 더 높았다. 기자는 문학적 재능과 분석적 감각을 열망했다. 반면에 인터뷰는, 이처럼 고매하고 지적이며 문해적인 열망이 마치 셔츠에 너무 많이 잡힌 주름이라도 되는 양 이를 일거에 날려버리는 취재 방식이었다.

19세기 후반 미국에 모여든 이민자는 무엇을 읽었을까?

미국으로의 이민이 크게 늘어나면서 외국어를 사용하는 언론 매체도 크게 늘었다. 1880년대에 거의 800개의 외국어 신문이 있었는데, 제1차 세계대전 당시에는 거의 1300개의 일간지와 주간지가 있었다. 그 대부분은 동네 음식점처럼 빨리 시작했다가 보통은 그만큼 빨리 실패하는 소규모 사업이었지만, 일부는 지속되었다. 한 세기 이상 지속된 외국어 신문으로는 덴마크어, 독일어, 이탈리아어, 이디시어(유대인이 사용하는 언어) 신문이 있다.

가장 규모가 큰 외국어 언론은 독일어 언론이었다. 19세기 후반과 20세기 초반에는 심지어 독일인 노동조합과 이들을 위해 일하는 독일어 노동신문이 있었는데, 1870년과 1900년 사이에 100종 이상이 발행되었다. 일반적으로 유통되던 독일어 신문 《뉴요커 슈타츠차이퉁New Yorker Staats-Zeitung》은 1890년대에 판매 부수가 9만 부로, 당시 세계에서 가장 규모가 큰 독일어 신문이었다. 하지만 제1차 세계 대전 시기에 미국이 독일의 적으로서 참전하는 데 독일계 미국인 사회가 반대하면서 독일어 언론은 거의 전멸되다시 피 했다. 미국이 독일에 전쟁을 선포하자 독일어 신문들은 미국에 대한 충성을 약속했지만, 그럼에도 명백히 독일적인 모든 것에 대해 적대감을 지닌 이웃들을 두려워한 광고주와 구독자를 잃었다. 게다가 1917년 적성국교역법Trading with the Enemy Act: TWEA에 따라, 전쟁에 관해 외국어 기사를 싣는 언론사는 신문을 인쇄하기 전에 번역문을 지역 우체국장에게 의무적으로 발송해야 했다. 이는 비용이 많이 들었고, 이 때문에 일부 신문사는 어쩔 수 없이 폐업하기도 했다. 다른 신문사들은 미국 정부의 정책에 대한 비판자로 여겨지면 우편 발송의 특권을 잃게 되었다. 정부는 전시의 법령에 따라 일부 편집장들을 배신행위로 기소하기도 했다.

외국어 언론사는 1940년대까지도 38개 언어로 발행된 신문과 잡지가 여전히 1000개가 존재하는 등 살아남긴 했지만, 1910년에 누렸던 명성을 다시 얻지는 못했다. 하지만 1960년대 이민법 개혁 이후 이민이 다시 증가하고 특히 남미와 아시아로부터 새로운 이민이 늘면서 외국어 신문은 새로 형성된 이민 공동체를 위해 다시 살아나고 팽창해 갔다. 또한 스페인어 방송이 등장하게 된 점도 눈에 띈다.

노예와 훗날 해방된 흑인은 어떻게 뉴스를 접했을까?

아프리카계 노예들이 뉴스를 접하기란 쉽지 않았다. 글을 읽을 수 있는 사람이 거의 없었던 데다가 1830년대부터 남부의 주 법률 대부분이 노예에게 읽기를 가르치는 것을 범죄로 간주했기 때문이다. 남북전쟁이 시작된 전날 흑인 중에서 글을 읽을 수 있는 사람은 대략 5~10%였다. 하지만 이 숫자는 해방과 함께 변했다. 학교가 갑자기 생겨났고, 식자율은 1880년 30%에서 1920년 77%로 늘어났다. 남북전쟁 이후 20년 만에 초등학교뿐 아니라 흑인 대학들도 80개 이상 생겨났다. 이처럼 급격한 교육의 성장은 일반적으로 자유를 찾은 남부의 흑인들(1860년 당시 약 26만 명)이 그들의 교회를 통해 가까스로 교육 기관을 세웠기 때문에 가능했다. 루이지애나와 켄터키, 노스캐롤라이나 같은 몇몇 주에서는 해방된 흑인들의 학교를 금지한 적이 전혀 없었다. 해방 이후에는 과거에 노예로 살던 이들을 도울 능력을 갖춘 흑인 식자층도 있었다.

제1차 세계대전 이후에는 남부에서 북부로의 흑인 '대이동Great Migration'이 급격하게 진행되었다. 이는 KKK 등장과 같은 격화된 인종적 갈등뿐 아니라 농업 경제의 침체로 인한 것이기도 했다. 또한 북부의 흑인 신문들이 남부에서 유통되면서 이런 현상을 부추기기도 했다. 그런 신문들로는

1905년부터 등장한 《시카고 디펜더Chicago Defender》(원래 주간지였으나 1956년에 일간지가 되었다가 2003년에 다시 주간지가 되었다)가 있는데, 이에 대해 역사학자 제임스 댄키James Danky는 "성경을 제외하면 아마도 흑인 사회에 가장 영향력 있는 출판물이었을 것"이라고 기록했다. 《디펜더》는 반인종차별주의적 입장을 공격적으로 견지했다. 이는 남부 지역에서 널리 판매되었다. 《디펜더》는 북부 지역의 채용 공고를 게재했고, 이민자들이 도시 생활로 이행하는 것을 도와줄 단체를 조직했다. 《디펜더》에는 인종차별 및 사형제도에 반대하는 강한 논조의 사설과 함께 부패와 범죄에 관한 선정적 보도 및 심각한 정치적 사안에 대한 보도가 섞여 있었다.

또 다른 주요 흑인 신문 《피츠버그 쿠리어Pittsburgh Courier》(1907~1966)는 최다 판매 부수가 35만 부에 달했다. 《피츠버그 쿠리어》는 제2차 세계대전 동안 독일과 일본에 맞서 전쟁에서 승리할 것과 이와 동등하게 국내에서는 인종차별에 맞서 승리할 것을 촉구하는 '두 개의 브이Double V' 캠페인을 홍보했다.

흑인 언론사들은 전쟁 이후 몇 년간 성장했으나, 1950년대에는 몹시 불안정했다. 일간지는 주간지가 되고, 주간지는 사라졌으며, 한때 미국 저널리즘의 번영을 가져왔던 신문들도 1960년대 끝 무렵에는 저절로 존재감이 희미해졌다. 그것은 주류 언론으로서 지속될 수 있게 해주는 광고 같은 재정 기반을 확보하지 못했다. 지역의 흑인을 대상으로 하는 사업체들이 특별히 흑인 언론을 지원하도록 고무되어 있던 것도 아닌 반면에, 여러 흑인 가정에서 흑인 신문은 '두 번째' 신문이었던 터라 광고주 입장에서는 일반 신문을 통해서도 여전히 미국의 흑인 독자에게 다가갈 수 있었다. 오랫동안 흑인 공동체를 무시하거나 폄하하던 주류 언론에서조차 1950년대 중반 이후부터는 시민권이 점차 주요한 기삿거리가 되면서 독자들은 이처럼 중요한 뉴스를 일반 언론에서 접할 수 있게 되었고, 이에 따라 광고주는 흑인 신문의 지면을 구입하지 않고도 흑인 독자에 대한 접근성을 더 크게 확보할 수 있었다.

'황색 언론'은 정말 1898년에 미국을 스페인과의 전쟁으로 몰아넣었을까?

많은 교과서가 오랫동안 그렇게 기록해 왔지만, 이는 사실이 아니다. '황색 언론yellow journalism'이라는 이름은 미국에서 선정적 신문을 이끈 두 인물, 조지프 퓰리처와 윌리엄 랜돌프 허스트William Randolph Hearst가 각각 소유한 《뉴욕 월드》(퓰리처가 1883년에 인수)와 《뉴욕 저널New York Journal》(허스트가 1895년 인수)이 둘 다 연재했던 만화 '옐로 키드Yellow Kid'에서 비롯되었다. 퓰리처와 허스트는 대중을 두고 치열한 경쟁을 벌였고, 대중의 이목을 끌기 위해서라면 선정적인 기사도 마다하지 않았다. 이들은 쿠바에서 벌어지는 스페인 정부의 잔혹한(혹은 잔혹할 것으로 추정되는) 행위에 대한 뉴스를 부풀리곤 했다. 그러나 여전히 의문은 남는다. 즉, 이들 신문이 과연 미서전쟁 발발에 어떤 영향을 주었던 것인가 하는 점이다. 몇몇 관련 사실들을 한번 살펴보자.

1. 두 신문 모두 열렬한 민주당 지지층이었다. 미서전쟁 기간에 백악관과 의회는 공화당이 장악한 상태였다.

2. 전쟁 참전은 대통령과 의회의 결정 사항이다. 당시 상원의원은 일반 선거가 아니라 주 의회에서 선출되었다. 이 때문에 상원의원은 당시 자신이 몸담고 있는 정당의 입장을 따라야 했고, 여론의 향방을 걱정할 필요는 없었다. 어찌 보면 상원의원은 일반 여론으로부터 동떨어져 있었다. 그보다는 대통령이 여론에 흔들릴 가능성이 훨씬 컸다. 그러나 1896년에 당선된 대통령은 여전히 **매우** 확고한 상태였다. 공화당은 그로버 클리블랜드Grover Cleveland* 대통령이 선출

---

* 역 남북전쟁 이후 민주당 후보로는 처음으로 대통령에 당선된 그로버 클리블랜드는 22대 대통령으로서 백악관을 떠난 뒤 4년 뒤에 24대 대통령으로 두 번째 임기를 시작한 최초의 대통령이다.

된 1884년과 1892년 선거를 빼고는 1860~1896년까지 백악관을 장악했다. 1896년 오하이오 공화당원인 윌리엄 매킨리William McKinley가 25대 대통령으로 당선되었다. 그는 《뉴욕 월드》와 《뉴욕 저널》 등 두 신문이 영향력을 행사하던 뉴욕주 선거에서 민주당 대통령 후보였던 윌리엄 제닝스 브라이언William Jennings Bryan에게 58% 대 39%라는 압도적인 득표율로 승리했다.

3. 매킨리 행정부는 대통령에게 정기적으로 주요 뉴스를 요약해서 보고하곤 했는데, 두 신문 기사는 포함된 적이 거의 없었다. 또 이들 신문은 워싱턴 정가에서 크게 중시되는 신문도 아니었다. 황색 언론은 사실 백악관을 조롱할 때 쓰는 유머였다. 어떤 역사학자도 이들 신문의 전쟁에 대한 열망이 매킨리 행정부의 개전 결정에 영향을 주었다는 증거, 예컨대 서한이나 메모, 기록을 발견하지 못했다.

그런데 왜 우리는 황색 언론이 미국을 전쟁에 몰아넣었다는 이야기를 이렇게 많이 듣는 것일까? 이는 제1차 세계대전 이후 역사학자들의 일종의 합의된 입장이었던 것으로 보인다. 제1차 세계대전은 엄청난 대중적 선전·선동으로 점철되었다. 몇몇 인기 학자들은 이에 대한 경각심을 공유하면서 미국이 끼어들지 말아야 할 유럽 전쟁에 떠밀려 들어가는 선전·선동을 비판적으로 바라보았다. 동시에 미서전쟁을 떠올리는 선전에 대한 의심을 떨칠 수 없었다. 그러나 제1차 세계대전에서 영국과 독일의 선전전은 모두 양국 정부가 주도했고, 미국이 전쟁에 참전한 1917년 이후 미국도 마찬가지였다. 1898년 선전전의 영향력은 조직적이지 못했고, 판단할 수 있는 바로는 성공적이지 못했다. 퓰리처와 허스트는 저널리즘 역사에서 크게 자리 잡았지만, 실제 미국 외교정책에 눈에 띌 만한 영향력을 미치지는 못했다.

19세기에 대부분 정당과 동일시되었던 미국의 신문들은 어떻게 '객관성'을 자부하게 되었을까?

이 질문은 상당히 복잡한 문제이기 때문에 잘못된 대답을 들을 가능성도 크다. 흔히 듣게 되는 잘못된 대답은 다음과 같은 것이다.

전신의 개발이 계기가 되었다. 기자들이 전보로 본사에 기사를 보내는 것이 보편화되면서(전보 발명 직후 발발한 아메리카·멕시코전쟁부터 시작되어 남북전쟁을 거치면서 확산되었다) **간결한** 기사를 써서 보내는 것이 매우 중요해졌다. 전보가 길어질수록 신문사의 비용 부담이 커지는 것은 당연했다. 따라서 문장에서 형용사가 빠지기 시작했고 이어서 기자의 의견도 사라졌으며, 오로지 사실관계만 남게 되었다.

대략 이런 이야기들이다. 그렇지만 대부분의 신문 기사들은 전보 이용이 활발해진 이후에도 여전히 미사여구가 많고 지나치게 길었다. 19세기 후반에는 뉴스 양식도 점차 간결해졌지만, 이런 변화는 전보로 발송되지 않는 소설에서도 동일하게 나타났다. 전신을 통해 많은 정보를 간결하게 전송할 수 있게 되었다는 것은 의심의 여지가 없지만, 전신이 기사 작성 방식에 나타난 변화에 바탕이 되었다는 근거는 없다.

경제 때문이다. 신문사들은 민주당과 공화당 독자 둘 다의 관심을 끌어내 이윤을 남기려 했다. 고속 인쇄기가 등장했고, 목재펄프로 만든 종이가 풍족해졌으며, 1886년에 머건탈러Ottmar Mergenthaler가 발명한 주조식 타자기Linotype 덕분에 조판 방식이 개선되면서 신문 발행이 편리해진 데다, 급속한 도시화 및 광고 시장의 성장과 집중으로 인해 언론의 정파성은 경제적 측면에서 논리를 상실해 갔다. 정당 노선을 넘어 모든 독자의 관심을 끌어 이윤을 창출하는 것이 왜 안 되겠는가?

이런 이야기들이 상식적으로 맞는 듯 보이기도 한다. 그러나 19세기 인쇄업자들이 자체적으로 신문 발행을 시작하거나 신문사를 인수한 것은 이윤을 창출하기 위해서뿐 아니라 정치적 영향력을 확고히 하기 위해서이기도 했다. 퓰리처는 1883년에 《뉴욕 월드》를 인수해 이를 학교로 만들고 싶어 했으며 개인적으로 사설 면에 가장 관심이 많았다. 허스트가 1895년에 《뉴욕 저널》을 인수했을 때 그는 이 신문이 민주당을 지지하고 그에 영향력을 행사하기를 바랐다. 신문 산업의 이 거대한 두 사주들은 (잠깐이기는 했지만) 미 의회의 뉴욕 출신 민주당 의원으로 (퓰리처는 1885~1886년, 허스트는 1903~1907년에) 활동하기도 했다.

테네시 신문사주인 아돌프 옥스Adolph Ochs는 1916년 《뉴욕 타임스New York Times》를 인수하면서, 퓰리처나 허스트와 직접 경쟁하려던 것이 아니라 그들을 비롯한 뉴욕시의 다른 일간지와 자신을 차별화하려고 했다. 그는 신문에 대한 자신의 철학을 설명하면서, "건전화폐와 조세개혁에 전념하는 것을 강화"하고 "가장 낮은 과세를 지지하는 정부가 좋은 정부이며, 정부는 단지 사회의 안전을 수호하는 데 절대적으로 필요할 뿐"이라는 입장을 지지하겠다고 말했다. 오늘날의 《뉴욕 타임스》는 옥스의 이런 세 단락짜리 신조 일부를 망각한 듯하며 "정당, 종파, 이해관계를 떠나 두려움이나 선호도 없이without fear or favor 공정하게 뉴스를 제공"하겠다는 그의 공언을 단지 판에 박힌 듯 인용할 뿐이다.

그렇다면 '객관성'은 어디서 시작된 것일까? 여기에 하나의 요인만 작용한 것은 아니다. 복합적인 요인이 문제가 되었다. 미국에서는, 그리고 어느 정도 시간이 흐른 뒤 영국에서도 언론사들은 '사실 중심의 논변적discursive 관행'이라고 불리던 것을 강조했다. 말하자면, 언론사들이 사실을 찾아내고 올바르게 보도하는 데 더욱 집중했을 뿐 아니라, 그렇게 하기 위해 기자들이 새로운 취재 도구를 활용하기 시작한 것이다. 이 새로운 취재 도구들 중 가장 중요한 것이 바로 인터뷰였다. 미국 기자들은 세계 최초로 뉴스 취재에 인터뷰를 주된 방법으로 활용했으며, 특히 제1차 세계대전 기간에 유럽의 동료 기자들에게 취재 시 인터뷰하는 법을 계속해서 보여주었다(그 전에 일부 영국의 기자들은 인터뷰 방식을 완전히 받아들이긴 했다). 19세기 후반 신흥 도시를 중심으로 기자들의 지위가 올라가면서 자신에게 임금을 지불하는 발행인과의 고용 관계와는 별개로(때로는 이들에게 적대적으로) 기자들 간의 동료 의식이 발전했다. 일이 끝나면 같은 술집이나 바에 모였고, 자신들만의 사교모임을 만들기도 했다. 전문적인 업계지業界誌들은 이들의 이해관계에 영합했다. 어떤 기자들은 언론인이라는 직업이 문단에서 부와 명성을 얻는 중간 기착지이며 임시직이라고 생각했지만, 점차 많은 기자들이 기자로서 자신의 직업을 이해하게 되었다. 사실을 취재한다는 것이 이들에게 전문직으로서의 자부심을 가져다 주었던 것이다.

기자들은 당시 사실 중심, 과학적, 반정치적 사회 분위기에 일조하기도 했다. (시민권 개혁이 있었던) 1880년대와 (비밀 투표권이 보장되고, 투표용지에 후보의 소속 정당을 기재하지 않은 지자체 선거 방식이 확립되며, 대다수 주의 법에서 시민이 '주민 발의 법안 initiative'에 대해 직접 투표하도록 하는 주 법이 상당히 많은 주에서 통과되어 정당이 좌우하는 주 의회를 건너뛸 수 있게 된) 1890년대의 정당 중심 정치에 기초한 정치개혁 노력도 정당으로부터 독립과 자율성을 확보하려는 사회 분위기의 일부였다. 당시 개혁론자들은 정치적 리더십을 정파성 속에서 형성되는 것으로 생각했고, 정부 운영상 부딪히는 여러 문제를 기술적으로 얼마나 잘 해결하는가의 문제로 인식했다.

이런 변화로 언론은 우리가 '객관적' 보도라고 인정할 수 있는 과정을 거치게 되었지만, 기자들은 제1차 세계대전이 끝나기 전까지 '객관성'을 윤리적인 가치로서 분명히 표현하지 못했다. 제1차 세계대전이 발발하자 유럽 참전국은 물론이고 미국 정부 역시 엄청난 선전 활동을 폈다. 더욱이 전쟁 이후 수년간 '홍보'는 하나의 산업이 되었고, 기업과 정부 기관, 그리고 대학 및 병원과 같은 비영리 기관이 홍보 전문가를 채용하는 일은 더욱더 흔해지고 있었다. 기자들은 금세 여러 사안에 대한 자신의 관점을 신문 지면에 직간접적으로 나타내고 싶어 하는 외부인들이 쇄도한다고 느꼈다. 기자들은 저널리즘 스쿨이 아직 초기 단계라고는 해도 기자보다 홍보 전문가 양성에 치중한다고 불평했다. 그 요점은 정부, 기업, 그리고 다른 기관들이 자신의 명성과 권력, 이윤을 향상시키기 위해 언론에 기사를 심으려 한다는 것을 알아챈 기자들이 그 어떤 것에도 동요하지 않겠다고 주장한 것이었다. 신문 기사 내용을 통제하려고 하는 이해관계자들에 대해 기자들은 그 누구에게도, 그 무엇에게도 아닌, 객관적이며 사실을 기반으로 하고 균형 있고 공정한 보도의 윤리 의식에만 굽히겠다고 주장했다.

새로운 전문직주의의 모델은 종종 '객관적' 보도라고 불리며 계속 제도화되어 유지되었다. 당시 일을 배우던 많은 젊은 기자를 가르치고 통제하는 역할을 한 신문 편집인들이 이를 전수하는 대표자이기도 했기 때문이다. 1920년대, 1930년대, 그리고 이후 1940년대까지도 대학에서 기자를 양성하는 대학 교육은 아직 찾아보기 어려웠다. 신문마다 독자적인 기자 양성 학교를 운영했고, '객관성'(때로는 '균형성'이나 '공정성'으로도 불렸다)은 아주 유용한 교수법이었다.

인간사의 많은 부분은 복합적인 이유들이 결합해 발생한다. 저널리즘의 전문직주의, 윤리강령과 일련의 직무상 관례가 정립되어 가면서 '객관성'은 중요한 일부분으로 자리 잡아갔다.

'객관성'의 가치를 고수하는 것이 '전문적' 언론의 핵심일까?
그렇지 않다. 미국의 언론인들과 언론학자들은 종종 이 용어들이 불가분의 관계에 있는 것처럼 이야기한다.

저널리즘 분야에서는 객관성이라는 규범을 장려하는 문화가 언론사에 만연하지 않더라도 객관성의 규범을 도입할 수 있다. 그런 일이 1950년대에 브라질에서 일어났다. 그때까지 브라질의 신문들은 대개 프랑스 신문 모델(더 수필적이고 문학적이며 철학적이고 정치화된 저널리즘 모델)의 영향 아래에서 작동했다. 하지만 1950년대 초반 리우데자네이루의 《지아리우 카리오카Diario Carioca》를 시작으로 브라질 신문들은 미국의 영향을 받게 되었다. 《지아리우 카리오카》의 기자 폼페이우 지 소자Pompeu de Sousa와 편집장 단통 조빔Danton Jobim, 보도국장 루이스 파울리스타누Luiz Paulistano는 개혁을 주도했으며, 특히 소자와 조빔은 제2차 세계대전 기간에 미국 정부가 남미의 정치 및 사회에 영향을 미치기 위해 세운 계획에 참여했다.

전쟁 이후 《지아리우 카리오카》의 이 지도자들은 프랑스 모델이 저널리즘을 사업이 아니라 성직으로 다룬다고 주장하며 미국 모델을 추구했다. 그들은 정치적이고 문학적인 측면을 강조하는 프랑스의 저널리즘을 추구하는 것에 대해 엘리트주의라고 주장했으며, 조빔은 미국 양식이 "자신의 생각과 감정을 공유하며 이야기하는 친구"로서 독자를 더 잘 응대한다고 썼다. 이런 개혁가들은 뉴스 기사를 미국식 요약형 전문summary lead으로 시작해 가장 중요한 정보가 맨 앞에 오고 점차 중요도가 줄어드는 순서로 정보가 이어지게 하는 '역피라미드형 기사' 형태로 쓰게 했다. 도덕적 논평으로 기사를 시작하는 전형적인 프랑스식 기사의 서두는 버려졌다. 이 개혁가들은 이처럼 새로운 규칙을 설파했을 뿐 아니라, 저널리즘의 경험이 전혀 없는 신입 기자를 고용해 이런 규칙을 강화했다. 그리고 나서 기자 개개인의 자율성이 아닌, 편집 데스크에 권위를 부여함으로써 신입 기자들을 통제했다. 브라질 학자들은 이를 '권위주의적 현대화authoritarian modernization'라고 불렀는데, 이는 '전문성 없는 전문직화'를 양산해 낸 일종의 위로부터의 개혁이다. 다시 말해, 이런 개혁은 기자에게 객관성에 대한 도덕적 긴급성을 심어주지 않은 채 신문사들이 객관성의 관행을 수립하게 만든 것이다.

만일 언론의 전문성에서 '객관성'이 핵심이 아니라면, 무엇이 (만일 그런 것이 있다면) 핵심일까?

우리는 객관성, 공정성, 분리, 진실의 추구, 혹은 불편부당성의 규범이 전문성과 관련이 없다고 주장하는 것이 아니다. 하지만 전문성은 다층적인 용어다. 전문성에 대해 공인된 대표적 정의는 없지만, 어떤 직업이 매우 조직적이어서 ① 구성원이 자신의 일과 그 질적인 부분에 관한 판단에 대해 국가나 시장의 강요를 받지 않는 높은 수준의 자율성을 지니며, ② 구성원이 진지하게 여기는 공식적인 윤리강령이나 그들로 하여금 공공 서비스를 지향하게 하는 일상적인 가치를 가지고 있고, ③ 직업화되는 모든 직업이 '전문직 learned professions'*은 아니지만 보통 그 직업군의 구성원 모두 숙달하기 위해 주요 연구나 경험을 요하는 일련의 기술을 통달한 것에 대한 자부심을 가지고 있을 때, 그 직업을 전문직이라고 부른다.

전문직에 대한 사회학적 정의는 대부분 앞서 나열한 부분들에 초점을 맞추고 있으며, 전문직 자격에 대한 접근권을 그 직업군의 구성원이 통제하고 있다는 점도 강조한다. 이

---

* 역 'Learned profession'은 전통적으로 포괄적인 학습이나 학식을 필요로 하는 신학, 법학, 의학 분야의 직업을 지칭했지만, 현대에는 광의의 의미로 학교 교육 등을 통해 습득한 전문적인 지식이나 기술을 필요로 하는 직업을 두루 지칭하기도 한다.

런 측면에서 저널리즘이 결코 전문직이라고 불릴 수 없다는 것을 알 수 있다. 지위에 대한 접근성은 심지어 편집장이나 제작자와 같이 매우 높은 지위의 경우에도 독점적이지가 않다. 특정한 교육이 요구되지도 않고, 대학 졸업장이 필요한 것도 아니며, 통과해야 할 시험도 없고, 업무 수행에 필수적인 '면허'도 없다. 하지만 주요 핵심층에 접근하기 위해서는 추가적인 승인이 필요할 수도 있다. 예컨대, 대통령의 기자회견에 출입할 수 있는 백악관 담당 기자로 승인받으려면 의회 기자증을 얻어야 한다. 이는 승인받은 기자들로 선출된 집단인 특파원상무위원회Standing Committee of Correspondents 의 통제를 받는다. 하지만 의회의 기자증을 보유한다고 해서 특권층의 클럽에 들 수 있는 것은 아니다. 백악관을 취재할 자격이 있고 그만큼 공인된 기자만도 2000명이 넘게 존재한다.

저널리즘은 오늘날에도 변함없이 대학 졸업장을 필요로하는(비록 언론학 학위가 반드시 필요한 것은 아니지만) 화이트칼라 직종의 정규직이라는 점에서, 갈수록 여러 가지 전문적인 기술을 숙련하는 것에 더욱 의존하고 있다는 점에서, 다양한 인간 활동의 영역을 넘어서서 기민하고 신속하게 일할 수 있는 능력과 광범위한 호기심을 발휘하는 사람을 필요로한다는 점에서 '전문적'이다. 제도적인 진열품들(이를테면, 편집장 및 동료로부터의 언어적인 찬사, 급여의 보상과 책임의 증가, 널리 존경받는 언론인들이 포함된 국가위원회에서 수여하는 명예로운 상 모두)은 저널리즘이 공적 서비스라는 신념 및 진실성에 대한 감각을 강화한다. 저널리즘이 공적 서비스를 위한 천직이라는 신념은 권장되지만 강요되지는 않는다. 이처럼 공적 서비스의 일반 윤리는 ('권력에 진실을 이야기함'으로써) 권력이 설명하도록 만드는 책무를 포함할 수도 있고 아닐 수도 있다. 그리고 이 윤리는 '객관적'이기 위해서 할 수 있는 한 최선을 다한다는 헌신을 포함할 수도 있고 아닐 수도 있다. 또한 지역 사회나 헌신적인 독자에 대한 책임감을 포함할 수도 있고 그렇지 않을 수도 있다.

마크 트웨인, 시어도어 드라이저, 스티븐 크레인, 윌라 캐더, 어니스트 헤밍웨이* 등이 소설가로 유명해지기 전에 모두 기자였

* 역 『톰 소여의 모험』, 『허클베리핀의 모험』, 『왕자와 거지』 등의 소설로 유명한 마크 트웨인(Mark Twain, 1835~1910)은 《캘리포니언(The Californian)》 신문사에서 일했는데, 이 신문사에서는 그의 첫 단편을 실어주어 그가 작가로 등단하는 데 기여했다. 『아메리카 비극』으로 큰 성공을 거둔 시어도어 드라이저(Theodore Dreiser, 1871~1945)는 시카고의 신문사인 《데일리 글로브(The Daily Globe)》 등 여러 신문사에서 기자로 일했다. 『붉은 무공 훈장』으로 유명한 스티븐 크레인(Stephen Crane, 1871~1900)은 이미 10대에 통신원으로 《뉴욕 트리뷴》에 기고한 적이 있고, 후에 미서전쟁에서 종군기자로 활동했다. 소설 『우리 중의 하나』로 1922년 퓰리처상을 수상한 윌라 캐더(Willa Cather, 1873~1947)는 대학 졸업 후 피츠버그에서 기자 생활을 한 적이 있

다는 것이 사실인가?

그렇다. 소설가가 되기를 열망한 많은 사람이 기자로서 집필 활동을 시작했다. 열세 살이던 안네 프랑크는 정확히 이런 생각을 스스로 갖고 있었는데, 그토록 활기차고 타고난 재능을 가진 어린이가 나치에게 살해되어 그가 시작했던 글쓰기가 완성되지 못했다는 것은 믿기 힘든 일이다. 그녀는 일기에 "거창한 질문이지만, 내가 위대한 무언가를 쓸 수 있을까, 내가 기자나 작가가 될 수 있을까?"라고 기록했다.

신문이나 잡지에 기고한 글이 훗날 소설이 된 사례도 많다. 마사 겔혼Martha Gellhorn, 잭 런던Jack London, (『바람과 함께 사라지다』를 쓴) 마거릿 미첼Margaret Mitchell, 톰 울프Tom Wolfe 등이 그 예다. 존 스타인벡John Steinbeck은 이미 등단한 소설가였지만 이민자에 관한 그의 가장 유명한 책 『분노의 포도 The Grapes of Wrath』를 집필하기 전 《샌프란시스코 뉴스San Francisco News》에 캘리포니아의 오클라호마 이주민Okie 캠프에 관한 글을 연재했다. 대서양을 건너면, 조지 오웰George Orwell이 언론사에서 일했고, 찰스 디킨스Charles Dickens는 그

다. 『노인과 바다』로 퓰리처상을 수상한 노벨문학상 수상자 어니스트 헤밍웨이(Ernest Hemingway, 1899~1961)는 캐나다의 《토론토 스타(Toronto Star)》에서 일하면서 무솔리니와 대면 인터뷰를 하기도 했으며, 제2차 세계대전 등에 종군기자로 참전해 기사를 썼다.

보다 한 세기 전에, 대니얼 디포Daniel Defoe는 디킨스보다 한 세기 전에 언론인으로 일했다.

저널리즘은 출세지향적인 작가에게 급료보다 훨씬 더 많은 것을 (급료가 하찮은 문제라는 이야기는 아니지만) 제공한다. 젊은 작가들에게 "당신이 알고 있는 것에 대해 써보라"고 흔히들 조언한다. 하지만 교과서 지식이 아닌, 실제 삶에서 직접 체험한 지식은 어떻게 얻는가? 소설가이자 비평가인 메리 매카시Mary McCarthy가 관찰한 것처럼 소설의 특징은 "실제 세계, 사실의 세계, 입증 가능한 것들의 세계, 도표의 세계, 그리고 심지어 통계의 세계에 대한 관심"이다. 제인 오스틴과 레프 톨스토이, 표도르 도스토옙스키와 마르셀 프루스트, 찰스 디킨스와 제임스 조이스처럼 서로 다른 작가들을 연합시키는 것은 "사실에 대한, 경험의 실증적인 요소에 대한 깊은 애정이다. 모든 소설에서 다양한 혼합과 비율을 가지고 있으나 언제나 상당히 많은 정량을 가지고 안정적으로 나타나는 요소가 있는데 이것이 바로 사실"이다.

당신은 어떻게 세상을(그리고 누군가가 경험한 것을 언어와 색, 재질까지 흡수할 수 있을 만큼 충분히 가까이 접근해서) 배우는가? 저널리즘이 하나의 매우 좋은 방법이다. 저널리즘만의 한계가 존재하며, 그런 한계는 지난 몇십 년 동안 세상 속으로 들어가기보다는 자신의 책상과 컴퓨터로 일하는 언론인들이 많아지면서 더 늘어났을지 모른다. 언론인들이 '발로 뛰는 취재shoe leather reporting'라고 자랑스럽게 불렀던 것은 더이상 취재의 중심부에 명확하게 자리 잡고 있지 않다. 하지만 아예 사라져버린 것은 아니다. 그리고 과거에는 정치와 정부를 주로 혹은 거의 독점적으로 강조하던 뉴스가 더욱더 광범위한 인간의 경험을 다루게 되면서 언론인들은 세상을 배우고 성공적인 소설을 쓸 수 있는 소재들에 대해서도 배울 기회가 점점 더 많아지고 있다.

'폭로자muckraker'란 누구였을까?

'추문 폭로muckraking'라는 용어는 1906년 시어도어 루스벨트 대통령이 부패와 스캔들을 지속적으로 강조하는 언론인들이 미국을 분열시켜 놓는다고 비판하면서 등장했다. 그는 이런 작가들이 마치 존 번연이 쓴 17세기 종교적 고전 『천로역정天路歷程, Pilgrim's Progress』에 나오는 '갈퀴쟁이Man with the Muck Rake'* 같다고 말했다. 루스벨트는 언론계에 있는 친구들에게 자신의 표적은 윌리엄 랜돌프 허스트가 소유한 신문과 잡지 왕국일 뿐이며, 링컨 스테펀스Lincoln Steffens, 아이다

---

* 역 『천로역정』의 등장인물 중에 더러운 오물과 쓰레기만 치우느라 천상의 삶을 생각하지 못하는 세속적인 인물이다.

타벨Ida Tarbell, 레이 스태너드 베이커Ray Stannard Baker 등의 작가들의 글을 출판한 《매클루어McClure》와 같은 주요 잡지의 책임감 있는 탐사를 비판한 것은 아니라고 주장했다. 루스벨트는 데이비드 그레이엄 필립David Graham Philip의 9부작 소설 『상원의 역모The Treason of the Senate』가 허스트의 잡지 《코즈모폴리턴The Cosmopolitan》에 실린 것 때문에 특히 화가 났다. 얼마 안 가서 루스벨트는 어느 사적인 사교모임에서 이에 대해 언론인들에게 비공식적으로 이야기했지만 공식적인 자리에서 다시 연설하기로 함으로써 그 내용이 공개되었다. 폭로자인 그의 친구들은 그를 만류했지만, 그래도 루스벨트는 나아가 탐사 저널리즘을 칭찬과 동시에 비난했다. 비판적인 보도는 '필수적'이지만, 진실하지 못하고 선정적인 보도의 경우 '악을 위한 강력한 힘'과 같을 수 있다.

루스벨트의 칭찬은 금방 잊혔지만, 그의 비판은 여전히 유효했다. '폭로자'라는 용어도 마찬가지였다. 원조 폭로자들은 변함없이 잡지에 글을 실었고 책을 발간했다. 추문을 폭로하는 것이 1900년대 초기 신문에서는 중요한 특성이 아니었다. 〔그 당시〕 비판은 신문에서도 많이 이루어졌지만, 일반적으로 정치적 정파성에 기인했거나 정파성이 주입된 것이었다. 탐사의 수완이나 전문적 직업 의식에 대한 자부심에 기인한 것이 아니었다. 하지만 폭로의 전성기는 잡지에서조차 오래가지 못했다. 가장 유명한 폭로자는 《매클루어》 및 상류층을 대상으로 한 몇몇 전국지에 기고했다. 《매클루어》의 주요 작가들은 1906년에 회사를 떠났고, 잡지 《아메리칸The American》을 인수해 거기서 그들의 폭로 작업을 계속하기를 바랐다. 그 노력은 흐지부지되었다. 루스벨트의 비판에도 불구하고 이런 잡지 기고자들의 영향력은 대부분 루스벨트 행정부의 개혁 동력에서 생겨났다. 루스벨트가 폭로를 부채질한 셈이었다. 1909년 루스벨트의 대통령직이 끝나면서 여러모로 폭로자들의 시대도 막을 내렸다.

밥 우드워드Bob Woodward와 칼 번스타인Carl Bernstein*의 책을 편집하던 팀에서 일하다가 막 나온 《워싱턴 포스트The Washington Post》의 젊은 편집장이던 레너드 다우니 주니어는 현대의 여러 폭로자들을 다룬 책 『새로운 폭로자들The New Muckrakers』(1976)을 썼다. 그가 다룬 주요 사례는 번스타인과 우드워드, 여러 언론사에 칼럼을 배포하는 칼럼니스트인 잭 앤더슨Jack Anderson, 세이모어 허시Seymour Hersh, 《필라델피아 인콰이어러The Philadelphia Inquirer》의 도널드 발릿Donald Barlett과 제임스 스틸James Steele, 《마이애미 헤럴드Miami Herald》의

---

* 옉 《워싱턴 포스트》의 밥 우드워드와 칼 번스타인은 당시 탐사 보도 기자로 워터게이트 사건을 최초로 폭로했다. 워터게이트 사건과 관련한 책 *All the President's Men* (1974), *The Final Days* (1976)을 함께 내기도 했다.

마이크 벡스터Mike Baxter와 짐 세비지Jim Savage, 《샌프란시스코 베이 가디언San Francisco Bay Guardian》(주간지)의 브루스 브러그먼Bruce Brugmann, 《더 네이션The Nation》(주간지)의 캐리 맥윌리엄스Carey McWilliams 등 주로 신문 기고자들이었다. 1960년대 후반에 유행했던 '새로운 폭로'는, 스스로가 규정한 탐사 보도라는 영역을 일관되고 지속적인 유산으로 구축했다는 점에서 원조 폭로자들보다 저널리즘에 훨씬 더 구석구석 지속적인 영향을 미쳤다.

첫 번째 탐사 보도 시대가 기여한 것은 빛나는 사례와 루스벨트 덕분에 얻게 된 〔폭로자라는〕 이름이다. 하지만 폭로가 제도화된 1970년대에는 '탐사 보도investigative reporting'라는 다른 이름이 도입되었다. 그러면 이는 정확히 무엇을 의미할까? 1976년의 해당 분야 교과서에 따르면, "탐사 보도 기자에 대해 유일하게 활용할 수 있는 정의는 많은 시간을 조사에 할애하는 기자라는 것이다". 아니면, 뒤에서 이야기하듯 "탐사 보도는 단순히 감춰진 정보를 보도하는 것이다". 어떤 이들은 탐사 저널리즘의 특수한 의도를 강조해 '분노의 저널리즘The Journalism of Outrage'이라고 부르기도 한다. 그들은 탐사 저널리즘이 독자나 시청자에게서 분개를 불러일으키려 한다는 점에서 독특하다고 주장한다. 그리고 그것은 뉴스를 수집하는 형식일 뿐만 아니라, 복원과 개혁에 대한 희망하에 사회의 결함을 폭로해 공중도덕에 위해가 되는 것을 감시하는 형식이기도 하다.

이 두 번째 폭로는 첫 번째 폭로의 시대 때보다도 미국의 일간지 및 뉴스편집실 문화를 본거지로 했다. 《뉴스데이Newsday》가 탐사 조사 업무만을 담당하는 탐사 보도 기자 '팀'을 세운 첫 번째 신문사가 된 것은 1967년이었다. 그해에 연합통신AP은 이와 유사한 '특별 업무 담당' 팀을 꾸렸다. 그 뒤를 1968년에 《시카고 트리뷴Chicago Tribune》이 따랐다. 《보스턴 글로브Boston Globe》는 1970년에 '스포트라이트' 팀과 함께 동일한 모델을 적용했다. 1968년에 CBS 텔레비전에서 〈60 Minutes〉는 탐사 보도를 이상으로 채택했다. 이 프로그램은 50여 년이 지나서도 여전히 일요일 밤 시간대 주요 텔레비전 프로그램으로 자리하고 있어, 미국 텔레비전 역사상 모든 장르를 통틀어 주시청시간대 최장수 프로그램으로 남게 될 것으로 보인다.

1975년에는 전국 탐사 보도 기자들의 단체인 탐사보도협회Investigative Reporters and Editors가 설립되었다. 여기서는 협회 회원들에게 탐사 저널리즘에 관한 교육과 훈련, 그리고 윤리적·사회적 지원을 계속해서 제공한다. '분노의 저널리즘'은 신문사의 뉴스편집실 축소를 고집하고 여러 온라인 스타트업에 대한 열정을 채택하면서 미국 언론의 지속적인 이상

理想이 되었다.

과거에 언론인은 일반적으로 어떤 교육을 받았을까? 언제(그리고
왜) 정규 교육이 도입되고 저널리즘 대학이 발달했을까?

19세기 중반까지 의사나 변호사가 되려면 누구든 학교 교육
을 통해서가 아니라 수습기간을 거쳐야 했다. 미국에서는
19세기 후반에 법과대학과 의과대학이 유일하게 전문직으
로 가는 주된 통로였다. 같은 시기에 공식적인 정부의 면허
는 아주 흔해졌다.

미국에서 저널리즘에 대한 정부의 면허가 존재한 적은 한
번도 없었다. 공식적인 교육이 필수적으로 요구된 적도 없
었다. 19세기 후반까지 언론인들은 일반적으로 일을 하면서
배워나갔다. 저널리즘의 학과목들은 19세기 후반 몇몇 대학
에서 제공되기 시작했지만, 미주리 주립대학이 1908년에
저널리즘 대학을 설립할 때까지는 저널리즘 교육에 전념한
대학이 하나도 없었다. 언론인들을 위한 대학 교육이라는
개념은 그때까지 몇 년 동안 논의 중이었으며, 퓰리처는
1904년 《북아메리카 리뷰North American Review》에 실린 장문
의 글에서 대학 차원에서의 공식적인 저널리즘 교육을 주장
했다. 그는 이에 대해 글을 쓰는 것보다 더 많은 일을 했다.
컬럼비아 대학에 저널리즘 대학을 세울 수 있도록 돈을 기

부하겠다는 유언을 남긴 것이다. 이 학교는 1914년에 문을 열었다. 다른 많은 학교(비록 '아이비리그' 대학들은 아니지만)가 그 뒤를 이었다. 미국 저널리즘 교육의 중심은 공립대학(텍사스에서 위스콘신과 미네소타에 이르기까지, 그리고 UC 버클리에서 메릴랜드 대학 및 노스캐롤라이나 대학에 이르기까지)에서 발달했다. 저널리즘 프로그램을 설립한 사립대학은 공립대학보다 적지만, 컬럼비아 대학, 그리고 노스웨스턴 대학의 메딜 Medill 저널리즘 대학은 예외 중에서도 가장 눈에 띈다.

과거에 언론인들은 업무에 추상적이거나 개념적인 지식을 전혀 적용하지 않았다. 좋은 보도에는 작문의 기술과 '뉴스거리를 찾아내는 능력a nose for news'(일련의 사건이 '이야기'가 될 때를 알아보는 능력과 그 중심부에 들어가는 재주)이 필요하다는 기대치가 있었다. 항상 그런 것은 아니지만 언론인들은 광범위한 정보원들과 관계를 맺을 수 있는 사회적 기술을 가졌거나 민감한 사안에 관해 도전적인, 심지어 적대적인 질문도 할 수 있을 정도로 일반 사교 예절을 위반할 용기를 가지고 있을 것으로 예상되었다.

이 중에서 의과대학이나 법과대학에서 숙달할 수 있는 지식과 같은 것은 없다. 특히 최근 몇십 년 동안, 사법제도를 다루기 위해 법학 수업을 듣고 심지어 법학 학위까지 따거나, 과학과 의학을 다루기 위해 과학에 대한 배경지식을 배우고, 심지어 의학 학위까지 따면서 전문적인 지식을 실제로 습득하는 언론인도 생겼다. 하지만 이 모든 것은 예외적인 사례다. 학생들에게 '데이터 저널리즘data journalism'을 교육하고자 하는 시도가 있지만, 그런 여러 시도가 이루어진 지는 10년이 채 안 되었다.

미국은 대학에서 조직화된 저널리즘 교육을 개발하는 일을 주도했다. 유럽에서는 공식적인 저널리즘 교육이 대개 1945년 이후에 나타난 현상이다. 독일 등 일부 국가에서는 저널리즘 교육이 대학에서 이루어지기도 했지만, 대규모 언론 기관이 운영하는 학교에서 이루어지는 교육도 있었다.

민주주의에서는 언론 활동을 허가하는 면허가 없다. 자유 언론을 위한 국제기관인 'ARTICLE 19(세계인권선언에서 표현의 자유 조항을 따서 만든 명칭)'에 따르면, 언론인의 허가나 등록은 표현의 자유를 위반하는 것으로 국제적 인권 합의는 이에 반대한다. 인권운동가들 사이에서는 저널리즘을 실행하기 위한 교육 자격을 요구하는 것조차 일반적으로 표현의 자유를 침해하는 것으로 간주된다. 하지만 미국을 비롯해 여러 나라에서는 더욱 제한된 규칙들이 있는데, 정부 기관 건물과 고위급 기자회견, 그리고 순전히 실용적인 이유에서 제한적인 공간이 필요한 그 밖의 상황에서 언론인의 접근을 규제한다. 이런 경우에는 백악관기자협회White House Correspondents' Association와 같은 단체를 통해 조직된 언론인들이 직접 접근권을 통제한다.

퓰리처상이란 무엇인가?

퓰리처상은 미국 언론인을 위한 모든 상 중에서 가장 명망이 높은 상이다. 퓰리처상은 조지프 퓰리처의 유산의 일부로 설립되었다. 그는 헝가리에서 태어난 미국인 기자이자 편집장으로 1883년에 《뉴욕 월드》를 인수해 세계에서 가장 규모가 크고 가장 혁신적이며 가장 수익성이 좋은 신문사 중 하나로 만들었다. 그의 사후에 컬럼비아 대학에 저널리즘 대학을 설립할 목적으로 남긴 그의 기부금 일부는 퓰리처상을 위한 기금에 쓰였다.

퓰리처상은 역사, 자서전, 일반 논픽션, 희곡, 시, 소설, 음악 부문에 대해서도 시상한다. 저널리즘에는 14개의 상이 있는데, 그중 13개는 특정 보도 부문(사설에서부터 시사만화, 속보 사진에서부터 탐사 보도, 그리고 기획 기사에 이르기까지)에서 업적을 세운 개인이나 집단에 수여된다. 공공 서비스를 위한 상은 언론인 개인보다는 언론 기관에 수여된다.

퓰리처상은 공식적으로는 이사회에서 직권을 가지고 있는 컬럼비아 대학의 총장이 저널리즘 대학 학장과 함께 수상자에게 수여하지만, 상을 유지할 모든 권한은 퓰리처 이

사회에 있다. 이사회는 1943년에 음악 부문을 시상 영역에 추가했고, 1960년대에 음악 부문의 상을 고전음악 작곡에서 재즈 작곡으로 넓혔으며, 1985년에 '해설 보도' 부문의 상을 신설하는 등 가끔 상에 변화를 주기도 한다. 퓰리처 이사회는 2006년부터 신문사에서 제출한 온라인 기사도 지원 대상으로 기꺼이 받아들였고, 2009년부터는 온라인으로만 발행하는 언론사에 대해서도 그 문을 열었다. 2007년에 설립되어 온라인으로만 발행하는 소규모 언론사인 《인사이드 클라이밋Inside Climate》은 2013년에 국내 보도로 퓰리처상을 수상하기도 했다.

그 밖의 상들은 라디오와 텔레비전 뉴스의 업적을 기념하는데, 특히 앨프리드 듀폰트-컬럼비아 대학 상Alfred I. DuPont-Columbia University award(1942년에 생겨 1968년부터 컬럼비아 대학에서 운영)과 1940년에 생겨 조지아 주립대학University of Georgia의 그레이디 저널리즘 대학Grady College of Journalism에서 운영하는 조지 포스터 피바디 상George Foster Peabody Awards이 유명하다. 전국 잡지 상National Magazine Awards은 미국 잡지편집인 협회American Society of Magazine Editors가 1966년에 제정해 컬럼비아 저널리즘 대학이 운영하고 있는데, 우수한 뉴스 및 시사 잡지에 수여하는 상이다. 그 밖에 주 및 지역의 기자클럽과 기자연합회에서 선정하는 상뿐만 아니라, 다른 전국 단위의 명망 있는 저널리즘 상도 있다.

이처럼 퓰리처상에서 나타난 여러 가지 변화는 저널리즘이 전문적으로 공익을 추구하는 분야로 인정받도록 상을 제정한 퓰리처의 본래 의도를 전혀 훼손하지 않고 도리어 향상시키기까지 했다. 퓰리처는 1904년 자신의 에세이에 다음과 같이 진지하게 기록했다. "우리 공화국과 언론은 다 함께 일어서거나 몰락할 것이다. 능력 있고 편파적이지 않으며 공공심이 있고 그것을 실행할 권리와 용기를 아는 훈련된 지성을 갖춘 언론은, 대중에 영합하는 가짜, 엉터리 정부가 가지고 있지 않은 공적인 덕목을 지켜낼 수 있다. 냉소적이고 돈을 목적으로 하는 선동적인 언론은 그 자신만큼이나 야비한 사람을 만들어낼 것이다. 공화국의 미래를 만들 힘은 미래 세대 언론인들이 다루게 될 것이다."

저널리즘으로 퓰리처상을 받으려면 어떻게 해야 할까? 서로 다른 상에는 각기 다른 기준이 있다. 2002년부터 2014년까지 퓰리처상의 심사위원장을 맡은 시그 기슬러Sig Gissler가 우리에게 이야기하기를, 공공 서비스, 탐사 보도, 국내 보도의 수상자들은 대개 "(동영상을 비롯해 온갖 이용 가능한 도구를 활용해서) 깊이 파고드는 보도와 좋은 생각을 떠올리게 하는 줄거리"를 특징으로 한다. 심사위원들도 "기사가 의미 있는 변화를 가져왔는지, 결과와 영향"에 비중을 둔다. 속보의 경우에 심사위원들은 "마감의 압박 속에서도 유지된 일관된 균형을 찾는다. 그들은 신속성(특히 사건이 발생한 직후 첫 24시간에서 48시간 사이에 이루어졌고, 실시간 보도의 사례를 보여준 신속하고 정확한 보도)을 찾는다". 하지만 심지어 속보 부문에서조차 심사위원들은 "사건을 며칠에 걸쳐 맥락에 두고 취재한 것을 찾는다".

언론인이 자기가 취재하는 대상과 친구이거나 친구가 되는 것은 비윤리적일까?

정치인에 관한 기사를 쓰는 기자나 칼럼니스트가 그 정치인과 저녁을 같이 먹는 것은 괜찮을까? 터치풋볼〔가벼운 형태의 미식축구〕을 같이 하는 것은? 그들에게 조언을 하는 것은? 그들의 연설문을 작성하는 것은?

대답은 해가 지나면서 바뀌었다. 19세기에는 워싱턴을 취재하는 기자들이 한 군데 이상의 언론사와 미국 의회에서 동시에 소득을 얻으면서 일상적으로 의회 내 위원회의 서기 노릇을 했다. 이는 표준적인 관행이었다. 더 드물게는 일부 서기와 기자의 역할을 하면서 동료 기자에게 기밀을 팔아 추가 수익을 얻는 경우도 당시에는 널리 알려져 있었다.

여러분이 이처럼 우리가 악한 19세기에서 더 전문적이며 선한 20세기로 오면서 기자와 정보원 간의 친밀감이 사라졌다고 상상하지 않도록, 워싱턴의 완벽한 내부자 중 하나이자 신디케이트 칼럼니스트인 조지프 올솝Joseph Alsop의 사례를 생각해 보자. 저명한 기자였던 올솝(1910~1989)은 공교롭게도 엘리너 루스벨트Eleanor Roosevelt의 사촌이기도 했다. 1939년 어느 날 그는 《새터데이 이브닝 포스트Saturday Evening Post》에 미국의 외교정책에 관한 글을 쓰다가 프랭클린 루스벨트 대통령과 인터뷰를 잡기 위해 엘리너에게 연락했다. 그는 자신이 루스벨트 대통령의 외교정책에 찬성하며, 잡지에 원고를 보내기 전에 먼저 대통령에게 원고에 대한 승인을 요청할 것이고, 그 기사를 대통령이 도와주었다는 사실은 숨기겠다고 그녀를 설득했다. 결국 《포스트》는 그 긴 글을 거절했지만, 올솝은 책으로 그 모든 것을 출판했다.

올솝처럼 월터 리프먼Walter Lippmann도 내부자이자, 부유층 및 권력층의 절친이었다. 1940년대에 그는 루스벨트의 상대 공화당 후보로 대선에 출마한 웬들 윌키Wendell Willkie에게 정치적 조언을 했다. 그는 1945년에 《뉴욕 타임스》 기자 제임스 레스턴James Reston과 함께 공화당 상원의원(미시건)아서 반덴버그Arthur Vandenberg를 만나 만일 진지하게 대통령이 되고자 한다면(실제로 그는 정말 대통령이 되고 싶어 했다) 고립주의를 버리라고 조언했다. 이 두 기자는 팀을 이뤄 반덴버그를 위해 연설문을 작성했는데, 반덴버그는 상원에서 이를 발표해 대단한 찬사를 받았다. 그 찬사의 일부는 여러 언론사에 배포된 리프먼의 신문 칼럼에서 온 것이고, 또 일부는 레스턴이 《뉴욕 타임스》에 그 연설이 '현명'하고 '정치력'이 있었다고 보도한 것에서 비롯되었다.

올솝과 리프먼, 그리고 그 밖의 언론인들은 미국 저널리즘에서 성직자와도 같은(적어도 자신의 마음속에서는 정치적 논란에 휘말리지 않지만 정치에 열렬히 참여하는) 위상을 성취했거나 혹은 맡게 되었다. 그들은 객관적인 언론인은 아니었는데, 성직자 같은 언론인도 공익을 위해 일하는 것인가? 그리고 (음악이건 연극이건 혹은 정치에 관해서건) 해설가와 비평가는 어떤가? 그리고 심지어 어릿광대는? 신문 칼럼니스트이자 라디오 논평가인 윌 로저스Will Rogers가 1920년대와 1930년대에 했던 역할이라든지, 존 스튜어트Jon Stewart가 1999년에 코미디 센트럴Comedy Central의 〈더 데일리 쇼The Daily Show〉를 진행하기 시작한 이래로 그와 스티븐 콜베어Stephen Colbert의 공적인 역할에 대해 생각해 보자. 치료나 강의에 매우 다양한 양식이 있는 것처럼, 그리고 의술을 훌륭하게 수행하고 스승으로서 지도하거나 영감을 주는 데 한 가지 방법만 있는 것이 아니듯이 언론인들이 저널리즘에서 공중을 위해 봉사하는 방법으로 단 하나의 모델만 수용할 수 있는 것은 아니다.

이와 동시에 정치에 관해 보도하는 것과 정치를 하는 것 간의 경계가 흐려지거나 공중의 이해를 위해 보도하는 것과 공공정책 형성에 참여하는 것 간의 경계가 흐려지자 내부자 저널리즘insider journalism에 대한 미국 언론인들의 적대감이 커졌다. 사설을 쓰는 것과 고정 칼럼니스트처럼 '논평'란에 '의견'을 싣는 것, 매일 속보 기사를 작성하는 것은 서로 다른 일이지만 모두 저널리즘의 합법적 형태다. 정치인의 연설문을 작성하는 것은 저널리즘이 아니다. 그리고 자신이 작성한 선거 후보자의 연설문에 관한 기사나 칼럼을 쓰면서 그 연설문을 당신이 썼다고 인정하지 않는 것은 저널리즘이 의존하고 있는 절대적인 공중의 신뢰를 저버리는 것이다.

라디오는 왜 신문을 없애버리지 않았을까?

새로운 매체는 오래된 매체에 도전한다. 새로운 기술은 기존의 기술과 중복되지 않는 특별한 성격, 혹은 우리가 '행동 유도성affordances'*이라고 부르는 것을 갖고 있다. 새로운 것은 오래된 것과 단지 **똑같기만 한** 것은 하지 않는다. 즉, 더 빨라지거나 더 좋아진다. 그것은 오래된 것과 **비슷한** 무언

---

* 역 'Affordance'는 미국의 심리학자 제임스 깁슨(James J. Gibson)이 고안한 용어로, 특정한 행위를 하게 이끄는 사물 또는 환경의 특성을 의미한다.

가를 하지만, 정확히 똑같은 것은 아니다.

인쇄 매체의 기자들은 당연히 라디오를 두려워했다. 다른 신문사에 비해 더 번창한 일부 신문사는 라디오 방송국을 인수함으로써 자신의 불안감을 다스렸다. 하지만 그 외의 많은 신문사들은 (신문사가 제작하는) 뉴스 방송이 라디오에서 순조롭게 이용 가능해지면서 때때로 신문사를 제치고 그들이 소유한 라디오의 뉴스가 특종을 보도하게 되자 라디오를 불공평한 경쟁 상대로 여겼다.

하지만 사람들이 신문을 즐기는 중요한 특징 중에는 라디오에 없는 부분이 있었다. 신문에서 뉴스를 볼 때는 몇 시 몇 분에 보기로 약속을 잡을 필요가 없다. 미국 대부분의 주요 도시에 두 개 이상의 일간지가 있던 시절, 각 신문은 일반적으로 정치적 성향을 띠고 있었는데, 독자들은 이를 편안하게 느꼈고 이로써 자신이 신문과 연결되어 있다고 느낄 수 있었다. 반대로 라디오 뉴스의 표제는 그런 신원 증명을 하지 않았다. 물론 라디오는 신문보다 더 빠른 신속성과 인간의 목소리라는 친밀감을 제공했지만, 신문은 라디오가 복제할 수 없는 특징을 가지고 있었다. 그중 하나가 신문은 사진을 인쇄했다는 점이다. 루스벨트나 후버, 혹은 히틀러가 어떻게 생겼는지 라디오에서는 볼 수 없지만 신문에서는 볼 수 있었다.

아마도 신문의 독특한 행동유도성에 관한 최고의 통찰력은 1945년부터 1946년까지 뉴욕 신문의 장기적인 파업 기간에 수행된 인터뷰에서 비롯되었을 것이다. 연구자들은 파업 기간에 신문이 발행되지 않는 것이 사람들에게 어떤 의미인지 질문했다. 사람들은 자신이 아쉬워한 주제가 무엇인지(뉴스가 갑자기 중단되었을 때 읽고 싶었던 기사가 무엇인지)에 대해 매우 모호해한다는 것이 밝혀졌다. 하지만 그들은 자신의 일상에서 느낀 상실감을 생생하게 묘사했다. 신문을 읽는 것이 보통 하루의 특정 시간에 매일 하는 의례적인 일상의 일부였던 것이다. 일상적인 행동양식에 들어맞는 것은 즐거움과 위로를 주고, 라디오가 대체할 수 없는 친숙함을 제공했다.

또 텔레비전은 왜 신문을 파괴하지 않았을까?

텔레비전도 신문을 파괴하지 않았지만, 석간신문의 죽음에는 기여했다. 수많은 일간지가 1950년대와 1960년대에(그리고 그 뒤로도 매우 꾸준히) 큰 폭의 하락세를 보였다. 거의 예외 없이 석간신문은 가장 빠르게 사라졌다. 이는 단순히 사람들이 신문보다 텔레비전을 선호했기 때문이 아니라, 텔레비전이 사람들의 삶의 방식에서 나타난 폭넓은 변화에 융화되었기 때문이다. 그것은 미국 도시들의 급격한 교외화의 일부였다. 사람들이 퇴근하면서 사무실, 공장, 창고 등 자신의 근무지가 있는 도시를 떠날 때 보통 자동차로 장거리를 운전해 가는 사람들이 늘어났다. 생활양식 전체가 바뀌었고 석간신문은 그처럼 변화된 생활양식에 이전처럼 깔끔하게 들어맞지 않았다. 그동안 저녁 텔레비전 뉴스 방송은 충분히 좋은 대체물을 제공했고, 이 때문에 많은 사람은 석간신문을 불필요한 가계지출로 보게 되었다.

유럽연합EU의 유로바로미터Eurobarometer 자료에 따르면, 2000년까지 상당수 유럽연합 국가에서 매일 신문을 읽는 사람보다 더 많은 사람이 매일 텔레비전 뉴스를 시청했다. 예외적으로 스웨덴에서는 신문이 약간 더 우위를 차지했다. 남부 유럽에서는 텔레비전이 압도적으로 우위에 있었는데, 이탈리아에서는 국민의 83%가 매일 텔레비전 뉴스를 시청한 반면에 단 30%만이 매일 신문을 읽었다. 또한 프랑스에서는 매일 텔레비전을 시청하는 국민이 62%, 신문은 26%였다. 북유럽과 영국에서는 텔레비전의 우위가 이보다는 덜 극적이었는데, 독일에서는 매일 68%가 텔레비전, 59%가 신문으로 뉴스를 봤으며, 영국에서는 71%가 텔레비전, 47%가 신문으로, 핀란드에서는 79%가 텔레비전, 67%가 신문으로 뉴스를 봤다.

많은 민주주의 국가들은 왜 방송에 공적 자금을 투자해 왔을까? 세계에서 가장 영향력 있는 방송 뉴스 모델은 영국 공영방송 BBC다. BBC에는 약 5000명의 언론인이 일하고 있으며, 약 40개의 해외 지사가 있다(이에 비해 《뉴욕 타임스》에는 약 1000명의 언론인이 일한다. CBS 뉴스에는 150명 정도의 언론인이 직원으로 있다). 북유럽 국가와 독일, 프랑스 등을 비롯한 다른 유럽 국가도 미국의 공영방송보다 훨씬 더 많은 시청자를 보유한 튼튼한 공영방송 체계를 가지고 있다.

2011년 유럽의 민주주의 국가 10군데와 미국, 캐나다, 일본, 호주, 뉴질랜드의 공영방송에 관한 연구에서 연구자들은 미국이 연간 국민 1인당 4달러에 못 미치는 금액을 텔레비전 및 라디오 공영방송에 투자하는 것으로 추산했다. 다음으로 낮은 투자국은 캐나다와 뉴질랜드로 국민 1인당 30달러였으며, 호주는 34달러였다. 영국과 독일은 모두 1인당 130달러 이상 제공하는 것으로 나타났다.

BBC는 1920년대에 출범해 1926년 공영방송으로서 칙허장을 받았다. 첫 번째 사장으로서 영향력이 컸던 존 리스 John Reith는 BBC 뉴스 서비스가 정부를 위해 선전에 나서야 한다고 믿지는 않았지만, 라디오가 뉴스와 오락 두 영역 모두에 영국의 공통된 문화를 접합시켜야 한다고 믿었다. 어느 지인은 리스가 "마치 국가의 복지를 책임진 것처럼" 말했다고 했다. 그것이 바로 그가 BBC의 일을 떠맡은 목적이었다. 그는 "인간의 지식, 노력, 성취의 모든 부문에서 최고의 것은 모두 최대한 많은 가정에 보급하고 해롭거나 해로울 수 있는 것은 피하는 것"이 BBC의 책임이라고 역설했다. 1923년부터 리스는 조지 5세가 성탄절이나 새해에 대국민 연설을 할 때 BBC를 활용하도록 촉구했다. 국왕은 1932년에 이르러서야 그렇게 하기 시작했다. 그는 1934년까지 성탄절 메시지에서 시청자를 '전 세계 가족 여러분the members of our worldwide family'이라는 호칭으로 불렀는데, 이는 매년 의례로 지정되어 오늘날까지 이어지고 있다.

처음에 BBC 칙허장은 생방송에서 논쟁거리에 관한 논의나 보도를 금지했다. 이런 금지는 1928년에 철폐되었지만, BBC 사학자 패디 스캐널Paddy Scannell은 뉴스 보도에서 BBC의 순수한 정치적 독립은 1950년대 중반에야 시작되었다고 설명했는데, 당시 새로 설립된 상업방송 ITV와의 라이벌 관계가 "BBC를 국가의 치맛자락으로부터 분리하는 결과를 가져왔다"는 것이다.

대부분의 국가에서 신문과 잡지는 국가의 주권이 아직 확립되기 이전에 생겨났지만, 방송은 독립적인 민족국가의 수립 이후에 등장했거나 식민지로부터의 독립 후 수립된 첫 번째 정부에 의해 재빠르게 전용되었다. 중앙집권적 정부의 권위에 대해 미국보다 겁이 없는 대부분의 사회에서는 이것이 강력한 국영방송으로 이어졌다. 대부분의 경우, 방송은 권력을 쥐고 있는 정부와 방송을 지배하는 준독립적 이사회 사이에 '공정한arm's-length' 거리라고 영국인들이 부르는 것을 유지하기 위해 성공적인 노력을 기울였다. 현대 민주주의 국가들 중에서 공영방송을 갖추고 있는 입법부나 정부 체제는 모두 국가로부터 실질적으로, 혹은 사실상 완전하게 독립된 편집권을 방송사에 약속하고 있다.

미국에는 국립과학재단National Science Foundation, 국립보건원National Institutes of Health, 국립인문재단National Endowment for the Humanities과 같은 기관이 있는데, 이들은 연방 정부의 재정 지원을 받지만, 과학적 연구 우선순위를 설정하고 학자들을 위한 기금을 마련하기 위해 주요 의사결정 메커니즘으로서 평범한 과학적 '동료 심사peer review'를 유지한다. 미국은 1967년에 공영방송망Public Broadcasting Service: PBS을 세우는 데 다른 민주주의 국가들을 모방하려 했지만, 그들과 유사한 재정 지원을 따라 하지는 않았다.

정보공개법은 왜 존재하는 것일까? 그리고 유용한 것일까?

1966년에 미국은 '모든 사람에게'(모든 연령층에게, 모든 이유를 막론하고, 세상의 모든 사람에게) 연방 정부가 보유한 정보를 요구할 권리(그리고 요구가 거부당할 경우 정부를 상대로 소송할 권리)를 부여하는 법률을 제정했다. 이런 종류의 법을 (1766년에) 최초로 보유한 국가는 스웨덴이다. 하지만 미국의 법은 그 개념을 현대 시대로 가져왔다. 미국의 버전은 지난 반세기 동안 유사한 법을 채택한 다른 많은 국가의 모범이 되었다.

미국의 법(정보공개법Freedom of Information Act: FOIA)은 대담하게도 두 가지 눈에 띄는 한계가 있다. 첫째로 그것은 의회나 사법부를 포함하지 않는다. 정부의 행정부 기관에만 적용된다. 둘째로 그 법은 아홉 가지 '면제 조항'(정부가 정보공개 청구자에게 정보공개를 거부하는 것을 정당화하는 조건)을 나열하고 있다. 그런 조건에는 요청된 정보의 노출이 국가의 안보와 관련되는 경우, 개인의 사생활을 침해하는 경우, 합법적인 업무상 기밀을 노출하는 경우, 행정부 내부의 (최종 결정이 아닌) 숙의 과정을 노출하는 경우 등이 있다. 이 마지막 사례에서 면제 근거는 만일 내부 숙의가 정보공개 청구 대상이 되면 참여자들이 자기검열을 하게 될 것이며, 자유롭게 흘러가는 논의가 좋은 결정에 가장 중요한 바로 그 순간에 개방적이고 무제한적인 논의가 제한될 수 있다는 것이다.

정보공개법은 시간이 지나면서 변화했다. 1974년 개정으로 이 법은 여러모로 더욱 엄격해졌다. 예컨대, 국가 기관이 정보공개 청구자에게 답변하는 데 시간제한이 설정되었다.

이에 따라 정보공개 청구자는 자신이 요청한 정보의 공개를 거절당했을 때 국가 기관을 상대로 고소할 수 있게 되었다.

이 법은 어디에서 유래했을까? 미국을 세운 사람들이 이전에 논의한 적이 있는 것은 아니었다. 그리고 한창 냉전 중이던 1955년에 입법 활동이 시작되어 1960년대에 법으로 제정되었다. 당시에 몇몇 단체가 모여 입법을 견인했다. 급격하게 커진 행정부는 행정상 기밀 정보를 언론 및 공중뿐 아니라 의회와도 떨어뜨려 놓고자 열심이었다. 의회의 공화당과 민주당은 모두 행정부에 대한 통제권을 일부 다시 얻고 싶어 했다.

게다가 공중에게 정보를 주지 않으려는 노력을 비난하는 데 편리하게 냉전 수사학을 이용할 수 있었다. 하원에서 정부 관련 정보에 대한 상임위원회 의장직을 맡고 있던 캘리포니아 민주당 소속 존 모스John Moss는 정부와 공중 사이에 "정보의 흐름이나 공개를 방해하는 관료주의의 장막paper curtain"을 세우는 행정부를 주기적으로 공격했다. 이는 구소련 및 동유럽을 서구의 정보 흐름으로부터 보호한 '철의 장막the iron curtain'이라는 친숙한 냉전 관련 표현에 빗댄 것이다. 미국 정부가 '관료주의의 장막'을 세운다고 비난하는 것은 그 정보 정책이 불명예스럽게도 구소련 같다는 것을 시사했다. 미국 정부와 사회에 열린 마음, 의견의 차이에 대한 관용, 과학적인 정신이 있다고 믿기 위한 온갖 노력이 있었다. '미국적인 것들The Americans'은 구소련과 같은 전체주의 사회에 없는 모든 것으로 묘사되었다.

그 결과 존 모스와 상하원 및 언론에 있는 그의 조력자들은, 관료주의적 습관이나 관료주의적 무지가 아니고서는 정보를 공개하지 않을 이유가 전혀 없는데도 정보를 주지 않을 때 아이젠하워 행정부, 그 후에는 케네디 행정부를 반복적으로 곤혹스럽게 하는 데 성공했다. 결국 정보공개법은 의회에서 승인되었고, 린든 존슨Lyndon Johnson이 서명해 법률로서 발효되었다.

모두가 정보공개법을 좋아한 것은 아니었다. 그것은 시작부터 비판받기도 했다. 소비자운동가인 랠프 네이더Ralph Nader는 이를 '정보공개법**으로부터의** 자유Freedom From Information Act'라고 불렀다. 심지어 나중에는 이 법을 강화하고 이 법의 활용을 간소화하기 위해 몇 차례 개정이 이루어진 후, 기자와 사학자 및 이 법을 활용하려 했던 사람들은 그 과정이 느리고 좌절감을 준다고 여겼다. 이 법은 정부가 정보 공개를 미루거나 심지어 정보를 공개하더라도 요청된 수준보다 훨씬 덜 공개할 수 있는 온갖 방법을 제공한다. 2008년 《뉴욕 타임스》 특파원은 이를 '잔인한 농담'이라고 불렀다. 당시 《워싱턴 포스트》 기자였던 세라 코언Sarah Cohen은 2011

년 이 주제로 의회에서 증언하면서 "나는 단 한 번도 정보공개법(요청)에 대한 최종 답변을 요청한 시간 내에 받아본 적이 없다"라고 말했다.

하지만 코언은 "정부 도처에서 기술적이고 물리적으로 잠겨 있는 파일 캐비닛 안에 들어 있는 기록에 접근할 수 없었다면 할 수 없었을" 여러 가지 중요한 이야기를 나열했다. 그녀에게는 정보공개법 절차가 답답한(그리고 없어서는 안 될) 일이었다. 정보공개법은 미국의 위대한 입법적 수출품 중 하나다. 오늘날 전 세계에는 100개가 넘는 정보공개법이 존재한다. 몇몇은 그 장점과 효율성 측면에서 (이 법의 적용 대상에 행정부뿐 아니라 입법부도 포함한다는 점이나 더 빠른 처리 과정을 요구한다는 점, 혹은 정보공개 요청이 거부되면 그런 판단을 내린 것에 대해 빠른 답변 수단을 제공한다는 점에서) 미국의 법보다 훌륭하다.

신저널리즘이란 무엇이었을까?

눈도 뜨지 못한 채 암흑과 따뜻한 습기에서 처음으로 나와 소리치고 몸부림치며 울어대고 있을 때 세상을 선명하게 바라본 사람은 아무도 없다. 곧 눈을 뜨지만 초점을 맞추지는 못한다. 눈은 어떻게 초점을 맞추는 것일까? 초점은 주목 attention이다! 도대체 주목이란 무엇일까? 당신은 어떻게 한 가지 사물에 집중하고 다른 것에는 집중하지 않는 것일까?

여기는 왜 이렇게 밝은가? 색깔이 너무나 풍부하고, 윤곽이 너무 많고, 그림자도 너무 많고, 소리와 웅성거림, 숨소리, 헐떡거림, 웃음으로 너무도 자욱하다. 도대체 웃음은 무엇일까? 새로 태어난 사람은 어떻게 세상을 보고 나서 "다른 작가들이 이미 한 일이라고 끊임없이 의식하는 압박 없이 마치 처음인 것처럼" 그것을 쓰는가? "이것이 바로 1960년대 중반에 내가 느낀 것이었다." 톰 울프는 이런 식으로 소위 '신저널리즘New Journalism'을 경험하면서 발명하고 동시에 연대순으로 기록하면서 1972년 《뉴욕 매거진New York Magazine》에 기고했다. 이 단락에서 희화화한 것처럼 신저널리즘은 때때로 과호흡하는 문체를 특징으로 한다.

이는 문학적이라고 자처하는 《에스콰이어Esquire》 같은 잡지와 그런 허세가 없는 잡지, 즉 《뉴욕 매거진》이나 《뉴욕 헤럴드 트리뷴New York Herald Tribune》의 일요 특집Sunday supplement에서 처음 등장한 일간지의 '일요 특집' 잡지에 글을 싣던 기자들로부터 시작되었다. 신저널리즘의 영웅에는 게이 테일스Gay Talese, 조앤 디디언Joan Didion, 울프 등이 있었다. 이들은 신문에 '기획 기사'를 쓰는 기자였지만, 더 긴 글을 게재할 수 있는 잡지를 통해 가능한 한 많은 글을 싣고자 했다. 그들은 관점이 있는 실험이나 그 밖의 문학적 장치에 매료되었다. 그리고 이들은 논픽션이 관찰을 순수하게 보고

하기만 한다면 "독자를 지적으로, 그리고 감정적으로 자극" 할 수 있는 문학적 장치를 활용할 수 있다고 믿었다.

신저널리즘New Journalism을 '새롭게new' 만든 것은 문학적 자유로움이었다. 그리고 그것을 '저널리즘journalism'으로 만든 것은 보도된다는 점이었다. '신저널리즘'은 이 두 가지를 모두 공평하게 충족했다. 신저널리즘에 대한 논평가들을 분노하게 만든 것은 글쓴이가 심지어 내적 독백을 지어낼 때조차 자신이 쓰고 있는 사람의 마음속으로 들어간 것처럼 보이게 하는 방식이었다(하지만 울프는 인터뷰와 관찰 과정에서 그 대상이 실제로 말한 언어만 사용해야 한다고 주장했다). 울프가 말하기를, 신저널리즘의 가치는 존재하지 않는 등장인물에 대한 생생한 현실감을 주기 위해 소설이 인물의 언어, 동작, 표정 등 모든 세부 사항을 독자에게 제공하는 것처럼 이런 장치들을 활용해(이런 점은 신저널리즘에만 존재한다) 보도 대상에 더 오래 몰입할 수 있도록 하기 위해 일반적인 저널리즘을 넘어선다는 점이었다.

돌이켜보건대, 신저널리즘의 영향은 제한적이었다. 그것은 신문을 더 문학적으로 만들어주는 일을 거의 하지 않았다. 그 위치와 영향이 주로 잡지 저널리즘에 있었던 것이다. 비록 수년 후에 여러분은 라디오, 특히 NPR의 프로그램 〈디스 아메리칸 라이프This American Life〉에서 그 영향력을 감지할 수 있게 되었지만, 당시 신문과 텔레비전은 신저널리즘의 영향을 거의 알아채지 못했다. 일부 소설가들은 신저널리즘의 영향으로 취재에 나서기도 했는데, 노먼 메일러 Norman Mailer와 트루먼 커포티Truman Capote가 유명한 예다. 대안 매체들과 《뉴욕 타임스》, 《워싱턴 포스트》 및 다른 신문들의 '스타일' 지면을 통해 그 버전들을 볼 수 있다. 하지만 아마도 오늘날 저널리즘 전공 학생들이 감지할 수 있는 그의 가장 큰 영향력은 출세지향적인 기자들의 눈을 반짝이게 만들었다는 점이다. 일부 젊은 사람들은 여전히 세상을 새롭게 보고 이를 생생한 문구나 다큐멘터리 영화 및 동영상, 혹은 라디오 프로그램으로 재현할 수 있는 보증서(즉, 기자증)를 가지고 있는 사회에서 예술가로 진출하기 위해 저널리즘 분야에 들어온다.

언론이 워터게이트 사건을 폭로한 것일까?(그리고 워터게이트 사건은 무엇이었을까?)

아마도 미국 역사상 가장 유명한 보도이자 전 세계적으로 가장 많이 기념되었던 보도는 '워터게이트'로 알려진 일련의 사건에 대한 《워싱턴 포스트》의 탐사 보도일 것이다. 이 취재는 1972년 여름부터 1974년 여름까지 장기간에 걸쳐 이루어졌다.

워터게이트 사건은 리처드 닉슨 대통령을 대통령직에서 사임한 유일한 대통령으로 만들었다. 만일 사임하지 않았다면 그는 거의 분명히 탄핵되었을 것이다. 하원은 탄핵에 관한 세 개의 조항을 승인했고, 상원은 그가 유죄인지 판단하고 재판할 준비가 되어 있었다. 심지어 상원 의원 중 닉슨의 강력한 지지자들조차 의회 내 여론을 봤을 때 상원의 과반 이상이 탄핵에 찬성표를 던질 것임을 인지했다.

왜였을까? 닉슨이 지위를 이용해 자신의 개인적인 적이라고 여겼던 이들(언론, 베트남 전쟁에 대한 반전운동, 민주당)을 공격하면서 직권을 남용했다는 증거가 확실했기 때문이다. 닉슨은 민주당의 대선 후보자 사무실을 털고 정신과 의사 대니얼 엘스버그Daniel Ellsberg의 사무실을 터는 보좌관들의 계획을 승인했다고(때로 자신이 스스로 그 계획을 시작했다고) 시인했다. 엘스버그는 1971년에 '펜타곤 보고서Pentagon Papers'를 《뉴욕 타임스》에 유출한 국방부 공무원이었다. 닉슨의 비밀결사는 엘스버그의 명성을 훼손하기 위해 유출할 정보를 찾고자 했다.

닉슨의 몰락을 가져온 '명백한 증거'는 이 불법침입 건과 함께 대통령이 그 보좌관들에게 자신의 재선 캠페인에서 지원했던, 사소하지만 명백한 범죄 행위들을 덮도록 지시한 것을 입증한 녹음테이프 증거물이었다. 이 범죄에는 국가 안보 문제가 위태롭다는 것을 구실 삼아 녹음 기록이 밝혀지는 것을 방해한 '정의에 대한 방해'(닉슨의 요구로 그의 보좌관들은 FBI가 워터게이트 무단침입자들에 대한 조사를 중지하도록 CIA에 지시했다)가 명백하게 포함되었다. 어떤 분석가들은 이런 '은폐'가 본래의 범죄보다 더 나쁜 것이라고도 했는데, 훗날 칼 번스타인과 밥 우드워드 기자는 은폐된 범죄 그 자체가 "미국의 민주주의 심장인 헌법, 자유선거제도, 법치를 겨냥해 닉슨 자신이 주도한 뻔뻔하고 대담한 공격"이라고 강조했다.

번스타인과 우드워드가 원래 1972년 6월 17일 민주당 전국위원회Democratic National Committee 본부가 있던 워싱턴의 워터게이트 사무실과 콘도 단지에서의 불법침입에 대한 보도를 시작했을 때만 해도 그들과 《워싱턴 포스트》의 편집장도 자신이 무엇을 공개하게 될 것인지 몰랐다. 언론 매체에서 일하는 다른 기자들도 마찬가지였다. 닉슨은 언론 매체를 자신의 적으로 여겼을지 모르지만, 언론인들은 닉슨을 재선에서 안정적 우위를 점하고 있는, 이례적으로 영리하며 기민한 정치인으로 여겼다. 그리고 그들은 백악관이 불법침입(무단침입자들에게 입막음으로 돈을 준 것) 및 다른 민주당 후보자들을 겨냥한 긴 목록의 '더러운 술수들'에 직접적으로 관여했다는 것을 그저 믿을 수 없다고 생각했다. 그렇게 영리한 사람이 왜 그토록 바보 같은 일들에 연루되었겠냐는 것이었다.

나머지 언론인들이 워터게이트 특급열차에 올라타는 데는 오랜 시간이 걸렸다. 그러는 사이에 언론과 관계없는 기관들의 조사에서 많은 부분이 밝혀졌다. 연방 판사 존 시리카John Sirica는 체포된 무단침입자들로부터 정보를 캐냈고, 민주당 전국위원회 및 개인단체인 커먼코즈Common Cause*는 정부를 상대로 소송을 시작해 다른 관련 정보를 밝혀냈으며, 상원은 '워터게이트' 특별위원회를 꾸려 1973년 여름 내내 전국적으로 생중계된 일련의 청문회에서 워터게이트 사건을 조사했다. 시간이 지나면서 비밀들을 가장 많이 밝혀낸 이는 닉슨 그 자신이었는데, 그는 백악관 집무실에서 자신이 참석한 여러 회의를 비밀리에 녹음했음을 밝혔고, 연방 검찰은 녹음테이프에 대해 소환장을 발부했다.

탐사 보도에 관심 있는 언론 매체가 거의 없던 시절 《워싱턴 포스트》가 탐사 보도를 추구한 것의 중요성(용기)에 대해서는 의문의 여지가 없다. 그들의 노력만으로 닉슨을 사임까지 밀어붙일 수는 없었겠지만, 기사에 대한 그들의 끈질긴 집념은 저널리즘 분야 최고의 보도, 그 도덕적 중심부에 탐사 보도를 올려다 놓았다.

---

* 역 미국의 선거자금 감시단체로서 1970년에 정파를 초월한 시민단체로 출범했으며 각종 선거자금법을 개정하는 데도 큰 영향을 미쳤다.

저널리즘에서 '1960년대'의 유산이란 무엇인가?

'신저널리즘'은 주로 잡지에서, 일상적 뉴스 생산의 주변부에만 영향을 미쳤다. 베트남 전쟁이 일어난 몇 년 동안 확대된 탐사 보도는 강력한 업적을 남겼지만, 그것으로 일상적 뉴스 생산의 상당 부분을 색칠하기에는 너무 비용이 많이 들고 위험하며 시간이 많이 소요된다. 1960년대의 문화적 대격변이 매일의 뉴스 보도 관행에 장기적으로 기여했을까?

매우 그렇다. 변화는 뉴스가 작성되는 방식, 그리고 그것을 생산하는 언론인의 태도 및 자아상, 둘 다에서 발견된다. 가장 큰 변화는 1960년대가 권력을 신뢰할 수 있는지에 대해 끝없는 의심을 만들어냈다는 것일지 모른다. "권위를 의심하라Question Authority"는 당시 배지와 티셔츠로 재생산되기도 한 대중적인 슬로건이었다. 이는 또한 정신적 습관으로서, 저널리즘의 제2의 천성이나 다름없는 것이 되었다.

언론인은 공무원이나 그 밖의 정부 소속 정보원의 권위에 대해 의문을 품게 되었으며, 주요 일간지의 뉴스 기사들은 점점 더 길어지고 분석적으로 변해갔다. 정보원들은 더욱 조심스럽게, 그리고 철저하게 신원이 밝혀졌다. 언론인은 자신의 정보원에 대해서만 새롭게 회의적 시각을 갖게 된 것이 아니라 자신의 구독자들이 더 이상 자신의 기사를 의심 없이 받아들일 것으로 가정하지도 않았다. 동시에 기자의 (신저널리즘의 문체와 같은 개인적인 목소리가 아니라 지적인 판단의) 목소리가 더 자주 등장했다. 이것은 기자 개인의 사적인 판단이 아니라 정치인과 그 밖의 권위자들에 대한 기자의 태도를 반영한 것인데, 정치인과 권위자들도 인간이고 틀릴 수 있으며 이기적이기 때문에 그들의 주장도 현실에 대한 기술이라기보다는 정치적 행동이라는 것이다. 이전에는 기자들이 순진했기 때문에 그런 것이 아니라, 〔다름 아닌〕 자신들의 관행으로 인해 '책임자'는 기본적으로 자기가 하고 있는 일을 이해하고 있다는 관점이 유지된다는 것을 고려하지 않고 공익을 바라기만 했던 것이다. 언론 매체를 가까이에서 볼 수 있었던 어느 평론가는 1963년부터 1999년 사이 전국에 있던 10개의 일간지를 비교한 결과, 1963년 신문의 기사들에서 다음과 같은 점을 발견하고 적잖이 놀랐다고 말했다. "보통 전혀 책임이 없었고 단순히 사건에 대해 아무 의심 없이 받아들이는 준⧣공적인 감각을 전달했을 뿐이다. 그들의 세계관은 백인, 남성, 중년, 중산층의 편안하고 자신감 있는 옵티미스트 클럽Optimist Club*의 친밀감 같았다."

1980년대와 1990년대에 《워싱턴 포스트》 사설 면의 편

---

* 역 옵티미스트 클럽은 어린이와 청소년, 지역 공동체 등을 위해 활동하는 국제 봉사 조직으로, 본부는 미주리주 세인트루이스에 있으며, 전 세계에 약 3000개 클럽 및 8만 명 이상의 회원을 보유하고 있다.

집인이었던 멕 그린필드Meg Greenfield는 1950년대 워싱턴 언론계에서 보낸 자신의 초기 경력을 회고하면서, 그 시절에 그녀는 자신이 보도한 인물들을 (그녀의 표현에 따르면) "기본적으로 정직하고, 유능하며, 대개 효율적"이라고 간주했다고 고백했다. "워싱턴의 책임자가 가장 잘 안다"고 전제하는 것이 1950년대 뉴스편집실의 문화였다.

베트남 전쟁 이후, 워터게이트 사건 이후, 일반적인 인구 집단, 특히 언론인 집단에서도 교육적 성과의 수준이 높아진 이후, 언론인들이 그토록 강력하게 지지한 '권위를 의심하기' 혁명 이후에 워싱턴을 비롯한 다른 지역에서 뉴스편집실의 태평함은 사라졌다. 뉴스는 정치적 지도자들에 대해 더욱 부정적이고 비판적으로 변해갔고, 기자들은 기자회견에서 대통령에게 더욱 적극적이고 면밀하게 질문을 던졌다. 기사들은 더 길어졌고, 인용한 정보원이 제공하지 않은 맥락도 제공했다. 그들은 과거와 미래를 더 많이 언급했고, '누가, 무엇을, 언제, 어디서'를 강조하던 것에서 '왜'에 대한 고려를 강조하는 것으로 단호하게 옮겨갔다.

캐서린 핑크Katherine Fink 교수와 마이클 셔드슨 교수가 1950년대부터 2000년대 초반까지 미국의 세 신문을 대상으로 수행한 연구에서는, 보도 양식이 '전통적'이기보다 '맥락적'이라고 평가된 1면 기사 비율이 (세 신문 모두에서) 10%

미만에서 약 50%로 증가했다. 가장 큰 변화는 1960년대 후반과 1970년대에 나타났지만, 그 후에 각 측정 지점에서 변화는 같은 방향으로(더 맥락적인 보도로) 계속되었다. 갈수록 정부 관료와 정치 후보자 및 그들의 정책을 더 격렬하게, 어떤 면에서는 적대적으로 보도하는 언론의 변화에 점차 많은 연구가 집중되고 있다.

맥락적 저널리즘의 증가는 뉴스 콘텐츠에서 탐사 보도에 많은 노력을 기울이는 것보다 훨씬 더 큰 양적 변화를 나타낸다. 이는 베트남 전쟁, 그리고 워터게이트 사건과 관련이 있다. 하지만 같은 시기에 유럽 저널리즘에서도 유사한 결과가 나타난다. 노르웨이, 스웨덴, 프랑스, 독일의 신문과 공영방송 각각에 관한 개별 연구는 같은 해에 회의와 비판의 칼날이 더 날카로워지고 있음을 보여준다. 한편으로 이 모든 것은 기자들이 소통의 책임을 단순히 정치인에게 넘기기보다 정치인에 관해, 혹은 정치인과 이야기할 때 더 개입하고 말참견하려고 한다는 것을 보여준다.

그러면 왜 변하고 있는가? 간단한 답은 없지만, 우리는 언론인들 사이에 대학 교육이 강화되고 뉴스 전문직주의가 강조되고 있는 점이 그런 변화와 많은 관련이 있을 것으로 본다. 이는 정치인(그리고 의사, 변호사, 성직자, 교수)을 그들의 발받침에서 몇 계단 내려오도록 만든 민주화의 새로운 추세를 동반했다.

권위에 대한 질문! 언론인은 자신의 분야가 바로 그것을 하기 위한 특별한 공적 책무를 가지고 있다고 믿게 되었다.

'맥락적', '분석적', '설명적', '해설적' 뉴스라는 용어는 편향된 뉴스의 완곡한 표현일까?

비록 글쓴이가 취하고 싶어 하는 관점에 불편한 증거라 할지라도 증거를 바탕으로 형성된 의견, 그리고 너무나 확정적이어서 축적된 어떤 증거로도 밀어낼 수 없는 의견은 서로 다르다. 주제를 탐험하는 것과 그것에 대해 설교하는 것 간에는 차이가 있다. 일상생활에서 우리 모두는 성별, 인종, 민족, 혹은 신장과 체중의 관점에서건 아니건 우리의 초기 의견을 완전히 벗어날 수 없다는 것을 알고 있다. 우리는 우리만의 유리한 위치에서 세상을 이해한다. 동시에 우리는 우리의 배경을 옆으로 밀어두고 상황을 다른 누군가의 입장에서 이해하려고 하는 정직한 노력을 경험한 적도 있다. 누군가는 앞에 놓인 딜레마나 선택에 관해 무엇을 해야 할지 물어볼 수도 있다. 첫 번째 과업으로서 우리는 듣는다. 그리고 (자신이 아니라) 상대방의 가장 큰 관심사가 무엇인지 떠올려 보려고 하면서 "음, 내가 너라면…" 하고 반응한다. 우리는 이것을 완전하게 해낼 수 있을까? 아니다. 우리가 그것을 정직하게 해볼 수 있을까? 물론이다.

세상의 경제적, 정치적, 군사적, 외교적, 사회적, 문화적 흐름의 상당 부분은 간단하게 나타내기가 쉽지 않다. 이는 언론인들이 단순히 공식 보고서와 연설문을 보여주고 정당 대표 최고위원들을 인용함으로써 끝내는 데 그쳐야 한다는 뜻이 아니다. 논평가들이 1960년대와 1970년대에 점차 주장하기 시작한 것처럼 이런 실행은 그 자체가 기존의 공식적이고 관습적인 것에 편향되어 있다. 기자는 그 증거가 어떤 의미여야 하는지에 대한 자신의 바람에 관계없이 충분히 생각하고 분석하며 틀 짓고 해석할 수 있으며, 또 어느 정도는 그렇게 **해야만** 한다. 기자의 첫 번째 질문은 '그 증거가 **실제로** 무엇을 의미하는가'이다.

사람들이 언론을 신뢰한 적이 있기는 했을까?

간단한 대답은 '아니다'이다. 하지만 사람들이 아직도 오랫동안 CBS 뉴스 텔레비전 앵커였던 월터 크롱카이트Walter Cronkite가 그 시대에 '미국에서 가장 신뢰받는 사람'이었다고 종종 (틀리게) 기억한다면 설명이 약간 필요해진다. 1916년에 태어난 크롱카이트는 캔자스와 텍사스에서 자랐으며 자퇴하고 언론계에서 일하기 전까지 2년 동안 텍사스 주립대학에서 수학했다. 그는 통신사, 신문, 라디오, 그리고 1950

년부터는 텔레비전에서 CBS 계열사들에서 일하고 승진했다. 1962년에 그는 CBS 뉴스 앵커, 즉 CBS네트워크 주력 뉴스 프로그램의 단장이 되었다. 그는 미국의 시청자들에게 자신을 각인시켰고(전체 시청자의 최소 3분의 1 정도가 CBS를 라이벌인 ABC나 NBC보다 선호했다), 1981년에 은퇴할 때까지 앵커로 남았다. 그가 케네디 암살 뉴스를 전하면서 눈물을 흘리고 목이 메었다는 것은 유명하다. 미국의 우주 개발 프로그램에 대해 기뻐하던 모습도 많이들 기억한다.

하지만 이것이 그를 미국에서 가장 신뢰받는 사람으로 만들어주었을까? 1972년 한 여론조사에서 응답자들에게 당시 주요 정치적 인사 중 누구를 가장 신뢰하는지 질문했다. 크롱카이트의 이름은 분명 일종의 비교 기준으로 제시되었다. 어떻게 모든 정치인이 유명하고 존경받는 비정치적 인물과 비교되겠는가? 73%의 응답자가 크롱카이트를 1위로 꼽았다. 그 뒤를 이어 일반 항목인 '보통의 상원의원(67%)'과 상원의원 에드먼드 머스키Edmund Muskie(61%)가 꼽혔다. 모든 주요 뉴스 인물(혹은 여러 영화배우나 운동선수, 저명한 과학자)이 크롱카이트만큼 혹은 그보다 더 잘 나왔을 것이다. 1974년 여론조사에서는 크롱카이트가 라이벌 텔레비전 뉴스 스타인 존 챈슬러John Chancellor, 해리 리즈너Harry Reasoner, 하워드 스미스Howard K. Smith보다 인기가 낮은 것으로 나타났다. 크롱카이트가 '가장 신뢰받는' 주된 이유는 단순히 그가 정치인이 아니었기 때문인 것 같다.

따라서 크롱카이트가 이례적으로 '신뢰받았다'는 생각은 잊혀야 마땅할 환상이다. 이는 언론인들이 결코 신뢰받은 적이 없다는 뜻이 아니라, 베트남 전쟁 전후로 사회적 격변이 커지기 직전인 1945~1968년 사이에 언론과 시민권에 대한 합의와 신의가 만연했으며 이것이 분출되고 확산되었다고 주장할 수 있는 근거는 없다는 뜻이다.

언론이 주류적이고 중립적이며 중도적이고 책임감 있는 뉴스 보도로 완벽하게 신뢰받는 하나의 기둥이었다는 생각은 보통 환상이다. 1952년에 대통령 후보 애들레이 스티븐슨Adlai Stevenson은 자신이 (공화당의) '일당 언론one-party press'이라 부른 것에 맞서 출마했다. 물론 기업 소유권과 프랭클린 루스벨트 및 뉴딜 정책에 대한 미국 신문들의 적대감, 공화당을 지지하는 사설 지면이 압도적이었다는 사실을 떠올려본다면 그가 옳았다. 1940년대보다 훨씬 더 과거로 거슬러 올라가면 '언론에 대한 신뢰'가 예민한 주제가 아니었던 시점에 도달하게 된다. 언론은 중립적으로 진실을 말하는 것이 아니라 어느 한쪽 정당이나 반대 정당을 지지하는 것으로 여겨졌고 스스로도 그렇게 이해했다. 독자들은 그들이 찬성하는 신문을 신뢰했고 그 반대 신문들을 불신했다.

폭스 뉴스는 정파적 언론의 귀환에 관한 서막일까?

폭스 뉴스Fox News는 1996년에 출범했다. 그것은 정파성을 부활시킨 첫 번째 언론사가 아니었다. 그 공로는 '라디오 대담'에 돌려야 마땅한데, 이는 뉴스 보도가 아니라 엄밀히 말하면 뉴스 논평이며 정치적 견해는 대체로 보수적이었다. 이것, 그리고 훗날의 정파적 텔레비전 뉴스 프로그램은 방송사가 논쟁적인 사안을 다룰 때 다양한 관점에 발언 기회를 제공해야 한다는 연방통신위원회Federal Communications Commission의 '공정성의 원칙'이 1987년에 폐기되면서 가능해졌다.* 방송(특히 텔레비전 방송)이 매우 제한된 자원이었을 때는 공정성의 원칙이 필요할 수도 있다는 규제 기관의 주장이 성공적이었으나, 케이블 텔레비전 시대에 발언 기회가 풍부해지면서 더 이상 그렇지 못했다.

라디오와 케이블 텔레비전에서 정파적 경향성은 중요하지만, 현재는 19세기 미국의 매체들을 지배했던 정파 언론과 같은 것을 재생산하지는 않는다. 폭스(우파)와 MSNBC(좌파)는 열렬한 추종자들을 보유하고 있으며 모호한 영향을

---

* 역 레이건 행정부 시절인 1987년에 연방통신위원회는 공정성의 원칙을 폐기하기로 결정하면서, 공정성의 원칙이 ① 방송에서 논쟁적인 주제를 피하는 역효과를 가져왔고, ② 언론의 자유를 침해할 소지가 있으며, ③ 다양한 매체와 채널의 증가로 전파의 희소성이 사라졌다는 것을 이유로 제시했다.

미친다. 연구에 따르면, 폭스 시청자는 폭스를 시청하지 않는 사람보다 훨씬 더 보수적인 견해를 갖는다는 것이 분명히 나타나는 반면, 보수적인 시청자들이 폭스 뉴스를 찾는 것인지, 아니면 다양한 정치적 신조를 가진 시청자들이 폭스를 시청하면서 더 보수적이 되는 것인지는 분명하지가 않다. 전자는 확실히 맞지만, 후자는 일부의 이야기일 뿐이라는 데 의심의 여지가 없다.

다른 언론 매체들이 매우 적었던 19세기의 정파 언론과 강력한 전문적·맥락적 저널리즘이 발달하면서 등장한 일부 정파적 매체들은 서로 매우 다른 양상을 보인다. 저널리즘 대학, 저널리즘 상, 저널리즘 가치들은 모두 정파적 양식이 아니라 전문 뉴스 양식이 지배적이다. 폭스와 MSNBC가 단순히 정파적 방향성을 따라 질주하기보다 중요한 소식을 전달할 능력을 보여줄 수 있다면 이들의 영향력은 더욱 강력해질 것이다. 하지만 그것은 정파성이 아니라 전문적 저널리즘을 운전석에 둘 때의 문제다.

게다가 텔레비전 뉴스는 대부분의 경우에 인쇄 매체를 따른다. 즉, 방송 저널리즘은 여전히 속보를 거의 하지 않고 있으며, 풍파를 일으키고 새로운 양식을 설정하는 식의 탐사 보도를 거의 하지 않는다. 이는 대부분 인쇄 매체의 일이거나, 오늘날에는 인쇄 매체와 온라인이 결합된 언론 기관의 일이며, 특히 인쇄 매체(연합통신, 《뉴욕 타임스》, 《월스트리트 저널》, 《워싱턴 포스트》, 그리고 그 밖에 특정 도시, 주, 혹은 지역을 지배하는 주요 신문)는 수십 년간 그 방식을 이끌어왔다.

심지어 텔레비전 뉴스에서조차 폭스를 비롯한 케이블 채널의 시청자 수는 CBS, NBC, ABC의 총시청자 수는커녕 이 각 채널의 뉴스 프로그램 시청자 수보다도 적다. 물론 이는 폭스 뉴스 채널의 저녁 뉴스 시청자 수를 같은 시간대 기존 네트워크 프로그램들과 비교한 것이지만, 폭스는 24시간 뉴스 프로그램만을 방송한다. 이 때문에 뉴스 시간이 제한된 오락 중심의 기존 방송 채널과 뉴스 전문 케이블 채널의 시청자 규모를 바로 비교하는 것은 적절치 않다. 하지만 폭스의 정치적 시각을 공유하지 않는 사람들이나 뉴스에 대한 폭스의 명백한 정파적 접근에 동의하지 않기 때문에 그 영향력을 염려하는 많은 사람들이 전체 텔레비전 뉴스 프로그램의 영향력 순위에서 그 지위를 과장하곤 한다.

미디어 학자 마커스 프라이어Markus Prior가 조심스럽게 주장했듯이, 뉴스 시청자에 대한 케이블 텔레비전의 가장 큰 영향력은 3대 주요 방송 네트워크의 시청자를 빼앗은 것이 아니라, 모든 텔레비전 뉴스 프로그램의 시청자 수만 명의 관심을 스포츠 채널이나 홈쇼핑 채널, 영화 채널 등 비보도 프로그램으로 옮겨놓았다는 데 있다. 국내 정치 뉴스에 대한 관심이 적고 한때 ABC, CBS, NBC에서 약간의 정보를 얻던 많은 이들이 훨씬 흥미진진한 케이블 채널을 시청하면서 텔레비전 뉴스는 아예 시청하지 않고 있다는 것이다.

2

현재

The Present

오늘날 뉴스란(저널리즘이란) 무엇일까?

오늘날 뉴스는 어디에나 있다. 뉴스는 온갖 모바일 디지털 기기에서 볼 수도 있고, 집과 회사의 컴퓨터 및 텔레비전에서도 볼 수 있고, 심지어 버스나 공항 대합실의 라디오에서도 볼 수 있으며, 출판물로도 나온다. 이제 뉴스는 신문, 텔레비전, 라디오는 물론 이런 전통적 뉴스 매체의 웹사이트, 온라인에서만 제공되는 뉴스시사정보 사이트와 블로그, 트위터나 페이스북 같은 소셜미디어, 이메일, 문자, 공유된 사진과 동영상, 그리고 심지어 웹 검색 엔진에 이르기까지 시내 구석구석, 전 세계 곳곳에 있는 무수한 정보원으로부터 나온다. 이제는 인쇄기와 송신탑, 위성 안테나, 케이블 전송망, 인터넷 서버, 소셜미디어까지 보유한 전통적 언론 매체뿐 아니라, 어디에 있든지 휴대전화와 태블릿, 또는 노트북만 있으면 누구나 뉴스를 만들어낼 수 있다.

하나의 작은 정보나 사진 한 장만으로도 우리에게 무언가 주목할 만하거나 흥미롭거나 의의가 있는 것에 대해 알려준다면 그것이 바로 뉴스다. 우리는 이제 무엇이 뉴스인가를 스스로 결정짓는다. 이제 뉴스는 더 이상 전통적 언론사들에 의해서만 규정되지 않는다. 우리는 〔전통적인〕 언론사에 의존하지 않고도 온라인에서 뉴스를 공유할 수 있으며, 언론사의 어떤 뉴스를 소비하고 공유할지 선택할 수 있다. 심지어 우리는 뉴스 취재와 논평에도 참여할 수 있다.

하지만 뉴스가 반드시 언론인 것은 아니다. 언론은 주목할 만한 정보와 의견을 수집하고 여과하며 평가하고 편집해서 글이건 사진이건 동영상 또는 그래픽이건 믿을 만하고 매력적인 형태로 보여준다. 언론은 뉴스를 맥락화하며 사안을 조사·검증·분석·설명하고 수용자와 관계 맺는 역할을 한다. 언론은 공익을 중심으로 뉴스를 판단한다.

언론인들이 오랫동안 책이나 뉴스레터를 통해 단독으로 뉴스를 제공할 수 있었던 것처럼 이제는 인터넷에서 개인 블로그나 동영상을 통해 혼자 힘으로 뉴스를 제공할 수 있어 언론인들의 뉴스 제작은 비교적 쉬워졌다. 하지만 오늘날에도 여전히, 규모가 크건 작건 충분한 인력과 지원 및 제도적 권한을 갖춘 언론 기관들이 집합적으로 취재 활동을 할 수 있을 때 디지털 유통으로 증폭된 더 큰 영향력도 발휘할 수 있다. 다양한 유형의 언론사들은 오늘날 각자의 유통 및 공유 방식과는 무관하게, 정부 및 권력을 가진 사적 이해관계자에게 책임을 일깨워주는 탐사 보도를 비롯해 지역 및 국내외 사안에 관해 신뢰할 수 있는 뉴스를 제공하는 데 여전히 가장 큰 역할을 담당한다. 미국언론연구소American Press Institute 산하 미디어 인사이트 프로젝트Media Insight Project 팀의 2014년 조사에 의하면, 미국인의 60% 이상은 신문이건 방송이건 온라인 신문이건 간에 언론사들이 최초 보도한 뉴스를 여전히 선호하는 것으로 나타났다.

현재 많은 언론사가 디지털 시대에 걸맞은 새로운 조직과 저널리즘 소명을 찾기 위해 애쓰고 있는데, 그 상당 부분이 〔과거와〕 중첩되기는 한다. 신문사의 뉴스편집실에서는 자사의 블로그 및 동영상과 함께 종종 다른 언론사 콘텐츠로 연결하는 링크가 섞여 있는 웹사이트를 위해서도 기사를 작성하며, 소셜미디어에서 뉴스 콘텐츠 수용자를 적극적으로 뒤쫓고 있다. 텔레비전과 라디오의 뉴스편집실에서도 자사의 웹사이트에 문서화된 뉴스 기사와 논평을 올린다. 디지털 스타트업도 독자적으로 기사를 작성하며 다른 매체와 기고자 및 수용자로부터 콘텐츠를 수집한다. 연예인 가십과 게임, 일반 상식 퀴즈, 눈길을 사로잡는 사진과 동영상으로 온라인 수용자를 끌어모은 몇몇 스타트업 웹사이트는 이제 뉴스 보도에도 투자하고 있다. 또 다른 뉴스 사이트들은 탐사보도나 뉴스 해설, 혹은 정부와 정치, 기업, 법률적 쟁점, 기술, 스포츠 등 틈새 주제에 초점을 맞춰 서비스를 특화하고 있다. 그리고 갈수록 더 많은 온갖 언론사들이 단독으로 할 때보다 더 많은 뉴스를 생산하고 확산시키기 위해 디지털 플랫폼이나 지리적 경계를 넘어 협업에 나서고 있다.

하지만 전통이 있건 신생이건 대부분의 언론사가 오늘날

생존을 위해 분투하는 중이기도 하다. 우리가 설명하려는 대로 대부분의 디지털 뉴스 스타트업들은 다양하게 실험 중인 수익 모델 중 어떤 모델이 지속 가능한지를 입증하지 못하고 있으며, 한편으로 전통적 언론사들은 디지털 지각변동 이후에 타격받은 재정적 기반을 여전히 재건하지 못했다. 이전보다 뉴스는 더 많아졌고 최고의 언론사도 과거 그 어느 때보다 우수한 시대임에도 불구하고, 역설적으로 미국의 저널리즘은 대단히 혼란스럽고 불확실한 상태다.

디지털 기술은 뉴스를(저널리즘을) 어떻게 변화시켜 왔을까?

오늘날에는 특종이 있을 때면 언제 어디서나 최초 보도와 영상이 언론인이 전송했건 우연히 사건 현장에 있던 평범한 시민들이 전송했건 간에 소셜미디어를 통해 뉴스편집실과 사람들의 모바일 기기에 도달한다. 때때로 언론인들이 그런 소셜미디어를 통해 증인과 정보원에게 처음 접근하게 될 수도 있다. 그들은 인터넷에서 배경, 맥락, 관련 기록과 자료를 신속하게 검색할 수 있다. 정보를 정리하고 분석해 보여줄 창의적인 도구가 점점 더 늘어나면서 뉴스 제작에서의 활용도 활발해지고 있다.

　언론인과 그들의 언론사는 내용을 입증하고 설명하고 해석하는 작업을 통해 이야기를 종합해 가는 과정에서 그들이 발견한 것을 소셜미디어 메시지와 블로그, 초판 기사, 심지어 사진과 동영상에 신속하게 게시할 수 있는데, 때때로 이들의 게시물에 반응하는 취재원이나 독자에게서 추가 정보를 수집하기도 한다. 그들은 더 이상 신문 인쇄본의 다음 호나 텔레비전 및 라디오 프로그램의 다음 방송분을 기다릴 필요가 없다. 점점 더 많은 언론인이 멀티미디어 기술을 활용해 자신만의 고유한 사진과 동영상을 제작할 수 있으며, 언론사는 대중이 온라인으로 전송한 영상을 활용할 수 있다. 완결된 기사는 수용자가 참여하는 다양한 방법으로 제공된다. 그리고 이 모든 것은 인쇄물 구독과 방송 송출 신호, 또는 국경이라는 한계를 훌쩍 뛰어넘어 디지털 방식으로 유통될 수 있다. 뉴스 소비자는 거의 무한에 가까울 정도로 다양한 정보원을 출처로 하는 저널리즘의 여러 디지털 양식 중에서 선택 가능하며, 이를 소셜미디어를 통해 공유할 수 있다.

이런 방식을 포함하는 여러 가지 방식으로 디지털 기술은 뉴스와 언론을 완전히 변화시키고 있다. 디지털 기술은 잠재적으로 훨씬 더 많은 수용자에게 디지털 방식으로 유통할 수 있는 더 빠르고 폭넓고 심층적이며 참여적인 뉴스 보도를 가능하게 해왔다. 기술은 디지털 방식으로 문서와 동영상, 슬라이드쇼와 애니메이션, 대화형interactive 차트와 지도,

그 밖의 도표를 원자료와 연결된 검색 가능한 데이터베이스와 결합함으로써, 새롭고 더 유익하며 참여적인 방식으로 뉴스를 제시할 수 있게 만들어왔다. 예를 들면, 미국 병원에서 신생아 필수 유전선별검사의 일정 차질이 가져온 위기 상황에 관해 보도한 2013년 《밀워키 저널 센티널Milwaukee Journal Sentinel》 수상작 기사들을 디지털 방식으로 시각화한 자료로 접한 독자들은 그들의 주에서 어떤 일이 일어났는지에 관한 대화형 지도를 쉽게 검색해 낼 수 있었다.

하지만 디지털 기술은 오랫동안 대부분의 뉴스를 생산해오던 언론사를 와해시키고 언론의 표준을 새로이 만들어나가고 있다. 디지털 매체는 수용자를 파편화했으며 한때 잘나가던 신문과 텔레비전·라디오 방송국의 광고 기반 경제 모델을 약화시켰다. 뉴스 취재를 효과적으로 뒷받침하던 광고 수익이 계속해서 감소하자 미국의 다수 언론사들은 뉴스 편집실 직원 숫자와 임금 액수를 과감하게 줄여서, 다시 말해, 너무나 많은 사례에서 볼 수 있듯이 언론사로서의 야망마저 내려놓은 채 비용 절감에 나서고 있다.

오늘날 교육, 환경, 보건, 과학과 같은 주제뿐 아니라, 지역 및 주 관련 뉴스에서부터 국내외 뉴스에 이르기까지 모든 뉴스를 보도하는 신문과 텔레비전 기자의 수는 과거에 비해 훨씬 적다. 예컨대, 미국신문편집자협회American Society of Newspaper Editors에서 매해 실시하는 설문조사에 따르면, 약 1400개 미국 일간지의 상근직 뉴스편집실 직원 수는 2005년 5만 4100명에서 2015년 3만 2900명으로 감소했다. 퓨리서치센터 저널리즘 프로젝트Pew Research Journalism Project 연구 결과에 따르면, 지상파 및 지역 텔레비전 뉴스는 몇 년에 걸쳐 직원 감축을 하고 나서야 어느 정도 고용이 안정화되었다. 하지만 그 이후로 지역 방송국과 전국 케이블 방송국의 뉴스 시간이 증가하면서 기자들은 흩어지고 감소하고 있다. 오래된 언론사들이 감원한 보도국 일자리 수는 디지털 뉴스 스타트업들이 창출한 일자리 수를 여전히 왜소해 보이게 만든다. 가령, 퓨리서치센터 저널리즘 프로젝트의 「2014년 뉴스 미디어 이용 현황」 보고서에 따르면, 미국 신문사, 방송사, 디지털 언론사에 고용된 전체 기자 약 7만 명 중에서 디지털 언론사 기자는 약 7%에 불과한 것으로 집계된다.

이와 동시에 디지털 뉴스 스타트업들은 값비싼 인쇄기나 물류비, 방송 시설이나 송신탑, 그리고 이런 시설을 관리할 인건비에 대한 부담이 없는 가운데 계속해서 크게 증가해왔다. 스타트업 뉴스 웹사이트들이 기존의 매체들이 줄어들면서 남긴 공백을 메우고 새로운 형태의 언론을 만들어내려고 애쓰는 동안 디지털 기술은 이런 스타트업들이 더 기업적이고 실험적일 수 있게 만드는 동력이 되었다. 많은 스타트업이 지역 및 주 관련 뉴스와 탐사 보도에 주력했으며, 일부는 외신에 주력했다. 어떤 스타트업은 뉴스를 취재하고 공유하는 과정에 자신의 수용자가 더 깊이 관여할 수 있게 했지만, 또 다른 스타트업은 기업 소유구조 및 전통적 언론 윤리강령으로부터 독립적이고, 분석적이면서 자기주장을 굽히지 않는 주창 저널리즘advocacy journalism을 특화시켰다. 하지만 많은 스타트업은 지속가능한 경제 모델을 만들어내기 위한 힘겨운 투쟁도 계속하고 있다.

디지털 기술은 오래된 수익 모델을 무너뜨리기도 했지만, 신구新舊 언론사 모두에게 새로운 수익 기회도 창출해 왔다. 이제는 많은 언론사가 디지털 뉴스의 일부 혹은 전부에 대해 유료 구독 모델을 도입한다. 언론사는 광고주를 유치하기 위해 수용자 웹 트래픽 및 인구통계학적 특성과 같은 디지털 정보를 제공한다. 또한 많은 언론사가 자신의 기사를 게재하는 웹사이트 및 모바일 앱에 뉴스 기사처럼 보이고 읽히는 디지털 광고도 판매하고 있어 뉴스와 디지털 광고를 구별하기 더 어렵게 만든다. 개닛Gannett과 댈러스 모닝 뉴스 Dallas Morning News 같은 일부 신문사들은 지역 사업을 위한 디지털 마케팅 서비스를 시작했다. 하지만 특히나 신문사에 지금까지 새로운 디지털 수익은 그들이 놓쳐버린, 더 값비싼 인쇄물 광고 수익의 일부에 불과했다.

기성 언론사와 신규 언론사는 둘 다 자신의 웹사이트에 올린 개별 기사와 영상 및 특집 기획물을 소비한 수용자를 비롯한 수용자 규모 및 그들의 뉴스 이용 습관을 주의 깊게 관찰하는 데도 디지털 기술을 활용하고 있다. 일부 언론사는 자사 기자들의 생산성과 그들이 쓴 기사의 인기도를 평가하기 위해 수용자 측정지표metrics를 활용하며, 심지어 그 자료에 기초해 보수를 산정하기도 한다. 또 몇몇 언론사는 어떤 뉴스를 보도할지 결정할 때도 기자의 판단에만 의존하는 대신에 디지털 트래픽 자료를 사용한다.

디지털 기술은 새로운 뉴스나 속보를 소셜미디어, 뉴스 웹사이트, 검색 엔진에 제일 먼저 올릴 수 있게 하는 신속성을 가져왔는데, 이는 뉴스 수용자를 두고 경쟁할 때 무엇보다 중요한 요소다. 그리고 언론인과 뉴스편집실이 일하는 방식이 변하고 있다. 편집자의 검토나 팩트체크를 종종 최소화하거나 건너뜀으로써 뉴스를 제일 먼저 신속하게 게시한다면 더 많은 디지털 수용자를 끌어들일 수 있다.

하지만 시민과 언론사 모두 소셜미디어를 사용함으로써 속보의 초반에 오보가 발생하는 사례를 보아왔듯이, 그런 신속성은 때때로 정확성과 이해도를 위험에 빠뜨릴 수 있다. 예를 들면, 2012년 보스턴 마라톤 폭탄 테러 사건에 관한 텔레비전과 소셜미디어 기사에서는 몇몇 무고한 청년들이 잘못 링크되기도 했다. 그 연말에 케이블 텔레비전과 디지털 매체는 라이언 란자Ryan Lanza가 코네티컷의 뉴타운에 위치한 초등학교에서 스무 명의 학생과 여섯 명의 성인을 총으로 쏴 죽게 만든 사람이라고 보도했지만, 총기 난사범은 사실 그의 남동생인 애덤으로, 자살한 것이 확인되었다. 2012년에 미국 연방 대법원이 오바마 케어를 대체로* 합헌이라고 판결한 것에 관해 최초의 케이블 텔레비전 보도는 연방 대법원이 판결을 뒤집었다고 시청자 모두에게 잘못 설명했는데, 이는 CNN과 폭스 뉴스 기자들이 복잡한 판결문의 전문을 미처 읽지 못한 탓이었다.

디지털 기술은 뉴스처럼 보이는 루머, 반쪽짜리 진실, 고의적인 오보가 인터넷상에서 진실이 밝혀지기도 전에(진실이 밝혀지기라도 하면 그나마 다행이지만) 신속하게 퍼지기 더 쉽게 만들기도 한다. 예컨대, 설문 조사 결과는 "오바마 대통령의 **출생지가 미국이 아니**라고 믿고 그렇기 때문에 **미국 대통령 자격이 없다**고 생각하는 사람들birther"이 인터넷에서 잘못된 소문을 퍼뜨린 지 몇 년이 지난 뒤에도 오바마 대통령이 미국에서 출생한 것에 대해 여전히 의구심을 가지고 있는 미

---

* 역 '대체로(largely)'라고 기록한 것은 당시 만장일치가 아니라 5 대 4로 판결되었기 때문이다.

국인들이 10%가 넘는다는 것을 반복적으로 보여주었다.

한편, 디지털 기술은 언론사와 그 수용자에게 실수를 바로잡고 사실을 확인하며 맥락을 제공하고 정보를 갱신하며 표절 및 조작 여부를 밝혀내고 소셜미디어의 게시물과 시민들이 제공한 사진과 영상들이 진짜임을 증명하거나 거짓임을 가려낼 수 있는 새로운 도구를 제공하기도 한다. 디지털 기술은 인터넷에 뉴스를 게시하는 사람은 누구든지 1차 자료나 기타 관련 정보 및 영상과 연결되는 하이퍼링크를 포함시키도록 한다. 디지털 기술은 언론사에는 어떻게 뉴스를 취재하고 무엇을 조사할지 보여줄 수단을 제공하며, 수용자에게는 뉴스 생산을 도울 기회를 제공한다. 미국 언론을 무너뜨린 바로 그 [디지털] 기술이 언론을 여전히 진화시키고 있으며, 새로운 형태로 재건하고 있는 것이다.

변하지 않은 것은 무엇일까? 그리고 변해야 하는 것은 무엇일까?
뉴스는 여전히 우리의 삶과 공동체, 우리의 세계에서 여러 모로 중요한 역할을 한다. 미국에서 세기가 바뀌던 뉴스 디지털화 초기에 쓴 『뉴스에 관한 뉴스』*의 다음과 같은 내용

---

* Leonard Downie Jr. and Robert Kaiser, *The News about the News: American Journalism in Peril* (New York: Knopf, 2002), p.2.

은 오늘날에도 여전히 의미가 있다.

신문이나 잡지에서, 텔레비전이나 라디오 및 인터넷에서 좋은 언론은 일상에 유익한 정보와 더 넓은 세상에 참여하고 있다는 의식 두 가지 모두를 제공함으로써 삶을 풍요롭게 한다. 좋은 언론은 시민 간 협력을 가능하게 하는데, 이는 시민사회에서 대단히 중요하다. 시민은 자신을 둘러싼 환경과 이웃, 정부 기관, 스포츠 팀, 심지어 날씨에 관해서까지 공통의 정보를 공유하지 않으면 공동체로서 함께 기능할 수가 없다. 이것은 모두 뉴스에 관한 것이다. 가장 우수한 언론은 그것을 파헤치고 이해하며 그것을 모두가 이해할 수 있게 만든다.

좋은 언론은 진실에 대해서 증언하고 설명하며 참여하고 알리며 입증·설명·분석·해석하고 이해와 공감을 형성하며 조사하고 밝혀내는 일을 떠맡으며, 무엇보다 진실을 추구한다. 디지털 시대에 언론이 어떤 형태를 취하고 어떻게 뉴스를 생산하건 이처럼 좋은 언론의 기본적인 측면은 변하지 않는다.

나쁜 언론은 뉴스를 부정확하고 부적절하게, 불공평하거나 악의적으로 보도한다는 점도 기본적으로는 변하지 않았다. 하지만 나쁜 언론의 영향력은 디지털 매체를 통해 먼 거리까지 확대되는 것 같다.

따라서 뉴스 가치는 여전히 중요하다. 신뢰할 수 없는 디지털 정보가 너무 자주 출몰하는 격랑의 바다에서 뉴스 가치는 믿을 수 있는 언론의 횃불이다. **우리는 필수적인 뉴스 가치가** 정확성, 공정성, 개방성, 권력과 이념의 독립성, 가능하면 정보원과 방법에 관한 투명성, 책임성에 대한 전념, 공익성을 포함한다고 **믿는다**. 앞으로 논할 것이지만, 모든 언론사와 뉴스를 생산해 내는 모든 이는 이런 뉴스 가치를, 심지어 뉴스가 분석 기사, 논평, 변호의 형태를 취할 때도 구현해 내야 한다.

이는 항상 쉬운 일이 아니다. 많은 언론사는 사실이나 조작된 정보, 노골적인 편향, 표절이나 그 밖에 언론사의 신뢰도를 떨어뜨리는 비전문적인 행위에 관여된 부주의한 언론인들을 교육해야(그리고 필요하다면 해고해야) 한다.

심지어 최선의 의도였을지라도 속도를 위한 디지털 경쟁은 정확성을 위협할 수 있다. 변호는 공정성을 이길 수도 있다. 독립성은 언론사 소유주로부터의 압력이나 외부 세력의 위협과 타협할 수도 있다. 어떤 취재원의 정체는 그들의 생활, 혹은 심지어 그들의 생명을 보호하기 위해서라도 가려야 할 필요가 있을 수 있다. 뒤에서 분석할 예정이지만, 공정성, 개방성, 책임성, 공익성은 다양하게 정의될 수 있으며, 이런 뉴스 가치가 의미하는 바와 이런 뉴스 가치가 실제로 어떻게 실현 가능한지를 놓고는 합리적인 의견 충돌이 있을 수 있다. 하지만 정확성(진실의 추구)은 때로는 심지어 한 걸음 간신히 내딛을 수 있는 상황에서조차 애매하지 않은 목표여야만 한다.

"언론의 첫 번째 의무는 진실에 관한 것이다"라고 빌 코바치Bill Kovach와 톰 로젠스틸Tom Rosenstiel은 뉴스에 관한 극히 중요한 그들의 저서 『저널리즘의 기본요소』*에서 강조한 바 있다. "의견을 확장시키는 세상에서도 '올바르게 이해하기'는 그 외의 모든 것, 즉 맥락, 해석, 논평, 비판, 분석, 논쟁 등의 토대가 되는 기본이다."

오늘날에는 누가 뉴스를 위해 비용을 지불할까?

보통 사람에게는 뉴스가 비싸게 느껴질 수밖에 없다. 오늘날 인터넷에서는 재미있는 소식으로 가득한 무수한 정보를 무료로 공유할 수 있다. 그리고 누구나 자신이 보거나 들은 것에 관한 사진을 소셜미디어에 올리거나 공유할 수 있으

---

* Tom Rosenstiel and Bill Kovach, *The Elements of Journalism: What News People Should Know and the Public Should Expect* (New York: Crown Publishers, 2001).

며, 보수를 받지 않고도 수많은 블로그에 게재할 수 있다. 하지만 기술이 발전하고 있다고 해도 기자들을 훈련시키면서 동시에 언론사로서의 신뢰도를 유지하기 위한 직원과 기반시설 운용에는 많은 비용이 든다. 디지털 혁명 이전에는 신문이건 방송이건 미국에서 대부분의 뉴스 제작 비용은 광고로 충당했다. 신문의 경우에는 광고 수익에 독자들이 지불하는 유료 구독료가 더해진다고 하나, 구독료는 잉크나 종이 값도 감당 못 할 정도로 미미한 수준이다. 하지만 광고 시장은 뉴스 수용자와 마찬가지로 인터넷과 케이블 텔레비전 같은 대체재에 의해 분열되었다. 특히 거의 1400개에 달하는 미국의 일간지들은 불과 10년도 안 되어 광고 수익이 절반 이상 감소했는데, 미국신문협회Newspaper Association of America에 의하면, 그 액수는 2003년 460억 달러에서 2013년에 약 207억 달러로 떨어졌다. 자동차 판매와 구인구직 광고에서부터 주택 매매와 임대까지 모든 광고가 가능했던 신문 광고는 감소 폭이 가장 컸다. 포인터 연구소Poynter Institute의 매체산업 분석가 릭 애드먼드Rick Edmund에 따르면, 2003년 150억 달러를 초과했던 신문 광고 수익은 대중적인 디지털 대안 매체 때문에 2013년에는 40억 달러를 간신히 넘길 정도로 폭락했다.

이는 결과적으로 뉴스 비용을 누가 지불할 것이냐의 문제에 극적인 변화를 가져왔다.

예를 들면, 이제 신문사는 줄어든 구독자가 신문을 개별 구입하거나 구독할 때 예전보다 훨씬 더 비싼 값을 매긴다. 구독률이 가장 높은 신문사를 포함해 많은 신문사가 온라인 구독자에게 웹사이트나 모바일 앱의 이용료도 청구한다. 여러 신문사에서는 이른바 계량형 유료화metered paywall를 도입해 사이트 방문자에게 신문 구독료를 요구하기 전까지 일정한 개수의 기사(온라인 신문 상당수는 그 기사 수가 매달 5~12개)를 읽을 수 있도록 허용하기도 한다. 어떤 신문사들은 기사를 몇 개 보건 일단 유료 가입을 요구하기도 한다. 미국신문협회에 따르면, 인쇄 매체와 온라인 매체를 모두 합쳐 신문사의 유료 구독료 수입은 2013년 109억 달러로 신문사 전체 수익의 30% 수준에 육박하는데, 2007년 이 비중은 16%에 불과했다.

어떤 신문과 온라인 뉴스 사이트는 프리미엄 서비스로 갖가지 특별 행사에서 기자나 뉴스메이커에 대한 폭넓은 접근권을 제공하기도 한다. 《월스트리트 저널》, 《시카고 트리뷴》, 《로스앤젤레스 타임스》와 같은 일부 신문사는 인쇄 및 온라인 구독과 함께 다른 콘텐츠, 특별 행사, 오락 할인 이용권을 1개월 유료 구독 시 제공한다. 하지만 2014년 퓨리서치센터 저널리즘 프로젝트에 따르면, 구독자 수익이 이런 방식으로 증가하고 있다 하더라도 모든 것을 고려할 때 꾸준히 감소하고 있는 광고 수익의 비중이 여전히 신문사, 방송사, 디지털 매체 등 모든 미국 언론사 수익의 3분의 2에 달한다.

비록 신문사 대부분이 혹독한 비용 절감을 통해 흑자 전환이 되었다고 하더라도 현재의 형태로는 매력적인 장기 투자 대상으로 보기 어렵다. 개닛, 트리뷴, 스크립스, 루퍼트 머독의 뉴스 코퍼레이션News Corp.처럼 신문사와 방송국을 소유한 거대 미디어 그룹의 오래된 소유주들은 수익성이 높은 방송국 및 기타 자산으로부터 신문 지주회사를 분리해 별도의 회사로 만들어왔다. 그러나 매체사 인수를 고려 중인 투자회사와 일부 신문사 소유주는 뼈대만 남은, 그리고 미래 운명을 점치기 어려워진 신문사를 매물로 내놓았다.

하지만 선별된 신문을 특가로 인수한 최근 인수자 중에는 신념 있는 억만장자도 있다. 투자가 워런 버핏Warren Buffett은 2011년과 2012년, 2013년에 그가 이미 소유한 41개의 신문사에 중소도시의 28개 신문사를 추가했다. 아마존 설립자인 제프 베이조스Jeff Bezos는 2013년에 《워싱턴 포스트》를 인수했다. 같은 해에 보스턴 레드삭스 구단주이자 전직 헤지펀드 운영자인 존 헨리John Henry는 《뉴욕 타임스》로부터 《보스턴 글로브》를 매입했고, 미네소타 팀버울브스 구단주

인 글렌 테일러Glen Taylor는 미니애폴리스-세인트폴*에서
《스타 트리뷴The Star-Tribune》을 사들였다.

헨리와 테일러는 《글로브》와 《스타 트리뷴》이 필수적인
지역 신문사로 살아남을 수 있게 돕고 싶다고 말했다. 헨리
는 "《보스턴 글로브》와 그것이 대표하는 모든 것이, 내게는
싸울 만한 가치가 있는 또 하나의 위대한 보스턴 기관으로
보인다"고 신문 구독자들에게 말했다. 베이조스는 《워싱턴
포스트》가 디지털 기능이 강화된 지역·전국·국제 멀티미디
어 언론사로 번영하기를 바란다고 말했다. 그는 뉴스편집실
회의에서 《포스트》** 기자들에게 다음과 같이 말했다. "자유
로운 사회의 기둥이 되는 데 일조할 기회를 얻는다는 것이
흥미롭다."

"나는 긴밀하게 결속된 공동체에 종합적이고 신뢰할 수
있는 정보를 전달하면서 분별력 있는 인터넷 전략을 가진
신문들이 오랫동안 생존할 것으로 믿는다." 금융업자 버핏
은 비교적 상당한 지역 구독자를 보유하면서 여전히 광고를

---

* 옙 미국 미네소타주에서 가장 큰 도시인 미니애폴리스와 주도인 세인트폴이 맞닿아
있어 두 도시를 동시에 쌍둥이 도시(Twin Cities)라고 부르기도 한다.
** 옙 《포스트》는 《워싱턴 포스트》를 간단히 표기한 것이다. 참고로 《타임스》도 대부
분의 경우 《뉴욕 타임스》를 간단히 표기한 것이지만, 간혹 영국의 《타임스》를 의미하는
경우가 있으므로 《뉴욕 타임스》를 의미하는 《타임스》는 모두 《뉴욕 타임스》로 풀어서 표
기했다.

기반으로 하는 신문사를 인수하는 전략에 관해 다음과 같이 썼다. "어디든 공동체 의식이 널리 자리한 지역이라면 신문은 그 지역 거주자 상당수에게 긴요한 존재일 수밖에 없다."

시대가 변하고 있다는 또 하나의 징조로, 부유한 디지털 혁신가의 딸이자 칼라일Carlyle 그룹의 억만장자 투자자 데이비드 루벤스타인David Rubenstein의 아내인 앨리스 로고프Alice Rogoff는 2009년에 《알래스카 디스패치Alaska Dispatch》라는 온라인 뉴스 사이트를 인수하고, 2014년에 《앵커리지 데일리 뉴스Anchorage Daily News》 신문을 인수했다. 그녀는 인쇄판 및 디지털판의 《알래스카 디스패치 뉴스Alaska Dispatch News》를 만들었는데, 이는 현재 단연코 알래스카주를 대표하는 언론사다.

부유한 개인이 지역 신문사를 소유하는 것은 미국의 오랜 전통이다. 그들의 후원은 변덕스러운 시장 상황으로부터 언론사를 보호하기도 하지만, 뉴스 보도와 이해 충돌을 낳기도 한다. 부유한 신흥 신문 소유주들은 모두 뉴스 취재에 개입하지 않겠다고 약속했다. 하지만 사람들은 《포스트》가 베이조스와 아마존을 어떻게 보도하는지, 《스타 트리뷴》과 《글로브》가 팀버울브스와 레드삭스 및 그 소유주의 기타 자산을 어떻게 보도하는지, 그리고 《알래스카 디스패치 뉴스》가 알래스카에서 칼라일 그룹의 광범위한 투자를 어떻게 보도하는지를 뉴스에서 눈여겨보고 있을 가능성이 크다.

지역 뉴스를 방송하는 텔레비전 방송국의 소유권은 대부분 대기업에 집중되는데, 싱클레어 방송 그룹Sinclair Broadcast Group은 그런 대기업 중 하나로 미국 인구의 거의 40%에 달하는 시청자에게 도달하는 160개 이상의 텔레비전 방송국을 소유하고 운영한다. 소유관계의 일부는 보도에 관해 의문을 제기하기도 한다. 싱클레어 그룹은 소유한 방송국을 이용해 공격적인 보수 이념을 전파하는 반면, ABC(월트 디즈니사), CBS(섬너 레드스톤Sumner Redstone의 내셔널 어뮤즈먼츠 National Amusements Inc.), NBC(컴캐스트Comcast의 NBC 유니버설), 폭스(루퍼트 머독의 20세기 폭스)와 같은 지역(지상파) 방송국 소유주는 세간의 이목을 끄는 엔터테인먼트 기업들이 홍보할 제품과 보호할 영상을 제어한다.

지상파 텔레비전 방송국들은 비록 예전처럼 탄탄하지는 않지만 광고 수익과 함께 케이블 회사에서 지상파 방송국의 채널을 전송하는 데 지불하는 비용, 즉 재송신료의 수입으로 아직까지는 흑자를 유지하고 있다. 라디오·텔레비전·디지털뉴스협회Radio Television Digital News Association: RTDNA에 따르면, 각 방송국에서는 네트워크 방송 및 신디케이트 프로그램을 방송하는 시간보다 지역 방송을 내보내는 시간에 판매할 수 있는 지역 광고 시간이 더 길기 때문에 뉴스 프로그램 및 웹사이트는 평균 텔레비전 방송국 수익의 거의 절반을 차지한다.

디지털 세계에서 미디어 기업은 버즈피드BuzzFeed, 고커 Gawker, 바이스Vice, 복스Vox, 폴리티코Politico, TMZ 등 영리를 목적으로 하는 대중적이고도 다양한 웹사이트를 운영하기 시작했는데, 이런 사이트는 블로그, 가십, 대중문화, 동영상, 오락과 같은 다양한 형태로 온라인 뉴스를 생산하고 있다. 이들은 야후 뉴스Yahoo News, AOL 뉴스, 허핑턴 포스트The Huffington Post처럼 오래된 뉴스 포털 사이트와 경쟁하고 있는데, 뉴스 포털도 순수 저널리즘에 투자해 왔다. 뉴스 포털은 경험이 풍부한 언론인을 전통적인 언론사로부터 끌어들여서 정치, 안보, 외교부터 스포츠, 생활양식, 오락에 이르기까지 거의 모든 것에 관해 시각적이고 해설적이며 계시적인 새로운 종류의 의견 저널리즘을 실험하고 있는 것이다. 그들은 광고, 온라인 구독, 인터넷 마케팅과 컨설팅 서비스의 다양한 조합으로 수익을 창출한다. 버즈피드나 바이스 같은 일부 사이트는 뉴스에 비용을 지불하기 위해 간접적으로라도 새로운 자금을 투입하는 벤처기업으로부터 많은 자금을 끌어들이기도 했다.

이와 동시에 재단, 대학, 박애주의자 및 기타 기부자는, 비교적 규모도 작고 많지 않지만 미국 언론에 영향을 미치며 점점 늘어나고 있는 스타트업 비영리 언론사에 자금을 대고 있다. 보이스 오브 샌디에이고Voice of San Diego와 같은 몇몇 비영리 언론사는 지역 뉴스에 중점을 두고, 텍사스 트리뷴The Texas Tribune과 같은 언론사는 주州에 관한 뉴스, 프로퍼블리카ProPublica 같은 매체는 국내 뉴스에 초점을 맞춘다. 애리조나 주립대학의 크롱카이트 뉴스Cronkite News는 애리조나주 전역의 언론사를 위한 보도 제작을 하는데, 이런 매체는 대학에 기반을 두고 전문인의 관리하에 학생 기자들로 운영된다. 세인트루이스 공영 라디오와 뉴욕 공영 라디오처럼 라디오 공영방송국들의 확대된 뉴스편집실 모습을 한 매체들도 있는데, 이들은 지역 뉴스 보도를 늘려가고 있다. 추후 설명할 것이지만, 다수의 비영리 매체는 서로 협업하고 신문사 및 방송국과도 협업하면서 도달 가능한 수용자 범위를 넓혀가고 있다.

하지만 이처럼 독립적인 비영리 언론사 다수의 재정 상태는 아무리 좋아도 취약하다. 이들은 국가 및 지역 재단으로부터 받는 불규칙한 보조금, 사적인 기부금, 구독료와 모금 운동에 의존한다. 몇몇 비영리 언론사는 자신이 만들어내는 저널리즘과 데이터를 다른 언론사와 공유함으로써 수익을 얻는다. 또 일부는 대학의 지원을 받아 학생들이 학업을 진행하면서 언론 활동을 할 수 있게 해준다. 뉴스를 보도하는 공영 라디오 방송국에 대한 아주 적은 지원금(대부분의 방송국은 약 10% 이상)은 독립적인 공공방송협회Corporation for Public Broadcasting: CPB를 거쳐서 오는 연방 정부의 자금이다. 비록 최근 들어 비영리 언론사에 필요한 501(c)(3) 세법* 지정에 대한 미 국세청의 승인을 예측하기가 어렵지만, 자격이 되는 비영리 언론사는 연방세를 면제받고 후원자에게 소득 공제가 되는 기부금을 통해 수익을 창출한다.

하지만 대체적으로 언론계에서 디지털 뉴스와 혁신을 지원하는 각종 유형의 신규 자금은 줄어드는 광고 지원으로 인한 격차를 아직도 거의 메우지 못했다. 퓨리서치의 「2014년 뉴스 미디어 이용 현황」 보고서의 결론처럼 "지금까지 (뉴스) 산업에 유입된 신규 자금은 새롭고 지속 가능한 수익 구조 구축보다는 수용자에게 신속히 알리고 더 많이 도달하는 방식 창출에 더 많은 영향을 줬다고 봐야 할 것이다."

---

* 연 미국에서 종교, 비영리, 과학, 공공안전, 어린이나 동물 관련, 교육 등의 목적으로 설립된 비영리 단체에 면세 신청 자격을 부여하는 연방 세법 501조 (c)항 (3)목을 의미한다. 501(c)(3) 면세 승인을 받은 비영리 단체는 소득세, 소비세, 부동산세, 급여세 등의 면세 혜택과 함께 기부금에 대한 세금 공제, 정부에서 제공하는 각종 보조금 혜택의 대상이 된다.

신문은 죽었을까? 아니면 신문 중 일부는 더 이상 신문이 아닌 것일까?

미국에는 여전히 거의 1400개의 일간지가 있다. 실제로 몇 안 되는 신문들이 최근에 폐간했는데, 폐간율이 가장 높은 신문은 덴버, 시애틀, 투산Tucson처럼 두 신문사가 경쟁하는 도시에서 구독률 2위인 신문이다. 하지만 많은 일간지가 광고를 최소한만 판매한 날에는 인쇄 및 배달 비용을 아끼려고 매주 한 차례 이상 발행을 중단했다. 그런 신문사로는 뉴올리언스의 《타임스 피커윤Times-Picayune》, 모빌Mobile이 소유한 《버밍엄 뉴스Birmingham News》와 《프레스-레지스터Press-Register》, 그리고 《헌츠빌 타임스Huntsville Times》가 있는데, 이들은 모두 어드밴스 퍼블리케이션Advance Publication이 소유한 신문사로, 현재는 일주일에 사흘만 인쇄 신문을 발행하고 나머지는 자사 사이트에 뉴스를 게시한다. 또 다른 두 개의 어드밴스 퍼블리케이션 소유 신문인 포틀랜드의 《오리고니언The Oregonian》과 클리블랜드의 《플레인 딜러Plain Dealer》는 일주일에 나흘은 인쇄판을 발행해 각 가정에 배달하고 나머지 사흘은 더 작은 판형으로 제작해 신문 가판대에 올린다. 어드밴스 신문사 기자들은 이제 자신의 기사를 모두 웹사이트에 올리고 몇몇 편집부원들이 그 기사 중 일부를 선별해 인쇄판으로 발행한다. 공동으로 운영되는 《디트로이트 프리

프레스Detroit Free Press》와 《디트로이트 뉴스Detroit News》도 비슷한 방식으로 인쇄판을 집까지 배달해 주는 서비스를 주 3회로 줄였다.

신문사들은 2005년에서 2015년 사이에 광고 수익의 절반을 잃고 뉴스편집실 직원 수를 40%까지 감축했을 뿐 아니라 인쇄 신문 발행 부수도 절반으로 줄었다. 권위 있는 언론 매체 분석가 앨런 뮤터Alan Mutter에 따르면, 최근의 온라인 구독률을 합치더라도 미국 신문의 평균적인 유료 일간지 발행 부수는 2004년에 5억 4600만에서 2014년 2억 9100만으로 떨어졌다. 이와 동시에 다양한 방식으로 뉴스 콘텐츠를 온라인에 무료로 노출함으로써 신문 이용자를 증가시켜온 것은 (비록 대부분의 경우에 수용자들이 다른 웹사이트와 소셜 미디어에 공유된 링크를 통해 산발적으로 읽게 된 것이기는 하지만) 사실이다. 미국신문협회 보도자료의 컴스코어 디지털 자료에 따르면, 2015년 8월, 성인 10명 중 8명은 온라인에서 최소한 몇몇 신문 디지털 콘텐츠를 보았다고 한다. 미국신문협회의 2014년 스카보로 연구소Scarborough Research 조사는 신문의 독자 중 55%가 여전히 종이 신문을 읽고, 30%는 종이 신문과 디지털 버전을 함께 이용하며, 15%가 디지털 버전으로만 읽는다고 밝혔다.

많은 신문 소유주는 적어도 미미하게나마 수익성을 유지

하기 위해 추가적으로 직원 수를 줄이고 임금을 삭감함으로써 비용을 절감하고(이는 뉴스 보도의 양적·질적 측면 모두를 상당히 저하시켰다), 콘텐츠를 그대로 웹사이트에 게시하기보다 디지털 작업을 조금 더 많이 늘려서 인쇄판 발행 일수를 줄이는 데 중점을 두어왔다. 다른 수많은 신문 소유주는 스스로 '디지털 퍼스트' 언론사로 전환하고 있다고 주장하지만, 이런 계획은 밖으로 디지털이라는 외관을 갖추는 것일 뿐 실제 목적은 비용 절감 차원에서 수립되는 경우가 종종 있었다. 지금까지 비교적 소수의 소유주만이 전통적 신문에서 혁신적 디지털 뉴스 기관으로 탈바꿈하는 더 야심찬 변화에 투자하고 있을 뿐이다.

2015년에 유료 발행 부수를 기준으로 미국에서 가장 규모가 큰 신문사 개닛은 《USA 투데이USA Today》를 포함해 당시 82개였던 신문사를 43개 텔레비전 방송국과 분리된 별개의 회사로 만들었다. 또한 개닛은 최근 심층 뉴스 직원과 임금도 연달아 삭감에 들어갔고, 여러 신문에 '미래의 뉴스 편집실'을 만들도록 지시했는데, 이는 편집장이 빠지거나 역할이 변경되고, 편집되지 않은 기사를 기자가 직접 온라인에 게시하며, 보도 내용을 독자가 웹사이트에서 선호하는 것이 무엇인지 보여주는 수용자 측정지표에서 요구하는 바에 맞추는 것이다.

개닛 신문사의 기자들은 더 적은 수의 일자리에 다시 지원하도록 지시받았다. 가령, 개닛의 《인디애나폴리스 스타 Indianapolis Star》는 2000년에 275명의 기자를 고용했는데, 2014년에는 남은 124명의 직원이 (더 축소된) 106개의 일자리를 위해 경쟁하게 되었다. 개닛의 보도 부문 부사장인 케이트 매리마운트Kate Marymount는 《컬럼비아 저널리즘 리뷰 Colombia Journalism Review》에서 다음과 같이 이야기했다. "모든 일자리가 재정의되어 왔다. 이것이 모두가 새로운 일자리에 지원하는 이유다. 일자리 수가 더 줄어든 탓에 모두가 일자리를 찾을 수는 없을 것이다."

아이오와주에 있는 개닛의 《디모인 레지스터Des Moines Register》주필이자 독자참여분과 부사장인 어맬리 내시Amalie Nash는 전통적인 내근기자assignment editor*를 비롯한 뉴스편집실 '중간관리자middle manager' 수를 줄이는 중이라고 《컬럼비아 저널리즘 리뷰》에 이야기했다. "그 대신에 콘텐츠 전략가와 코치가 있는데, 이들은 보도 내용, 특정 독자층에 도달하는 방법, 수용자 측정지표와 피드백, 그 밖의 모든 것이 말해주는 것에 답하는 방법에 관해 기자들과 서로 협업하고 있다."

---

* 역 특정해 놓은 담당 영역 없이 모든 내용을 취재하는 기자를 의미한다.

개닛의 상당수 지역 신문들이 급격하게 전국 뉴스 및 국제 뉴스를 덜 중요시하거나 없앤 이후로 《USA 투데이》는 2014년부터 국내, 국외, 금융, 생활양식 뉴스의 요약란을 개닛 신문과 웹사이트에 삽입하기 시작했다. 당시 발행인이었던 래리 크레이머Larry Kramer는 이것이 개닛 신문들로 하여금 지역 뉴스에 더 많은 자원을 쏟게 만들었다고 말했다. 이는 또한 《USA 투데이》의 인쇄판 및 디지털 구독자 수를 늘려 광고주에게 마케팅할 수 있게 함으로써 미국에서 가장 많은 구독자를 보유한 신문이 되게 했다.

뉴하우스 가문의 사적 소유인 어드밴스 퍼블리케이션은 더 멀리 가서 11개 주 33개 신문을 "새롭게 디지털에 초점을 맞춘 뉴스 및 정보 회사"로 고안된 12개 지역 신문 웹사이트에 공급하도록 방향을 재설정했다. 어드밴스 로컬 Advance Local의 사장인 랜디 시걸Randy Siegel이 작성한 2013년 내부 진행 상황 보고서의 메모에 따르면, "디지털 운영에 투자할 수백만 달러를 해소하기 위해" 종이 신문을 집으로 배달하는 것을 일주일에 단 며칠만으로 제한했다. 버밍엄, 헌츠빌, 모빌 신문의 뉴스 운영을 AI.com 디지털 사이트에 효과적으로 합병한 앨라배마 같은 지역에서는, 어드밴스 기자들을 집합적으로 일하도록 두면서 뉴스편집실 직원을 대폭 줄여, 일부는 절반 이상을 감원했다. 어드밴스도 전국적으로 여러 다른 신문사처럼 기자가 자신이 작성한 기사에 대한 관심을 유도하기 위해 소셜미디어를 사용할 뿐 아니라, 어드밴스 웹사이트에 특종, 업데이트, 블로그, 사진을 빈번하게 게시하고 독자의 댓글에 답글을 달아서 웹사이트 트래픽을 높이라고 독려한다.

이제 신문 뉴스편집실의 업무 흐름은 조간신문의 전통적인 저녁 마감보다 인터넷에서 수용자가 가장 활발한 시기가 언제인지(예컨대, 이른 아침, 점심시간, 방과 후나 퇴근 후 여러 장소)에 따라 결정된다. 밤새 일하는 기자들은 새벽녘이 마감일 것이다. 또 어떤 기자들은 디지털 버전과 인쇄판을 위한 서로 다른 버전의 기사를 쓰기 위해 늦은 오전과 늦은 오후처럼 여러 차례의 마감과 마주할 수도 있다. 대부분의 뉴스편집실에 있는 더 적은 수의 편집인들은 디지털 콘텐츠와 종이 신문 콘텐츠를 모두 다룬다. 소셜미디어 참여, 웹 트래픽 최대화, 혁신적인 블로그 및 기타 디지털 저널리즘의 창작, 그리고 신문사 웹사이트를 위한 동영상, 오디오 팟캐스트, 동영상 뉴스 등의 생산을 위해 새로운 일자리가 생겨났다.

비록 다양한 뉴스편집실이 전통적인 종이 신문에서 멀티플랫폼 디지털 언론사로 탈바꿈하려는 방식에 유사성이 있지만, 그중 신문들이 광고 보조금을 받던 과거에 존재한 것과 같은 입증된 수익 모델은 없다. 지금까지 디지털 혁신의 속도와 종류 면에서, 그리고 새로운 투자가 만일 있다면 그 양적 측면에서 종이 신문과 디지털 수용자를 수익과 연계하는 데는 차이가 있다. 특히 전국적으로 수용자 규모가 큰 《워싱턴 포스트》와 《뉴욕 타임스》는 디지털 변화에 대한 접근에 상당히 주목해 왔다.

《포스트》에서 제프 베이조스는 2013년 도널드 그레이엄 Donald Graham 가문이 지배하던 공개기업(현재 그레이엄 홀딩스 Graham Holdings)으로부터 신문을 인수하기 전부터 시작된 디지털 변화에 신규 자금과 의욕을 쏟아부었다. 《포스트》는 오랜 기간 꾸준히 조직을 축소해 왔지만, 2014년 뉴스편집실 인원을 100명 이상으로 확충했다. 《포스트》는 뉴욕에 소프트웨어와 수용자 개발 실험실을 열었고, 나아가 전 세계에 급격히 증가하는 수용자들을 위해 혁신적인 디지털 저널리즘의 계속되는 흐름을 발전시키는 것을 돕고자 웹개발자들을 워싱턴 뉴스편집실의 편집장 및 기자들과 통합했다. 2015년 7월 《포스트》 디지털 사이트를 방문하는 특별한 방문자 5000만 명 중 절반이 태블릿과 스마트폰을 이용해 방문했고, 이들 중 다수가 검색과 소셜미디어 링크를 통해 포스트의 웹사이트에 방문했다. 《포스트》의 신문 파트너 프로그램은 국내외의 온라인 뉴스를 250개 이상의 미국 일간지의 유료 사이트 구독자에게 제공했고, 수천수만 명에 달하는 《포스트》 저널리즘의 온라인상 소비자들도 도달자 범주에 포함된다.

《뉴욕 타임스》는 회사가 《보스턴 글로브》와 지역 신문사 및 기타 보유 지분을 매각하면서 신문과 온라인 사이트에 자원을 집중하기로 결정한 이후, 2014년 뉴스편집실의 디지털화에 다시 초점을 맞췄다. 《뉴욕 타임스》는 이미 2015년에 100만 명의 유료 디지털 구독자를 보유한 최초이자 가장 성공적인 디지털 뉴스 유료화 모델을 구축했다. 2014년에 《뉴욕 타임스》가 뉴스편집실 위원회에 의뢰한 96쪽짜리 보고서에서는 "《월스트리트 저널》, 《워싱턴 포스트》, 《파이낸셜 타임스》, 《가디언》과 같은 전통적 경쟁자들이 스스로를 디지털 퍼스트로(디지털 보도도 하는 신문이기보다 신문을 찍기도 하는 디지털 보도로) 변모하기 위해 공격적으로 움직이고 있다"라고 언급했다. 이 보고서에서 권고한 내용에 대한 답변으로 《뉴욕 타임스》는 디지털 전략, 양방향적 뉴스 기술, 수용자 개발의 책임자로 선임 편집인을 추가하고 새로운 디지털 편집인을 9개 뉴스 부서에 모두 추가해 뉴스편집실 리더십을 재편했다.

미국 내 언론사에서 일하는 7만 명의 기자 중 거의 절반이 여전히 신문과 디지털 운영의 뉴스편집실에 있다. 그리고 이런 뉴스편집실은 디지털화로 인한 그 모든 감축과 도

전에도 불구하고 여전히 미국인이 종이 신문과 인터넷, 그리고 심지어 텔레비전에서 보는 뉴스의 상당량을 제작해 내고 있다. 이들은 날마다, 모든 지역은 아닐지라도 여전히 일부 지역에서는 종이 신문을 가정에 배달한다. 뉴스를 읽는 사람들 절반이 종이 신문으로만 읽고, 30%는 종이 신문과 온라인 뉴스를 동시에 읽는다. 한편, 신문을 내는 모든 언론사 역시 실제로 뉴스를 온라인에 싣지만, 어떤 언론사는 다른 곳보다 더 활발하게 자신의 웹사이트를 더 나은 보도를 위한 창조적 기회로 보고 있다. 이들은 형태가 계속해서 진화하고 있는 멀티미디어, 멀티플랫폼 언론사로 변해가고 있다. 신문사는 죽었냐고? 신문사는 멀티미디어 언론사로 이동하는 중이다.

텔레비전 뉴스에는 무슨 일이 있었던 것일까?

많은 미국인이 신문과 라디오, 인터넷을 통해 정기적으로 뉴스를 소비하기도 하지만, 여전히 텔레비전은 미국인에게 가장 인기 있는 뉴스 출처로 자리하고 있다. 미국언론연구소가 수행한 미디어 인사이트 프로젝트의 2014년 연구에서는 미국인 중 텔레비전 방송국 및 그 네트워크의 웹사이트에서 뉴스를 접한다고 답한 응답자가 93%로 나타났다. 그리고 66%는 신문과 그 사이트에서, 56%는 라디오 방송국과 그 사이트에서, 47%는 야후 뉴스나 버즈피드처럼 디지털만으로 뉴스를 발행하는 사이트에서 뉴스를 접한다고 답했다.

지역 방송국과 전국 네트워크 뉴스의 인력 규모는 수익성을 유지하기 위해 인원을 감축한 이후로 수년간 정체해 왔지만, 현재 텔레비전의 뉴스 시간은 이전보다 더 늘어났다. 전국 네트워크와 지역 방송국 모두 분 단위로 측정한 시청률을 놓고 현재 무엇이 인기 있는지를 판단해 텔레비전 뉴스 콘텐츠를 만드는 것 같다. 오늘날 텔레비전 뉴스의 특징을 살펴보면, 지역 뉴스 프로그램에서는 날씨, 교통, 범죄, 스포츠에 관한 보도가 늘어났고, 연예인 인터뷰, 생활양식 뉴스, 오락을 주로 하는 아침 방송 프로그램은 길어졌으며, 이에 비해 저녁 뉴스 프로그램은 상대적으로 짧아져 국내외 주요 뉴스들이 요약 형태로 재난 보도 및 생활양식 뉴스와 함께 제공되고, 케이블 방송에서는 종종 독선적인 시사대담 프로그램이 끝도 없이 이어지는 것을 볼 수 있다.

쇠퇴의 시기 이후에 주요 프로그램인 ABC, CBS, NBC 저녁 뉴스 프로그램의 통합 시청자 수는 최근 2015년 매일 밤 평균 2400만 명으로 꾸준하게 안정되어 왔다. 퓨리서치와 닐슨 미디어리서치에 따르면, 이는 300만 명에 못 미치는 2014년 CNN과 폭스 뉴스, MSNBC의 주시청시간대 케

현재   147

이블 뉴스 통합 시청자 수보다 여전히 훨씬 많은 수치다. 하지만 퓨리서치센터 연구에 따르면, 2012년에 30분짜리 저녁 뉴스 프로그램에서 뉴스는 단 18.8분만을 차지할 뿐이고, 나머지 시간은 상업 광고와 네트워크 홍보에 할애한 것으로 나타났다. ABC 월드뉴스는 그 명성에도 불구하고 해외 뉴스를 최소화한 반면 범죄와 생활양식, 오락 뉴스 시간은 극대화했다. NBC 심야뉴스는 생활양식 뉴스를 상당히 많이 방송하면서 정부와 정치 뉴스를 약간 더 많이 방송했다. CBS는 2008~2012년에 전 세계의 아홉 개 해외 지사를 철수한 이후 다섯 군데만을 운영하고 있지만, CBS 저녁 뉴스는 생활양식 뉴스를 현저히 더 적게 방송했고 해외 및 국가 안보 뉴스가 가장 많았다.

퓨리서치센터의 연구 이후 3개 네트워크는 저녁 뉴스 프로그램을 (ABC에 케이블 뉴스 양식의 그래픽과 과장된 음악 및 음향 효과를 장식으로 더하면서) 변화시키는 데 더 속도를 냈고, 각 프로그램에 시청자를 유인하는 사람들의 흥미로운 이야기와 기이한 사건, 어린이나 동물에 관한 인터넷 동영상을 보여주는 데 여전히 18분 이상을 할애했다. 변화처럼 보이는 이런 것들은 젊은 시청층을 끌어들이기 위함이다. 퓨리서치센터의 언론 매체 연구는 저녁 뉴스 시청자들이 미국 인구의 평균 연령인 46세보다 몇 살 혹은 그보다 더 나이가 많은 시청층에 치우쳐 있음을 반복적으로 보여주었다.

방송국의 뉴스 프로그램이 다루어온 것 중에서 〔전통적 의미의〕 뉴스는 거의 주변화되고 있다. ABC의 〈굿모닝 아메리카Good Morning America〉, NBC의 〈투데이Today〉, CBS의 〈디스 모닝This Morning〉 등 그들의 주요 아침 프로그램은, 특히 방송의 초반 30분 이후에는, 1200만에서 1300만 명에 이르는 시청자를 위해 갈수록 인간적인 흥미를 불러일으키는 이야기, 오락 및 대담으로 경성 뉴스를 대체해 갔다. CBS의 〈60 Minutes〉를 예외로 하면, 일요일 뉴스의 1100명에서 1200명에 이르는 일관된 시청자와 더불어, 심층 주 시청시간대 시사보도 프로그램(NBC의 〈데이트라인Dateline〉, CBS의 〈48 Hours〉, ABC의 〈20/20〉 및 〈프라임타임Primetime〉)은 타블로이드형 텔레비전 프로그램이 되었다. 이 프로그램들은 시청자 수가 지난 수십 년간 약 500만 명으로 감소하는 동안에도 범죄와 소송 사건, 기이한 사건에 관한 과장된 내러티브가 특징이었다.

퓨리서치센터의 예측에 따르면, 세 방송 네트워크 모두 비용 절감을 위해 최근 몇 년간 뉴스 인력을 줄였다. 이들은 연간 예산이나 뉴스 부문 채용 관련 세부 사항을 벗어나지 않았다. 2011년 퓨리서치센터는 "네트워크 뉴스편집실의 상황을 평가하는 것은 어렵지만, 이용 가능한 정보에 따르면 이런 뉴스편집실의 규모는 1980년대와 비교했을 때 현재 그 절반 이하다"라고 밝혔다. 뉴스 인력 수가 더 줄어든 방송 네트워크는 지역 방송국과 유튜브, 트위터 등의 소셜 미디어 같은 정보원으로부터 보도 및 동영상을 가져와서 사용하고 있다.

스페인어 매체인 유니비전Univision과 텔레문도Telemundo 텔레비전 네트워크는 텔레노벨라telenovela와 버라이어티 쇼를 특징으로 하는데, 주중 밤 시간대에는 영어를 기반으로 3대 주요 방송국들과 유사한 국내 뉴스 프로그램도 제작해 방송하며 그 시청자 수도 상당하다.

2014년 퓨리서치와 닐슨 미디어리서치의 자료에 따르면, 3대 주요 케이블 뉴스 방송국(CNN, 폭스 뉴스, MSNBC)의 전체 시청자 수는 최근 몇 년 사이에 주시청시간대에는 300만 명 이하, 낮 시간대에는 200만 명으로 떨어졌다. 하지만 이들은 2013년에 케이블 뉴스 네트워크 소비자들의 일일 시청 시간이 방송 네트워크 뉴스의 시청자보다 두 배나 더 많다고 보고했다. 오늘날 이런 케이블 뉴스 시청자들은 대담(인터뷰, 논평, 해설)을 더 많이, 생방송 속보 뉴스를 더 적게 시청하는데, 이 지점에서 케이블 뉴스가 차별화된다.

2012년 케이블 뉴스 콘텐츠에 관한 퓨리서치 연구는 "전반적으로 스트레이트 뉴스 보도(방송 시간의 37%)보다 논평과 해설(방송 시간의 63%)의 비중이 더 높다"는 것을 보여주었다. 많은 취재 인력과 지상파 및 케이블 방송국을 통틀어 가장 많은 해외 지사를 보유한 CNN만이 최근 이런 경향성을 바꾸었고 CNN 인터내셔널CNN International에서 속보 비중을 늘렸다. 퓨리서치 연구에 따르면, 전반적으로 CNN은 여전히 케이블 3사 중에 가장 많은 뉴스를 방송하는 반면, MSNBC의 뉴스 시간은 이들 중 가장 적다. MSNBC는 진보 성향의 정치적 논평 및 해설을 특징으로 했다. 폭스 뉴스는 더 많은 시청자를 보유하고 있는데, 2014년에 주시청시간대에 특히나 직설적인 보수파 논평가들 빌 오라일리Bill O'Reilly, 그레타 밴 서스터런Greta Van Susteren, 숀 해니티Sean Hannity, 메긴 켈리Megyn Kelly를 진행자로 세우는 등 보수 성향의 뉴스와 논평, 해설을 부각하고 있다.

그 밖에 정치적으로 진보 혹은 보수 편에 선 시청자를 겨냥한 정파적 성격의 케이블 및 위성방송 채널은 최근 나타났다 사라졌다를 반복하면서 크게 두각을 나타낸 채널이 없었다. 그중 하나인 커런트 TVCurrent TV는 전직 부통령 앨 고어가 설립했는데, 미국 케이블 공급자에 할당된 채널 공간을 카타르의 통치 가문이 소유한 알자지라 미디어 네트워크 Al Jazeera Media Network에 매각했다. 커런트 TV는 2013년에 짧은 생방송 프로그램 〈알 자지라 아메리카Al Jazeera America〉

를 시작했는데, 이 프로그램은 2016년에 방송을 마감할 때까지 미국인 기자들이 취재한 전국적인 뉴스와 국제 뉴스를 제공했다.

주요 일반 뉴스와 스페인어 케이블 네트워크 이외에도 CNBC, 폭스 경제채널Fox Business Network, 경제 뉴스에 관한 블룸버그 TV, ESPN 및 주요 방송국의 스포츠 관련 분과 채널, 날씨 채널 등 특정 관심사를 다루는 채널 수가 점점 늘어나고 있다.

미국에서 전국을 대상으로 하는 공영방송에서는 뉴스 비중이 상대적으로 적은 편이다. 비영리 공영방송망PBS은 350여 개의 공영방송국을 가지고 있는데, 뉴스나 기타 프로그램을 생산하지 않는다. 그 대신에 PBS는 더 큰 공영방송국이나 독립제작사 및 BBC와 같은 기타 출처로부터 프로그램을 구매해 유통한다. 그중에는 〈프론트라인Frontline〉의 탐사물, NOVA의 과학기술 프로그램, 〈아메리칸 익스피리언스The American Experience〉*에서 소개하는 역사 및 일대기 영화(모두 보스턴의 공영방송국 WGBH가 제작) 등 다양한 다큐멘터

---

* [옮] 미국의 역사에서 흥미롭고 중요한 사건이나 인물을 다룬 텔레비전 다큐멘터리 프로그램이다. 미국의 공영방송 PBS에서 1988년부터 제작해 340편이 넘는 에피소드를 방송했으며, 에미상을 30차례, 피바디상을 17차례 수상하는 등 화려한 수상 기록을 자랑한다.

리가 있다. PBS의 유일한 일일 뉴스 프로그램은 저녁 시간대에 고전하고 있는 〈뉴스 아워News Hour〉로, 이 프로그램은 원래 로버트 맥닐Robert MacNeil과 짐 레어Jim Lehrer가 2014년에 워싱턴 DC의 텔레비전 공영방송국인 WETA에 기부한 〈맥닐과 레어의 뉴스 아워MacNeil-Lehrer News Hour〉였다. 이 프로그램의 보고된 시청자 수는 2005년 250만 명에서 2013년 100만 명에 못 미치는 수치로 곤두박질쳤고, 약 2500만 달러의 연간 예산을 후원해 온 기업 기부금 수백만 달러를 잃었다.

지역 텔레비전 뉴스는 왜 그렇게 똑같아 보이는 것인가?

미국에서 지역 텔레비전 뉴스는 정형화되어 있다. 즉, 업계 컨설턴트들에 의해 시청률과 광고 수익을 극대화하기 위한 포맷으로 만들어진다. 따라서 시청자에게 매우 유사한 뉴스 포맷을 제공하며, 대부분은 본질보다 보여주는 방식에 더 초점을 맞춘다. 〈아이위트니스 뉴스Eyewitness News〉는 텔레비전 기자들이 자신의 기사를 뉴스 사건이 발생했던 장소 앞에서 '스탠드업' 형식으로 생방송으로 발표하는데, 예를 들어 교통사고 현장이 교차로에서 지워진 지 오랜 시간이 지났거나 재판이 열리는 법원이 어둡고 텅 비어 있더라도 그런 방식으로 진행한다. 〈액션 뉴스Action News〉는 참을성 없는 시청자들을 잃지 않으려고 중요한 취재가 없는 빠른 속도의 짧은 기사와 동영상 토막으로 구성한다. "당신의 편에서On Your Side"나 "당신이 믿을 수 있는 보도Coverage You Can Count On"처럼 여기저기 복제되고 있는 슬로건을 내건 지역 뉴스 프로그램은 시청자의 삶에 영향을 미치는 것이라고 홍보할 수 있는 건강, 소비자 뉴스, 범죄수사 같은 소재를 특징으로 한다.

각각 2월, 5월, 7월, 11월의 '시청률 집중조사Sweeps' 기간에는 사적인 '시청률' 서비스가 광고요율을 설정하는 데 기초가 되는 시청자 규모를 측정한다. '시청률 집중조사' 주간에는 대부분의 방송국이 선정적으로 그려진 범죄, 소비자, 탐사 보도를 뉴스 프로그램에 소개한다. 지역 방송국은 자신이 제휴한 네트워크의 브랜드이미지branding와 성격을 반영하는 경향도 있다. 예를 들면, 업계의 내부자들은 ABC의 네트워크 프로그램들이 CBS나 NBC보다 여성 시청자를 더 많이 끌어들이기 때문에 ABC와 제휴한 일부 방송국이 여성 시청층의 흥미를 끌 것으로 여겨지는 뉴스 기사를 선호한다고 지적한다.

지역 상업방송의 뉴스 프로그램은 주로 날씨, 교통, 스포츠, 범죄, 그리고 일상적이지 않은 사건으로 채워진다. 선별된 지역 방송국의 뉴스 프로그램에 대한 퓨리서치센터의 연구는 이들이 날씨와 교통, 스포츠에 할애한 평균 시간이 2005년 32%에서 2012년 후반과 2013년 초반 40%로 증가했음을 보여주었다. 퓨리서치센터가 '사고, 재난, 일상적이지 않은 사건'으로 특징지은 보도는 2005년 지역 뉴스 방송 시간의 5%에서 2012년 후반부터 2013년 사이에는 13%로, 범죄 뉴스에 할애된 시간까지 더하면 17%로 늘어났다.

날씨와 교통 보도가 중요한 공공 서비스이며 스포츠 뉴스가 시청자뿐 아니라 지역 공동체의 유대감을 구축하는 데 도움이 된다는 것에는 의심의 여지가 없다. 하지만 지역 정부 및 정치에 관한 보도는 2005년 방송 시간의 쥐꼬리만 한 7%에서 2012~2013년 단 3%로 떨어졌다. 「2013년 뉴스 미디어 이용 현황」보고서에서 퓨리서치센터는 "이따금 텔레비전 컨설턴트는 시청자가 정치와 정부에 관심이 없다고 지역 텔레비전 방송국에 자문해 왔으며, 이런 자문이 채택되어 온 것 같다"라고 썼다.

지역 텔레비전 뉴스 프로그램은 종종 소셜미디어나 자신의 시청자뿐 아니라, 전국 및 전 세계의 방송국과 네트워크로부터 값싸게 얻을 수 있는 날씨, 재난, 범죄, 기이한 행동에 관해 사람들의 눈길을 사로잡는 동영상을 방송한다. 이런 동영상 클립은 해당 방송국의 지역 공동체와 아무런 연관성이 없을 때조차 뉴스 프로그램에서 중요한 기능을 한다. 많은 지역 방송국은 자사 앵커 및 기자 홍보 영상을 자주 방송하며, 제휴 네트워크 프로그램을 방송하고 홍보하는 데 상당한 시간을 할애하기도 한다.

비록 전반적으로 지역 텔레비전 뉴스의 시청자들이 최근 안정세를 유지하기 전까지 꾸준히 감소했지만, 지역 방송국은 지역 광고를 더 많이 판매하기 위해 뉴스 프로그램, 특히 새벽 시간대 프로그램을 늘려왔다. 퓨리서치센터에 따르면, 주중에 매일 지역 방송국 뉴스 프로그램에 할애되는 시간은 2003년 평균 3.7시간에서 2012년 5.4시간으로 늘어났다.

하지만 대부분의 방송국은 뉴스 인력을 늘리지 않았는데, 이는 상당수 같은 도시의 축소된 신문 인력보다도 훨씬 적다. 따라서 방송국은 뉴스 취재 비용은 늘리지 않으면서 뉴스 프로그램에 붙는 광고 수익을 위해 편성 시간time slot을 늘려왔다. 방송국은 뉴스 인력을 훨씬 더 드문드문 분산시켜서 시청자의 흥미를 끌 것으로 보이지 않는 교육, 환경, 지역 경제, 기술과 같은 주제를 사실상 무시하는 반면, 그들이 속한 〔지역〕 공동체에 대한 심층 취재를 할 가능성은 더 적다.

유니비전과 NBC 유니버설의 텔레문도가 소유한 스페인어 방송국은 지역 뉴스 시간을 늘려왔는데, 영어 방송국의 지역 뉴스 시간과도 비슷하고, 히스패닉 인구가 많은 로스앤젤레스, 마이애미, 뉴욕과 같은 도시에서 영어 방송국과 비슷한 규모의 시청자를 끌어들였다.

텔레비전 컨설턴트의 연구에서 시청자가 탐사 보도를 원하고 그것이 방송국이 브랜드이미지를 구축하는 데 기여한다는 사실이 밝혀진 이후, 일부 지역 방송국들은, 물론 대다수가 소비자 '감시단체watchdog' 기사에 지나지 않기는 하지만, 지역 탐사 보도를 늘려왔다. NBC, 개닛, 허스트Hearst, 스크립스Scripps와 같은 방송국 그룹 소유주들은 그들 방송국의 탐사 보도 부문을 위해 추가적으로 기자 및 제작자를 채용하고 교육하는 것을 장려해 왔는데, 그 결과로 생산된 기사 중 다수가 시청률 집중조사 주간을 겨냥한 것이었다.

가장 중요한 점은 국내 여러 곳에서 두 군데 이상의 지역 방송국이 보도하는 지역 텔레비전 뉴스 프로그램이 서로 정확히 똑같아 보인다는 점인데, 그것은 이 프로그램들이 사실상 많은 부분이 일치하기 때문이다. 2014년 호프스트라 대학Hofstra University의 밥 패퍼Bob Papper 교수가 라디오·텔레비전·디지털뉴스협회RTDNA의 의뢰로 작성한 연구 보고서에 따르면, 지역 뉴스를 방송하는 1026개 미국 텔레비전 방송국의 4분의 1 이상(또는 307개)은 다른 지역 방송국의 뉴스를 상당 부분 혹은 전부 가져오고 있다. 이는 지역 텔레비전 방송국 소유권의 합병이 꾸준히 늘어난 결과다. 퓨리서치에 따르면, 2014년 기준 가장 큰 방송국 소유주는 싱클레어 방송 그룹인데, 이 그룹은 77개 지역 방송 시장에서 167개 방송국을 운영하며, 그레이 텔레비전Gray Television은 40개 시장에서 124개 방송국을, 넥스타 방송사Nexstar Broadcasting는 44개 시장에서 108개 방송국을, LIN Media는 23개 시장에서 43개 방송국을, 트리뷴은 34개 시장에서 42개 방송국을, 개닛 방송사는 33개 시장에서 43개 방송국을, 미디어 제너럴 Media General은 28개 시장에서 31개 방송국을, CBS는 19개 시장에서 29개 방송국을 운영하고 있다.

이런 기업은 여러 도시와 마을에서 두 개의 방송국을 소유하거나 운영하며(이를 '복점複占, duopolies*'이라 한다) 둘 중 어느 한 방송국의 뉴스편집실을 없앰으로써 비용을 절감하고 있는데, 이에 따라 같은 생방송 앵커와 같은 기사로 다른 방송국이 생산하는 뉴스를 방송하게 된다. 예를 들면, 오리건 주의 유진Eugene에서는 싱클레어가 운영하는 NBC 제휴사인 KMTR의 뉴스편집실을 싱클레어가 소유한 CBS 제휴사 KVAL의 뉴스편집실과 통합했고, 두 방송국은 동일한 뉴스 프로그램을 방송한다. 이런 방식으로 복점은 지역 뉴스 프로그램 방송 시간을 훨씬 더 낮은 비용으로 유지한다.

---

* 옙 두 공급자가 경쟁적으로 동일 상품을 공급하는 것을 가리킨다.

2013년 퓨리서치 설문조사는 다른 소유주에 의해 운영되는 방송국들이 비용 절감을 위해 동일한 지역 뉴스를 방송하는 사례가 점차 늘고 있음을 발견했다. 가령, 미시건주의 랜싱Lansing에서는 쉴드 미디어Shield Media가 소유한 ABC 제휴사 WLAJ가 미디어 제너럴이 소유한 CBS 제휴사 WLNS에서 제작한 뉴스 프로그램을 동시 방송한다. 뉴욕주 시러큐스에서는 CBS 및 NBC와 각각 제휴한, 서로 다른 소유주의 두 방송국 뉴스편집실이 통합되어, 방송국이 혼합된 뉴스 프로그램을 위해 동일한 지역 뉴스 기사를 만들어낸다.

지역 뉴스는 전국 일부 지역 케이블 텔레비전에서 거대 미디어 기업이 운영하는 24시간 지역 뉴스 채널에서 더 많이 찾아볼 수 있다. 그런 방송국 중 가장 규모가 큰 것으로는 뉴욕시에 타임 워너 케이블Time Warner Cable의 NY1과 케이블비전Cablevision의 뉴스12 롱아일랜드News12 Long Island, 워싱턴 DC에 싱클레어의 뉴스 채널 8News Channel 8, 그리고 트리뷴의 시카고랜드 텔레비전Chicagoland Television, 플로리다주 템파베이 지역에 브라이트 하우스 네트워크Bright House Networks의 베이 뉴스 9Bay News 9, 그리고 워싱턴주와 오리건주, 아이다호주에 개닛의 노스웨스트 케이블 뉴스가 있다.

이런 지역 케이블 채널은 생방송 및 반복 뉴스와 토론 프로그램, 최신 뉴스 및 날씨와 스포츠에 관한 묶음을 번갈아 구성하며 24시간 내내 뉴스를 방송한다. 그들은 해당 지역에서 소유주가 같은 방송국 및 신문과의 콘텐츠 공유 협정을 통해 고유한 뉴스 자원을 늘려간다. 가령, 《시카고 트리뷴》 신문과 트리뷴의 WGN 텔레비전 방송국은 트리뷴의 시카고랜드 텔레비전 케이블 뉴스 채널과 콘텐츠를 공유한다. 시애틀, 포틀랜드, 보이시Boise〔아이다호주의 주도〕에 있는 개닛의 텔레비전 방송국은 노스웨스트 케이블 뉴스North-west Cable News와 동영상을 공유한다. 이런 종류의 콘텐츠 공유는 더 심층적인 기업 혹은 탐사 보도를 위한 자원이 아니라면, 지역 케이블 뉴스 채널의 시청자에게 어마어마한 양의 지역 뉴스를 제공해 준다. 시청률의 압박으로부터 자유로운 구독 기반의 케이블 채널은 뉴스와 토론 프로그램을 늘리고 지역 방송 텔레비전 뉴스 프로그램에서는 찾아보기 어려운 정부, 정치, 경제, 교육, 기술, 문화와 같은 주제를 더 많이 다룰 수 있다.

한편, 대부분의 비영리 텔레비전 공영방송국은 지역 뉴스 프로그램을 전혀 제작 또는 방송하지 않는다. PBS와 방송국 임원들은 텔레비전으로 방송되는 뉴스 프로그램의 고비용, 지원금 부족, 시청자 관심 부족, 그리고 상업방송국과의 경쟁을 그 이유로 든다. 상대적으로 몇 안 되는, 더 큰 야심을 가진 텔레비전 공영방송국들이 고유의 지역 뉴스를 제작하기 위해 대학교 및 기타 뉴스 기관과 협업하고 있다. 눈에 띄지만 드문 사례로 샌디에이고의 텔레비전 공영방송국인 KPBS는 샌디에이고 주립대학San Diego State University이 운영 하는데, ABC 제휴의 지역 상업방송국인 10 뉴스 샌디에이 고로부터 속보와 동영상 콘텐츠에 관해 도움을 받아 고유의 저녁 뉴스 프로그램을 방송한다. KPBS 텔레비전 공영방송 국은 지역 뉴스 프로그램을 방송하는 KPBS 라디오 공영방 송국, 그리고 샌디에이고에서 탐사 주제에 관해 KPBS 라디 오 및 텔레비전과 협업하는 독립 스타트업 비영리 디지털 탐사 뉴스 사이트인 inewsource.org와도 상당한 규모의 뉴스편집실을 공유한다. KPBS는 보이스 오브 샌디에이고 비영리 뉴스 사이트와 지역 뉴스 기자를 공유하기도 하며, KPBS 기사들을 스페인어로 발행하는 샌디에이고의 히스패 닉 신문인 《엘 라티노El Latino》와 협업한다. 그리고 KPBS는 자사 고유의 디지털 뉴스 사이트를 제작한다.

디지털 기술은 텔레비전 뉴스를 어떻게 변화시키고 있을까?

물론, 디지털 기술은 (위성 전송에서부터 컴퓨터를 이용한 그래픽 과 동영상 카메라의 소형화까지) 오랜 기간 텔레비전 뉴스에 심 오한 영향을 미쳐왔다. 오늘날 인터넷과 다른 점은 디지털 기술이 단순히 텔레비전 뉴스의 방송을 가능하게 하는 것을 넘어 텔레비전 뉴스에 도전하고 있다는 점이다. 디지털 혁명은 네트워크와 방송국이 기존의 전통적 텔레비전에서 다양한 종류의 스크린과 장치를 갖춘 디지털 멀티미디어로의 진화를 촉진하고 있다.

가령, 무료 이용이 가능한 주요 방송국 및 케이블의 디지털 뉴스 사이트는 이제 텔레비전으로 방송하는 뉴스 프로그램보다 더 젊은 수용자를 더 많이 끌어들이고 있다. 그 웹사이트들은 그들의 텔레비전 뉴스 프로그램보다 더 많은 뉴스를 포함하는데, 이런 뉴스에는 디지털 수용자들이 원할 때면 언제든지 읽고 볼 수 있는 인쇄 버전의 뉴스 기사, 동영상과 사진 갤러리도 포함된다. 하지만 네트워크의 웹사이트들은 텔레비전 뉴스 프로그램 광고 수익에 비해 적은 수익만을 창출해 낸다.

모든 주요 방송 및 케이블 뉴스 네트워크의 웹사이트에는 다른 출처에서 온 콘텐츠도 포함하는데, 이런 사이트는《뉴욕 타임스》,《워싱턴 포스트》,《USA 투데이》신문의 디지털 버전 및 허핑턴 포스트와 구글 뉴스 같은 디지털만으로 발행하는 사이트와 함께 미국에서 방문자 수가 가장 많은 20개 뉴스 사이트다. ABC와 야후는 2012년에 cnn.com을 인수하면서 디지털 콘텐츠 파트너십을 구축해 인터넷에서 가장 많은 뉴스 사이트 수용자를 끌어들였다. 대부분의 디지털 방문자들이 매일 단 몇 분만을 들이는 이 모든 사이트의 수용자 다수는 이제 스마트폰이나 태블릿, 기타 모바일 기기를 통해서 온다.

지역 텔레비전 방송국들은 그들의 웹사이트를 홍보의 주요 수단에서 포괄적인 지역 뉴스 사이트로 진화시키는 데 네트워크보다 느렸고, 뉴스 인력을 디지털 저널리즘에 관여시키는 데도 많은 신문사보다 느렸다. 2014년까지 미국 전역에 걸쳐 지역 뉴스를 방송하는 1000여 개의 텔레비전 방송국 중 단 3분의 1만이 웹사이트 이용을 유료화했으며, 지역 방송국 웹사이트를 이용하는 수용자 수가 그들의 텔레비전 뉴스 프로그램 시청자 수보다 훨씬 많지 않았다.

라디오·텔레비전·디지털뉴스협회 의뢰로 매년 호프스트라 대학의 밥 패퍼 교수가 수행한 설문조사는 2013년과 2014년에 일부 지역 텔레비전 방송국이 웹사이트 콘텐츠를 보강하기 위해 더 빠르게 움직이고, 인력이 소셜미디어에 이를 홍보하도록 밀어붙이며, 디지털 미디어, 특히 모바일 기기에서의 방송국 뉴스를 위한 전략을 설계하기 시작했음을 보여주었다. 하지만 패퍼 교수는 지역 텔레비전 뉴스편집실 콘텐츠의 단 22%만이 웹사이트에서만 볼 수 있고, 소수의 방송국 직원만이 그 웹사이트를 위해 전임으로 일하며, 방송국의 뉴스 책임자 중 20%만이 웹사이트 운영 전담 인력이라고 밝혔다. 일부 지역 방송국은 비용 절감을 위해 텔레비전으로 방송하는 뉴스 프로그램과 똑같은 내용을 웹 사이트에 공유한다.

피닉스Phoenix에 있는 ABC 제휴 회사 KNXV-TV는 인터넷에서 더 공격적인 지역 방송국 중 하나다. 이 회사의 디지털 미디어 인력은 늘어나고 있으며, 기자는 자신의 텔레비전 기사의 인쇄 버전을 웹사이트에 기록하고, 업데이트하며, 자신의 작업을 소셜미디어에서 홍보한다. 이 방송국의 웹사이트 뉴스는 자사의 인력, 소유주인 스크립스의 워싱턴 지부, 그리고 그 밖의 다른 출처에서 가져온다.

라디오 뉴스에는 무슨 일이 있었던 것일까?

공영 라디오, 그리고 상대적으로 적은 수이긴 하지만 전국에 흩어져 있는 뉴스 전문 민영 라디오 방송국을 눈에 띄는 예외로 하면, 오늘날 미국의 라디오에는 뉴스가 매우 적다.

2014년 기준 미국에서 1만 1343개의 상업적 AM 및 FM 라디오 방송국 대부분이 뉴스를 아예 방송하지 않거나 음악, 스포츠, 대담 프로그램 각각의 매 시간 상위를 차지하는 ABC 라디오 또는 CBS 라디오에서는 2~5분가량의 짧은 임시 속보(특보) 뉴스만을 방송한다. 퓨리서치센터에 따르면, 스스로를 '뉴스/대담/정보'라고 이름 붙이는 수백 개의 방송국은 러시 림보Rush Limbaugh, 숀 해니티Sean Hannity, 마이클 새비지Michael Savage, 글렌 벡Glen Beck과 같은 보수 인사들이 진행하는, "다수의 경우 전국적으로 팔린 뉴스보다 더 많은 대담 프로그램들로 가득 차" 있다.

19개 도시에서만 낮 시간 내내 혹은 밤낮으로 24시간 내내 뉴스를 내보내는 '뉴스 전문' 민영 라디오 방송국이 있는데, 그 뉴스 대부분은 교통, 날씨, 스포츠 보도 및 상업 광고들 사이에 끼워져 있다. 이런 방송국 및 웹사이트 중 일부는 소수의 현장 취재 기자를 보유하고 있는데도, 싣는 뉴스 대부분이 방송 네트워크, 뉴스 서비스, 지역 신문으로부터 가져와 용도에 맞춰 변경한 것이다.

대조적으로 가장 야심 있는 뉴스 전문 방송국 거의 대부분을 뉴욕, 보스턴, 필라델피아, 디트로이트, 시카고, 샌프란시스코 및 로스앤젤레스 같은 대도시에서 CBS 라디오가 소유 및 운영하고 있는데, 이들은 상대적으로 많은 보도국 인력을 보유하고, 때로 같은 도시에 있는 상업적 텔레비전 방송국들보다 더 많은 지역 뉴스를 보도하기도 한다. 예를 들면 CBS의 뉴스 전문 라디오 방송국들은 자사 고유의 뉴스 기사에 CBS 뉴스의 음향과 동영상 등 멀티미디어를 결합한 뉴스 콘텐츠를 제공한다.

미국 전역에 방송되는 라디오 뉴스의 상당 부분은 전국적으로 900여 개 공영 라디오 방송국을 회원으로 보유한 비영리 전국공영라디오National Public Radio: NPR의 방송이다. NPR은 정시에 방송하는 특보뿐 아니라, 지역 회원 방송국들이 제작해 매 시간 삽입되는 지역 뉴스와 함께, 두 시간짜리 아침 뉴스 프로그램과 저녁 뉴스 프로그램을 매일 방송한다. 주중 아침 방송인 〈모닝 에디션Morning Edition〉(일일 거의 700만 명의 청취자를 보유)과 오후에 방송하는 〈고려해야 할 모든 것All Things Considered〉(일일 500만 명 이상의 청취자를 보유)의 청취자 수는 라디오 뉴스 중에 가장 많으며, 각각의 텔레비전 네트워크 뉴스 프로그램의 시청자와 경쟁하고, 전체 케이블 텔레비전 뉴스 시청자 수보다 훨씬 많다. NPR 뉴스 프로그램에는 워싱턴 DC 뉴스편집실과 미국에 있는 17개 지부, 그 밖에 전 세계 17개의 해외 지부(그리고 NPR 회원 방송국)에서 일하는 수백 명의 NPR 인력이 만든 기사가 포함된다. 연합통신, 뉴욕 타임스, 월스트리트 저널, 블룸버그, CNN과 같은 소수의 언론사만이 NPR보다 더 많은 전국 및 해외 뉴스 지부를 갖추고 있다. 지역 뉴스 보도는 공영 라디오 방송국에 따라 뉴스와 함께 공공 문제, 문화, 오락, 음악 프로그램 등이 혼합된 형태로 폭넓고 다양하다. 대다수 공영 라디오 방송국은 지역 뉴스 기자를 두고 있지 않으며, 있다 하더라도 소수일 뿐이다. 뉴욕 및 뉴저지의 WNYC와 시카고 공영 라디오, 미네소타 공영 라디오, 남가주 공영 라디오, 태평양 연안 북서부의 오리건 공영방송국 등 가장 큰 공영 라디오 방송국과 방송단체만이 상당한 규모의 뉴스편집실을 유지하고 라디오에서 그들의 지역 공동체를 의미 있게 보도한다. 일부 공영방송국은 지역 뉴스 기사를 늘리기 위해 다른 공영방송사나 스타트업 비영리 디지털 언론사와 협업하고 있다.

공영방송은 왜 미국의 뉴스 보도에서 더 큰 역할을 하지 못하는 것일까?

미국인들은 공영방송을 상대적으로 적게(예컨대, 정부 기금과 사적 기부금을 합쳐 1인당 대략 4달러) 지원한다. 의회가 매해 공영방송에 책정하는 약 4억 달러는 미국 시민 1인당 1.30달러에 해당하는데, 이에 비해 캐나다에서는 정부가 공영방송에 1인당 약 22달러를 들이고, 영국에서는 약 80달러, 덴마크와 핀란드에서는 100달러 이상을 들인다. 미국 연방 정부의 자금은 준독립적인 공공방송협회CPB에 들어간다. 공공방송협회는 비영리 공영 텔레비전 및 라디오 방송국에 이 기금을 제공하는데, 그중 다수가 전문대학이나 대학교, 그 밖의 비영리 기관의 허가를 받는다. 공공방송협회의 기금은 이런 대부분의 공영방송국 예산에서 일부에 불과하며, 가장 큰 방송국들에는 미미한 액수다. 이들의 재정적 지원은 대부분 자선단체나 기업 및 개인의 기부금으로부터 오며, 몇몇 큰 방송국은 직접 제작해 다른 공영방송국에 판매하는 프로그램의 판매 수익으로 충당하기도 한다. 공영방송국은 기부금을 받으면 방송 중에 이를 언급하는데, 이런 멘트는 청취자들에게 축약된 광고처럼 들린다.

공공방송협회 자금 중에 극히 일부만이 방송 뉴스 제작에 쓰인다. 공공방송협회 자금의 4분의 3가량이 공영 텔레비전 방송국에 들어가는데, 우리가 논의했듯이 이 액수로는 뉴스 보도를 아주 조금만 할 수 있다. 그러나 텔레비전 방송국은 대부분의 자금을 방송 시설, 간접비, 오락 프로그램, 모금 행사에 사용한다. 비록 공영 라디오 방송국이 공영 텔레비전 방송국보다 수적으로 우세하지만, 공공방송협회 자금의 4분의 1, 즉 매년 약 1억 달러만이 공영 라디오 방송국에 쓰인다. 그리고 대부분의 공영 라디오 방송국들은 모금액의 아주 작은 부분만을 뉴스 운영에 지원한다.

2009년부터 공공방송협회는 다양한 사업에 2000만 달러 이상을 투자해 공영방송국에서 지역 보도를 늘리려는 운동에 박차를 가했다. 가령, 뉴스 인력 및 자원의 효과를 늘릴 수 있도록 방송국 간의 협업을 장려하기 위해 공공방송협회는 2014년 기준 아홉 개 '지역 저널리즘 센터'에 보조금을 주었는데, 이런 센터에서 수많은 공영 라디오 및 텔레비전 방송국들이 중동부의 농업, 남부의 교육, 펜실베이니아의 변화하는 경제, '산과 초원의 주'*의 에너지, 북서부의 환경, 남서부의 이민 및 국경 문제와 같은 주제의 지역 뉴스 보도를 위해 함께 일한다. 그중 일부는 먼 거리에서 효과적으로 협업하는 데 어려움을 겪었고, 동업자 관계 중 두 건이 해체되었다. 하지만 남아 있는 일곱 건은 55개 공영 라디오 및 텔레비전 방송국으로 구성되는데, 이 일곱 건의 동업을 통해 실험을 계속해 오고 있다.

'디지털 네이티브' 뉴스란 무엇일까?

인터넷에서 대부분의 뉴스는 여전히 디지털로 전달되는 전통적 언론사, 즉 신문, 뉴스 서비스, 텔레비전과 라디오 네트워크 및 방송국을 출처로 한다. 이들이 만들어내는 디지털 양식의 뉴스는 자사의 뉴스 사이트에 실리고 인터넷 곳곳에 다시 나타난다. 닐슨이 측정한 2012년 미국에서 가장 방문자 수가 많은 상위 20개 사이트 중 15개가 바로 그런 텔레비전, 케이블 네트워크, 신문, 그리고 신문사 그룹(예컨

---

* 옙 '산과 초원의 주(Mountain and Prairie States)'란 콜로라도, 캔자스, 몬태나, 네브래스카, 노스다코타, 사우스다코타, 유타, 와이오밍 등 8개 주를 가리킨다.

대, ABC, CBS, NBC, 폭스, CNN, 뉴욕 타임스, 워싱턴 포스트, 월스트리트 저널, 개닛, 트리뷴, 어드밴스 신문들)이었다. 컴스코어 데이터에 따르면, 몇몇은 페이스북과 트위터에서 상대적으로 많은 팔로워를 보유하기도 했다. 이들은 또한 청년층 인터넷 이용자들이 읽고 팔로우하기도 하는데, 2015년 5월에 《워싱턴 포스트》의 디지털 뉴스 사이트만을 방문한 이용자 약 5000만 명 중에서 1760만 명이 18세에서 24세 사이였다.

이와 동시에 인터넷에서만 이용 가능한 '디지털 네이티브 digital native'인 스타트업 언론사들이 제공하는 디지털 뉴스의 양이 점차 늘어나고 있다. 일부는 많은 수용자를 거느리고 갈수록 유명해지고 있는 영리 목적의 일반 웹사이트다. 또 다른 다수는 탐사 보도나 공동체 저널리즘과 같은 틈새시장에 중점을 둔 상대적으로 규모가 작은 비영리 언론사다.

가장 많은 수용자를 보유한 영리 목적의 디지털 네이티브 사이트 중 일부는 이미 잘 알려진 매체의 웹사이트에서 수집한 뉴스 콘텐츠의 중개자로 시작했다. 디지털 네이티브 사이트는 비록 트래픽 일부를 기사 원본의 출처가 되는 언론사로 유도하는 것을 돕긴 하지만 그 언론사들에 콘텐츠에 대한 대가를 지불한 적은 없었다. 디지털 네이티브 사이트인 복스는 일부 콘텐츠를 수집해 본래의 출처에 기여하면서 해설적 저널리즘을 구현하는데, 복스의 에즈라 클라인Ezra

Klein은 이것이 새로운 관행이 아니라고 썼다. 그는 "예를 들면, 《타임Time》은 중개상aggregation shop으로 일생을 시작했다"라고 2015년 복스 사이트에 기록했다. 《타임》은 "바쁜 독자들을 대신해서 '전 세계의 주요 잡지와 신문을 모두' 샅샅이 뒤져 취재하겠다는 약속"에 따라 그 기자들이 매주 (수집한 방대한 정보를 간결하고 명쾌하게 정리해) 뉴스 기사로 작성했는데, 바로 이런 특징이 《타임》만의 독특한 논조를 만들어 냈다.*

허핑턴 포스트는 이제 인터넷 개척자 AOL이 소유한 회사인데, 자기 고유의 언론사를 소유한 주요 뉴스 매체, 정치 및 세계 뉴스부터 육아와 건강에 이르기까지 온갖 주제에 관해 무보수 기고자들의 수많은 블로그, 연예인과 오락, 생활양식, 성, 동물, 그리고 '기이한' 사건으로 불리는 일들에 관한 온라인 기사와 동영상 중 인기 있는 것들을 혼합한 사이트의 콘텐츠를 고쳐 쓰고 콘텐츠로 연결되는 링크를 합쳐서, 온라인상에서 가장 많은 수용자를 보유한 언론사 중 하나가 되었다. 고유의 언론사 사례들 중에서 허핑턴 포스트의 병무 담당자인 데이비드 우드David Wood는 심한 부상을 입은 재향군인과 그 가족의 삶에 관한 연속 기획 기사로

* Ezra Klein, "How Vox aggregates," posted on Vox technolgy(April 13, 2015).

2012년 퓰리처상을 수상했다. 이 웹사이트 설립자이자 대표인 아리아나 허핑턴Arianna Huffington은 그 어마어마한 규모의 수용자(컴스코어에 따르면 2015년 기준 매달 2억 명의 순방문자 수를 기록)가 경성 뉴스와 연성 뉴스, 고유의 기사와 빌려 온 기사가 혼합되어 있는 점에 기인한다고 했는데, 그녀가 2014digaday.com 인터뷰에서 말했듯이, 이는 "사람들이 원하는 모든 콘텐츠의 선두주자"로 만든다.

데일리 비스트Daily Beast의 디지털 버전은 연예부 기자 티나 브라운Tina Brown이 설립해 발행했는데, 이는 허핑턴 포스트와도 매우 유사해서 허핑턴 포스트는 아리아나 허핑턴과 더불어 데일리 비스트 및 티나 브라운과 한때 최대 라이벌로 여겨졌다. 이제 IBT 미디어의 소유인 데일리 비스트는 허핑턴 포스트와 유사하게 다른 언론사, 블로그, 인터넷에 떠돌아다니는 연예계 기사로부터 수집한 콘텐츠로 연결되는 링크를 혼합한 것을 특징으로 한다.

더 새로운 유형의 디지털 뉴스 중개자라고 할 수 있는 매셔블Mashable은 다른 매체에서 가져온 일반 뉴스와 오락 뉴스 콘텐츠를 소셜미디어, 기술, 경제에 관한 고유의 보도 기사와 혼합했다. 가장 오래된 중개자 중 하나인 야후 뉴스는 공룡 기업인 야후 웹 포털 및 검색 엔진의 일부로, 신문사와 방송국에서 근무하는 유망한 언론인을 고용하면서 최근 고유의 뉴스 및 스포츠 보도를 확장하고 있다. 야후 뉴스는 웹사이트를 ABC 뉴스와 통합했으며, 대부분의 뉴스를 ABC나 그 밖의 언론사로부터 가져온다.

기술 기업이 시작한 일부 영리 웹사이트들은 어떤 콘텐츠가 가장 많은 사람을 유인하는지 밝히기 위해 웹 트래픽 데이터를 분석함으로써 수많은 수용자를 구축했다. 그들은 보통 인터넷에서 입소문을 탄 동일한 기사, 사진, 동영상에다가 시선을 끄는 고유의 표제를 붙이고 트래픽을 극대화하기 위해 기사 배열을 장식하는 것을 특징으로 한다. 예를 들면, 버즈피드는 일반 상식 목록, 동물 특집 기사, 인기 있는 동영상을 특징으로 하는데, 최근에는 탐사 보도와 같이 훨씬 더 본질적인 언론 기능을 추가했다. 고커 미디어Gawker Media는 선정적인 뉴스 기사와 연예계 가십, 동물 특집 기사나 특이한 사건을 혼합한다. 헐리웃 기반의 TMZ는 예능인이나 기타 연예인에 관한 가십과 자극적인 동영상을 전문으로 한다. 이 세 매체는 모두 간혹 익명의 출처로부터 얻어낸 정보와 녹음 혹은 동영상을 가지고 파급력이 큰 속보를 내기도 했다. 가령, TMZ는 당시 볼티모어 레이븐스 미식축구 선수인 레이 라이스Ray Rice가 자신의 아내를 엘리베이터 안에서 폭행하는 영상과 당시 로스앤젤레스 클리퍼스 농구팀 구단주인 도널드 스털링Donald Sterling이 인종차별적 발언을 하는 것을 기록한 음성 파일을 게시했다.

어떤 면에서 볼 때 이처럼 대중적인 온라인 사이트는 오랫동안 뉴스 통신사들이 제공해 온 뉴스 기사, 그리고 오락 및 생활양식 뉴스나 가십 칼럼, 상사병에 걸린 이들에 대한 조언, 브리지[카드 게임의 일종]와 체스 칼럼, 만화, 별자리 운세 등을 본질적인 언론의 역할과 혼합해 온 신문의 뒤를 따른 것이라 할 수 있다. 중요한 차이라면 신문사들은 이들과 달리 모든 콘텐츠에 대한 대가를 지급해 왔으며, 이들은 신문에 비해 오락 뉴스의 비중이 훨씬 높다는 점이다.

복스 및 538FiveThirtyEight과 같은 더 새로운 몇몇 디지털 네이티브 사이트는 다른 콘텐츠를 수집하는 것뿐 아니라 뉴스를 해설하고 주목할 만한 데이터를 혁신적인 디지털 기술로 분석하는 것을 전문으로 한다. 시리아 디플리Syria Deeply와 같은 일부 다른 스타트업은 다른 매체 및 그들의 고유한 블로그 게시물에서 수집한 콘텐츠와 함께 단일한 주제에 초점을 맞추었다. 그런 사이트는 모두 《워싱턴 포스트》와 《뉴욕 타임스》를 비롯한 전통적 언론사의 온라인 사이트에 있는 해설, 데이터 분석, 단일 주제 블로그와 유사하다. 《워싱턴 포스트》와 《뉴욕 타임스》는 바로 복스의 에즈라 클라인과 538의 네이트 실버Nate Silver가 각각 이전에 근무했던 곳이기도 하다.

또한 본질적인 뉴스 보도를 주로 하는 영리 스타트업 웹사이트도 있다. 폴리티코는 내부 수용자를 위한 정치, 정부, 언론사에 관한 뉴스를 전문으로 하는데, 수용자 일부는 폴리티코 프로Politico Pro의 전문화된 정보 상품을 위해 상당한 구독료를 낸다. 비즈니스 인사이더Business Insider는 경제와 기술에 초점을 맞추는 반면, 2015년에 복스가 인수한 리/코드Re/Code, 그리고 테크크런치TechCrunch는 기술에 관해 보도한다. 상대적으로 오래된 온라인 잡지들인 살롱Salon과 슬레이트Slate는 직원들이 제작한 기사와 정치, 공공 문제, 문화, 매체, 오락에 관한 블로그를 특징으로 한다. 캐나다의 인쇄 잡지인 바이스Vice는 디지털 스타트업으로 탈바꿈한 뒤, 위와 같은 주제 일부와 젊은 수용자를 겨냥한 국제 뉴스를 보도하고, 2014년에 이라크의 극단주의 단체 ISIslamic State 및 중동 지역의 시리아 군대의 면전에서 촬영한 연속 기획물 같은 신랄한 영상을 전문으로 해왔다.

상업적이고 디지털로만 운영되는 뉴스 사이트의 수는 이보다 적은데, 이들은 지역 뉴스를 전문으로 해왔고 그중 소수만이 살아남았다. 허스트의 SeattlePI.com은 예외인데, 이 사이트는 2009년 폐업한 신문인 시애틀《포스트-인텔리젠서Seattle Post-Intelligencer》를 대체했다. 가장 최근에 등장한 독립 영리 스타트업 중 하나는 필라델피아의 빌리 펜Billy

Penn으로, 필라델피아의 다른 매체들이 제작한 뉴스로 연결되는 링크를 고유의 보도, 오락 특집 기사, 그리고 도시의 늘어나는 청년 인구를 겨냥한 공동체 이벤트와 결합한다.

'특정 지역에만 맞춘hyper-local' 영리 뉴스 사이트들은 더 많다. 이들은 광고가 따라붙는 블로그와 유사하며 전국에 흩어져 있는 더 작은 규모의 공동체와 마을에서 기업가에 의해 시작되었다. 워싱턴 DC 인근의 로컬 뉴스 나우Local News Now 사이트 같은 일부는 독립적으로 운영된다. 또 다른 사이트는 지역 신문사와 협업한다. 예를 들면, 시애틀 지역의 몇몇 이웃 사이트는 기사 링크와 광고 판매를《시애틀 타임스》와 공유한다.

아마도 가장 중요한 점은, 스타트업인 디지털 네이티브 영리 뉴스 사이트가 지금까지 전통적인 상업적 언론사를 갈수록 대체해 왔다기보다 함께 증가해 왔다는 점일 것이다. 사실 이들이 없었다면 디지털 스타트업의 뉴스 콘텐츠 다수는 사라졌을 것이다. 게다가 신규 사업자는 벤처자본, 광고, 온라인 구독료, 유료 이벤트, 그리고 상업적인 고객을 위한 온라인 서비스를 다양하게 혼합해 새로운 경제 모델을 만들어내고자 애썼지만, 아직까지 기존의 언론사에서 내세운 변화하는 경제 모델보다 더 높은 지속가능성을 갖췄음을 입증하지는 못했다.

블로그는 무엇일까? 그리고 블로그에는 무슨 일이 있었던 것일까? 블로그는 원래 웹블로그로 불렸는데, 이는 1990년대에 인터넷에서 누구나 이용할 수 있는 개인적인 인터넷 사이트에 정보와 의견을 일기장처럼 쓰되 가장 최근의 것이 먼저 보이도록 역순으로 게시하는 것에서 시작했다. 즉, 웹에서 작성한 일지다. 블로그 구독자는 댓글을 달 수 있고, 해당 블로거와 대화에 참여할 수 있다. 오늘날 인터넷에서 무한히 다양한 수많은 블로그는 설계된 웹 페이지 및 모바일 기기 앱과 함께 사진과 동영상, 그래픽, 인터넷에서 다른 콘텐츠로 연결되는 링크를 포함한다.

기자들은 처음에 블로그를 자기 집 데스크톱 앞에 잠옷 차림으로 앉아 있는 사람들이 하는 아마추어적 사색이라고 폄하했다. 하지만 시간이 갈수록 독립적인 블로거, 일부의 경우 뉴스편집실 같은 그룹에서 일하는 블로거가 늘어났고, 경제와 법률, 기술, 교육, 건강, 음식, 패션, 여행, 육아, 심지어 언론사까지도 이들이 전문가이거나 전문가가 된 주제에 관해서는 저널리즘에 상당하는 뉴스와 논평을 생산해 냈다. 이런 블로그 중 일부는 기자를 직원으로 두고 있으면서 법률과 미국 연방 대법원에 관한 'SCOTUS 블로그'나 정치 및 공공 문제에 관한 '논점 정리Talking Points Memo'처럼 전문적인 뉴스 및 논평의 출처로 널리 이용되기도 했다.

일부 전문적인 블로거는 자신의 블로그를 [전통 매체의] 뉴스 사이트와 합치고 직원을 늘려 확장함으로써 궁극적으로 신문과 방송 매체를 위해 일하게 되었다. 이와 동시에 신문과 방송 매체는 자사의 기자가 만들고 운영하는 블로그를 점점 더 많이 추가했는데, 그 기자들은 정치, 국제 문제, 스포츠, 경제, 기술, 교육, 오락, 그리고 매체와 같은 출입처에 관해 점진적인 진전 상황과 내부 정보에 관한 아이템을 하루 종일 블로그에 올린다. 언론사도 종종 주요 속보 사건에 관한 정보를 종합해서 더 완전한 기사로 만들 때까지는, 직원들이 실시간으로 올리는 게시판처럼 선정적인 범죄와 테러 행위, 자연 재해부터 정치적 논쟁과 선거일 밤에 이르기까지 다양한 내용이 올라오는 블로그 게시물을 이용하기도 한다.

소수의 블로그는 허핑턴 포스트와 고커처럼 전국적인 내용을 다루는 주요 디지털 네이티브 사이트가 되기를 바라는 설립자의 야망을 성취했다. 더 소수의 블로그는 소도시와 인근 주민을 위해 특정 지역에 맞춘 뉴스 사이트가 되기도 했다. 그 외 수백만 개의 블로그는 비교적 적은 수의 수용자를 대상으로 재미있는 정보와 논평을 섞을 수도 있고 섞지 않을 수도 있는 단일한 목소리를 내는 매체로 남아 있다.

소셜미디어는 저널리즘과 어떤 관계일까?

가장 유명한 디지털 소셜미디어 공동체 중 10년 이상 오래된 것은 없지만, 이들은 인터넷에서 대화와 메시지, 정보와 사진(그리고 바로 뉴스)을 공유하는 방식 중 가장 빨리 증가하고 있다. 우리는 디지털 소셜 네트워크인 페이스북(2004년 설립) 및 트위터(2006년 설립)부터 사진 공유를 위한 인스타그램(2010년 설립, 2012년 페이스북이 인수), 동영상 공유를 위한 유튜브(2005년 설립, 2006년 웹 검색 엔진 구글이 인수), 크로스플랫폼 스마트폰 메신저인 왓츠앱(2009년 설립, 2014년 페이스북이 인수)까지 모든 것에 관해 이야기하고 있다.

매일 소셜미디어를 사용하는 수백만 명의 사람들은 의도적으로 찾았건 아니건 간에 다른 사람이나 언론사와 공유하는 뉴스를 발견하게 된다. 2014년 퓨리서치센터의 설문조사에서는 소셜미디어를 이용하는 사람 중 절반이 뉴스 기사와 사진, 동영상을 한 번 이상 공유한 적이 있다고 답했다.

2011년에 《뉴욕 타임스》는 소셜미디어의 역할과 도달률을 분석하면서 테러리스트 우두머리인 오사마 빈 라덴이 파키스탄에서 미국 특수부대의 습격으로 사망한 사건을 사례로 들었다. 이에 관한 소문이 확인된 보도가 늦은 밤 시간에 방송 및 케이블 네트워크에서 방송되기 20분 전에(그리고 오바마 대통령이 백악관 집무실에서 이 사실을 발표하기 한 시간 전에) 소셜미디어에 널리 공유되었다. 오바마 대통령의 성명에 관한 뉴스를 비롯해, 오바마 대통령이 이를 발표하는 모습이 담긴 텔레비전과 컴퓨터를 사람들이 촬영한 사진들 역시 소셜미디어를 가득 채웠다.

또한 상당히 많은 사람이 자기가 개인적으로 목격하고 있는 속보를 공유하기 위해서도 소셜미디어를 사용했다. 퓨리서치의 조사에서는 소셜미디어 이용자 중 14%가 뉴스 사건에 관해 자신이 소유한 사진을, 12%는 그런 영상을 게시한 적이 있다고 답했다. 가령, 미주리주 퍼거슨의 거주자 다수는 2014년에 경찰이 10대의 흑인 소년 마이클 브라운Michael Brown을 사살한 사건과 그 이후 경찰에 대한 시위 및 충돌에 관해서 자신이 목격한 정보, 사진, 동영상을 소셜미디어에 게시함으로써 이 사건이 전국적으로 비중 있게 보도되는 데 일조했다.

이와 동시에 기자와 그들이 속한 언론사는 뉴스의 전개과정을 추적·관찰하고 뉴스 출처를 찾아내며 수용자로부터 정보를 요청하는 데 소셜미디어를 종종 활용한다. 아마도 가장 중요한 것은 그들도 자신의 기사를 유통하고 이를 위해 수용자를 측정하고 분석할 뿐 아니라 더 많은 온라인 수용자를 유인하기 위해서도 소셜미디어를 이용한다는 점일 것이다. 예를 들면, 많은 언론사는 소셜미디어에서 공유될 기회를 늘리기 위해 자사 기사의 온라인판에 기억하기 쉬운 새로운 표제를 붙인다.

동시에 소셜미디어는 온라인 트래픽을 뉴스 웹사이트로 더욱 분산시키기도 했는데, 당시 《워싱턴 포스트》에서 디지털 뉴스 편집 차장이던 코리 헤이크Cory Haik는 이를 두고 '언론의 위대한 개별 판매unbundling'라고 지적했다. 디지털 뉴스 소비자, 특히 청년들은 과거에는 언론사의 홈페이지나 관련 사이트에 더 오래 머물면서 더 많은 콘텐츠를 소비해왔지만, 이제는 소셜미디어 링크를 클릭해서 언론사 기사를 보는 경우가 갈수록 늘고 있다. 헤이크는 2014년 후반까지 《워싱턴 포스트》 뉴스 콘텐츠의 디지털 구독자 수백만 명 중 3분의 1만이 뉴스 사이트 홈페이지를 직접 방문한 반면, 3분의 1은 구글이나 빙Bing 같은 검색 엔진을 통해 개별 기사를 찾았고, 나머지 3분의 1은 소셜미디어의 링크를 거쳐 기사를 보게 된 것이라고 밝혔다. 또 그녀는 모바일 기기에서 신문 콘텐츠로 가는 거의 모든 트래픽이 소셜미디어와 검색 엔진에서 온다고 말했다.

소셜미디어는 상대적으로 짧은 시간 내에 언론이 디지털 수용자에게 이르고자 하는 주된 수단으로서의 검색 엔진에 도전장을 내밀었다. 검색 엔진 결과에서 기사와 표제가 더 높은 순위에 오르도록 만드는 '검색 엔진 최적화'는 뉴스편집실이 온라인 구독자 수를 늘리기 위한 최초의 방법이었다. 이제는 언론사 콘텐츠가 소셜미디어에서 공유될 확률, 즉 '공유할 만한 가치'를 늘리는 방법을 찾는 것이 검색 엔진 최적화만큼 중요하며 어쩌면 그보다 더 중요할지도 모른다. 언론사의 딜레마는 그다지 인기가 많지 않을 진지한 주제에 관한 언론 활동을 계속하는 것과 소셜미디어에 널리 공유하는 것, 즉 '입소문 타는 것'을 놓고 비교·검토하는 것이다.

몇몇 블로그와 뉴스 사이트처럼 소셜미디어도 마찬가지로 오보와 잘못된 뉴스 기사, 확인되지 않은 소문과 고의적인 허위 정보를 실어 나른다. 예를 들면, 2014년 미주리주 퍼거슨에서 혼란에 빠진 거리에서의 충돌 도중에 공유된 메시지와 사진, 동영상은 소셜미디어를 통해 유포되면서 의도치 않게 시위자와 경찰의 행동을 호도하고 오해받도록 만들었다. 2011년 국회의원인 개브리엘 기퍼즈Gabrielle Giffords가 투산의 쇼핑몰 총격 현장에서 심각한 부상을 당했는데, 소셜미디어에서는 그녀가 숨졌다는 잘못된 뉴스 보도가 퍼졌다. 2013년에는 메시지 공유 사이트인 레딧Reddit이 보스턴 마라톤 폭탄 테러의 책임이 누구에게 있는지에 관해 확인되지 않은 소문을 눈에 띄게 게시했다. 스타트업 사이트인 스토리풀Storyful(루퍼트 머독의 뉴스 코퍼레이션이 2013년에 인수)은 고객 언론사가 소셜미디어에 나타난 뉴스 기사 및 영상의 진위 여부를 확인할 수 있도록 도와주는데, 이를 통해 그런 소셜미디어상의 기사 및 영상 다수가 허위임을 밝혀냈다.

오늘날 무엇이 뉴스인지는 누가 결정할까?

무엇이 뉴스인지 결정하는 과정에는 홍보 담당자, 공무원, 언론에서 정보를 얻으려는 사람부터 그런 정보의 뉴스 가치를 평가하는 기자에 이르기까지 항상 다양한 요인이 관여한다. 변한 것은 이 과정이 훨씬 더 복잡해졌고 더 많은 사람과 새로운 기술이 관여하게 되었다는 점이다. 불과 얼마 전까지만 해도 대중이 무엇을 뉴스로 보고 듣는지에 관해 일차적인 '게이트키퍼'였던 편집장과 방송 뉴스 제작자는, 부분적으로 웹 트래픽 책임자와 디지털 미디어의 소비자로 대체되었다.

트래픽 관리자는 다음과 같은 디지털 네이티브 웹사이트의 지도자를 포함한다. 어떤 뉴스가 가장 쉽게 검색 엔진에서 발견되고 소셜미디어에서 공유되는지를 결정하는 알고리즘 프로그래머, 어떤 콘텐츠가 어떤 경로로 자사 사이트에서 가장 높은 트래픽을 발생시키는지 찾아내는 언론사 디지털 데이터 분석가, 개인화된 콘텐츠 디지털 미디어의 큐레이터, 자기가 좋아하는 것을 온라인에서 공유하는 데 가장 적극적인 소위 '파워 유저' 온라인 뉴스 소비자 등이 그들이다. 이들은 모두 사람들이 웹사이트를 클릭할 때 가장 먼저 무엇을 볼지, 혹은 컴퓨터나 모바일 기기의 스크린을 열었을 때 무엇이 불쑥 튀어나올지 결정하는 것을 돕는다.

뉴스 소비자는 자신이 팔로우하는 트위터의 피드, 자신이 선호하는 페이스북 페이지와 링크, 자신이 선택하는 온라인 뉴스 알림과 같은 방식으로 그들 나름의 고유한 결정권을 갖는다. 마치 광고주가 소비자의 클릭이 쌓여 도출된 프로파일에 맞춰 광고를 제공하려고 하는 것처럼, 웹사이트와 소셜미디어는 점점 더 소비자에게 과거에 그들이 가장 빈번하게 클릭했던 콘텐츠를 바탕으로 피드백을 제공하려고 애쓴다.

전통적인 언론사의 게이트키퍼들은 자신들의 기관이 어떤 뉴스를 보도할지 결정함으로써 여전히 중요한 역할을 하는데, 이들이 보도하기로 결정한 뉴스도 여전히 온라인상 공유 가능한 뉴스의 가장 많은 부분을 차지한다. 하지만 이들은 이후 자신들의 콘텐츠가 스포츠 관중 속의 비치볼처럼 인터넷에 이리저리 돌아다니게 되자 본래의 영향력을 상당 부분 잃게 된다.

그렇다면 이제 모두 언론인인가? 수용자 참여란 무엇인가?

오늘날 인터넷에 접속할 수 있는 사람이라면 누구나 뉴스를 공유하고 제작할 수 있다. 이는 마치 디지털 시대 이전에 시민들이 기사 관련 제안이나 편집인에게 쓴 편지로 언론사에 기여한 것과 유사하다. 하지만 현재는 훨씬 더 직접적으로, 훨씬 더 많은 분량으로 참여할 수 있다. 이들이 반드시 기자이거나 기자가 되는 것은 아니지만 언론사 콘텐츠를 만드는 데 중요한 역할을 할 수 있다.

대부분의 언론사는 정기적으로 소셜미디어에서 시민들이 공유한 뉴스, 사진, 영상을 주시하며, 그들에게 직접 전달된 정보와 사진을 평가한다. 점점 더 많은 수의 언론사들이 인쇄 매체와 방송, 웹사이트뿐 아니라 소셜미디어를 통해서도 수용자에게 적극적으로 정보를 구한다. 일부는 특정 주제에 관해 연구하는 것을 돕기 위해 선별된 집단의 사람들에게 접근한다. 《워싱턴 포스트》의 포스트에브리싱PostEverything 블로그 같은 또 다른 사례에서는 외부의 작가 및 시민의 언론 활동을 활용해 편집 및 발간이 이루어진다. 이 모든 것은 이제 뉴스에 대한 '수용자의 참여'라고 불린다.

뉴욕 기반의 전국 탐사 보도 비영리 디지털 언론사인 프로퍼블리카는 탐사에 참여하는 시민들의 공동체를 만들기 위해 소셜미디어를 이용한다. 예를 들면, 미국 의료보험의 품질에 관해 수년간 진행 중인 연속 탐사 보도물을 위해 프로퍼블리카는 환자의 안전에 대해 서로, 그리고 프로퍼블리카 기자들과 논의할 의향이 있는 2000명 이상의 사람들이 모인 페이스북 그룹을 만들었다. 프로퍼블리카는 환자로서 자신이 경험한 피해에 관해 이야기해 줄 560명의 응답자를 모집했고, 환자의 안전에 관한 자신의 경험과 시각을 공유할 의향이 있는 의료보험 제공자 150명으로부터 자료를 수집했다. 프로퍼블리카 언론인들은 그 비영리기구의 웹사이트 및 자신의 기사를 신문과 방송에 보도할 협력 언론사를 위해 기사 보도의 일부 정보를 확인해 주었다.

다른 언론사의 경우에 《워싱턴 포스트》, 《마이애미 헤럴드》, 《샬럿 옵서버Charlotte Observer》와 같은 신문부터 수많은 공영방송국에 이르기까지 미네소타 기반의 미국공공미디어American Public Media가 만들고 자원봉사자인 수용자들로 구성된 퍼블릭 인사이트 네트워크Public Insight Network: PIN의 데이터베이스를 이용했다. 기자들은 PIN의 참여자들이 기사를 발견하고 그들이 이미 작업 중인 기사에 관한 정보와 인터뷰, 피드백을 요청하기 위해 문의 사항을 올린다. 수많은 공영방송국이 2014년 지역 선거 보도에서 후보자에 관한 주요 쟁점 및 질문을 선택하기 위해 PIN에 올라온 질문을 활용하기도 했다.

또 다른 수용자 참여 실험에서는 시카고의 WBEZ가 운영하는 수많은 공영 라디오 방송국이 청취자들로 하여금 뉴스 주제에 관해 의문을 제기하고, 분석하고 싶은 추천 기사에 투표한 뒤, 기자들이 〈별난 도시Curious City〉(이 프로그램을 처음 만든 제작자는 이를 현재 〈별난 나라Curious Nation〉로 확대해 제작하고 있다)라고 불리는 주간 라디오 프로그램을 위해 보도하는 것을 돕는다. 공영 라디오 방송국 WNYC는 뉴스 보도에 영향을 미칠 수 있는 뉴욕 시민들의 고민거리가 무엇인지 알아내고자 설문조사와 초점집단면접FGI을 진행하는 데 재단 기금을 이용했다. 《워싱턴 포스트》와 《뉴욕 타임스》, 그리고 비영리 기술 개발자인 모질라Mozilla는 나이트 재단Knight Foundation에서 받은 기금 390만 달러를 가지고 논평과 정보, 글, 사진 및 기타 수용자 제작 콘텐츠를 공유할 수 있는 감시의 '플랫폼을 독자에게 발행하는' 나이트-모질라Knight-Mozilla의 오픈뉴스OpenNews라는 신제품을 검토하고 있다. 댈러스 모닝 뉴스는 지역 뉴스와 생활양식 주제에 관해 구독자들이 운영하는 블로그 게시물들로 실험해 왔는데, 더 많은 시민, 특히 히스패닉 시민이 교육 및 기타 공동체적 사안에 관한 모닝 뉴스의 저널리즘을 형성하고 정보를 제공하며 활동하는 것을 돕는 데 소셜미디어를 이용할 수 있도록 2014년에 나이트 재단으로부터 25만 달러의 기금을 받았다.

다른 종류의 수용자 참여는 언론을 확장시키는 것만큼이나 비용을 절약하기 위해 고안된 것처럼 보인다. 허핑턴 포스트, 포브스Forbes, 미디엄Medium, 레딧 등 일부 대규모 수용자 웹사이트는 구독자의 비용 부담을 늘리지 않고도 콘텐츠를 추가할 수 있도록 무보수 기사와 블로그 게시물을 요청하거나 발행해 왔다. 가령, 매체와 마케팅에 관한 사이트인 digiday.com에 따르면, 2014년에 미디엄의 콘텐츠 가운데 90% 이상은 무보수 기고자가 작성한 것으로 이루어졌다. 허핑턴 포스트는 프리랜서 기자들로부터 보상이 충분하지 않다는 불만을 들어왔으며, 그 밖의 사이트들은 무보수 기고자들이 게시한 게시물이 오류, 이해충돌, 인종차별적·성차별적인 내용을 담고 있어 곤혹을 겪기도 했는데, 이들의 콘텐츠는 편집 과정을 거친다 하더라도 약간만 수정될 뿐이기 때문이다.

언론학 교수이자 미디어 블로거인 제이 로젠Jay Rosen 교수가 말한 것처럼 "과거에 수용자로 알려졌던 사람들"과 매체의 관계는 이처럼 여전히 예측 불가한 방식으로 빠르게 진화하고 있다.

비영리 언론이 세상을 구하게 될까?

디지털 기술이 경제 모델을 방해하기 이전에, 많은 상업적 언론사들이 여전히 대단히 큰 수익을 창출하면서도 중요한 자원들을 '공적 서비스 저널리즘', 예를 들면, 공공 문제에 관한 확장된 보도 및 탐사 보도 등에 쏟아부었다. 하지만 한 세기가 바뀌면서 그들의 광고 수익이 급격히 줄어들자 탐사 보도뿐 아니라 지역 및 주 정부 관련 쟁점에 대한 보도에 들어가는 자원을 크게 줄였고, 이는 결국 뉴스 취재 기자와 자원 감축으로 이어졌다.

이로 인해 파생된 일부 격차를 메우기 위해 수많은 기자가 자선 기부자의 도움을 받아 공동체와 주, 전국의 공공 문제에 관한 보도 및 탐사 보도에 초점을 둔 소규모 비영리 디지털 언론사를 열었다. 2014년에 퓨리서치센터 저널리즘 프로젝트는 이처럼 재단과 대학, 자선단체 및 그 밖의 기부자로부터 매년 약 1억 5000만 달러를 받는 비영리 디지털 언론사가 200여 개에 이른다고 집계했다. 샌디에이고의 사업가인 버즈 울리Buzz Wooley는 처음에 지역 뉴스와 탐사 보도를 하는 보이스 오브 샌디에이고에 자금을 댔다. 텍사스의 벤처사업가인 존 손튼John Thornton은 오스틴에 기반을 두고 전국 뉴스를 보도하는 텍사스 트리뷴을 여는 것을 도왔다. 그리고 캘리포니아의 자선가인 허버트 샌들러Herbert Sandler와 매리언 샌들러Marion Sandler 부부는 전국 탐사 보도를 하는 프로퍼블리카를 인수했다. 다른 기부자들은 환경(인사이드 클라이밋 뉴스Inside Climate News), 범죄(마셜 프로젝트The Marshall Project), 건강(카이저 헬스 뉴스Kaiser Health News), 교육(초크 비트Chalk Beat) 등 전문적인 주제를 보도하는 비영리 뉴스 사이트를 지원했다. 그런데 또 다른 기부자들은 진보적 관점에서 언론에 관해 보도하는 미디어 매터스Media Matters, 그리고 전국 각 주의 주도에서 활동하는 독립 언론인의 네트워크가 보수적 관점에서 보도하는 프랭클린 센터Franklin Center for Government and Political Integrity의 Watchdog.org처럼 특정 이념 성향의 비영리 사이트를 지원하기도 했다.

나이트 가문의 신문사 체인을 상속받은 나이트 재단과 오클라호마의 신문사 소유 가문인 게이로드Gaylord가의 자금 지원을 받는 '언론 윤리와 탁월성 재단Ethics & Excellence in Journalism Foundation'이 운영하는 자선단체들은 여러 비영리 디지털 언론사에 자금을 지원했다. 여러 사례 중 단 두 개의 사례에서 나이트 재단과 캘리포니아 기반의 재단들은 버클리 기반 탐사보도센터Center for Investigative Reporting의 주 및 전국 보도를 지원한 반면, 나이트와 피츠버그 재단은 퍼블릭 소스Public Source가 피츠버그와 펜실베이니아에서 탐사 보도를 시작하도록 도왔다.

비영리 언론사에서 취재한 내용 대다수는 그들과 협업하는 상업적 언론사에 의해 발간되고 방송되었다. 예를 들면, 프로퍼블리카 및 마셜 프로젝트의 탐사 보도는 《뉴욕 타임스》, 《워싱턴 포스트》, 《로스앤젤레스 타임스》와 같은 신문과 공영 라디오 방송에 등장했다. 수많은 지역 비영리 언론사 중 펜실베이니아의 퍼블릭 소스와 텍사스 트리뷴이 제공한 기사는 언론사를 통해 그들의 주 전역에서 발행되고 방송되었다. 대부분은 그들의 기사를 상업적 언론사에 무료로 제공했다. 이 점은 비영리 언론사들이 다른 방식으로 할 때보다 훨씬 많은 수용자를 확보할 수 있게 해주었고, 예산을 의식하는 상업적 언론사에 무료로 혹은 비용을 거의 들이지 않고 추가적인 중요한 기사를 제공했다.

일부 비영리 언론사는 공영 라디오 및 텔레비전 방송국과 더 긴밀히 협업하고 있는데, 우리가 앞서 언급했던 비영리 탐사 보도 매체인 inewsource.org와 샌디에이고의 공영방송국 KPBS 간의 협업이 대표적이다. 예를 들면, 콜로라도의 비영리 탐사 보도 매체 I-News는 주 전역에 있는 방송국에서 뉴스를 제작하기 위해 로키 마운틴Rocky Mountain PBS와 통합했다. 《세인트루이스 비컨St. Louis Beacon》은 비영리 뉴스편집실을 세인트루이스 공영 라디오St. Louis Public Radio 뉴스편집실과 통합했다. 그리고 시애틀 기반의 비영리 탐사 보도 매체인 인베스트웨스트InvestigateWest는 라디오 및 텔레비전의 보도에서 워싱턴주의 공영방송국과 협업한다. 이는 모두 일차적으로 공영방송에 기부한 후원자들 덕분에 가능한 일이다.

비영리 언론사들이 제작한 보도 프로그램은 최근 지역 학교의 역할, 환경 문제, 정부의 역기능과 부패, 그리고 대학교 캠퍼스에서 발생한 성폭력 사건 등의 사안에 대해 사회적 이목을 집중시키고 개혁을 촉진하면서 여러 지역 공동체와 주를 가로질러 상당한 영향력을 미쳤다. 퓰리처상처럼 대부분 상업적 언론사에서 휩쓸던 지역 및 전국 단위 주요 언론상을 수많은 비영리 언론사에서 가져가기도 했다. 프로퍼블리카는 2010년과 2011년에 각각 국내 보도와 탐사 보도로 퓰리처상을 수상했고, 2013년에는 당시 물리적 뉴스편집실도 갖추지 못했던 인사이드 클라이밋 뉴스가 미시간 원유 유출에 따른 환경오염에 관한 심층 보도로 퓰리처상 국내 보도 부문을 수상했다.

하지만 대다수 비영리 언론사는 재정적으로 취약하다. 각 언론사 대표들은 그들의 착수금을 지원해 준 재단 및 거액의 기부자 외에도 새로운 유형의 재정 지원을 끊임없이 탐색해야 한다. 2009년에 설립된 비영리뉴스협회Institute for Nonprofit News는 100개 이상의 국가적·지역적 비영리 뉴스 사이트 구성원이 공동 작업을 할 수 있도록 돕고, 이들의 사업 수행 및 기금 모금을 교육하며, 저비용의 비영업 부서 서비스를 제공한다. 지역 및 주 단위로 활동하는 여러 비영리 뉴스 사이트가 공영방송국과 유사하게 광범위한 지역 기금 모금과 회원제를 구축하고자 애쓰고 있다. 예를 들면, 《뉴헤이번 인디펜던트The New Haven Independent》 웹사이트는 지역적으로 오는 지원을 이제 70%까지 늘렸다. 2014년에 나이트 재단은 120만 달러의 기금을 보이스 오브 샌디에이고 및 미니애폴리스-세인트폴Minneapolis-St. Paul의 지역 뉴스 비영리 매체인 민포스트MinnPost에 제공함으로써 지역 회원제의 재정 모델을 발전시킬 수 있도록 도왔다.

2009년에 설립된 텍사스 트리뷴은 가장 많은 직원을 보유하고 재정적으로도 가장 견고한 비영리 온라인 뉴스 사이트 중 하나가 되었다. 직원 40여 명이 주 정부, 정치, 기획 및 탐사 보도를 제작하고 텍사스 정부와 인구통계학적 정보에 관한 대화식 데이터베이스까지 구축한다. 《트리뷴》의 대표이사이자 주필인 에번 스미스Evan Smith는 초기의 투자자인 존 손튼과 함께 주州의 자선 기부를 위해 축적된 상당한 부富와 유료 회원권, 뉴스메이커들이 참석하는 유료 행사, 이런 행사 및 그들의 웹사이트를 위해 이루어지는 풍성한 기업 협찬을 활용했다. 2013년에 《트리뷴》의 510만 달러 수익에는 116만 달러의 기업 협찬과 113만 달러의 행사 수익, 70만 달러에 달하는 회비가 포함되었다.

하지만 지역 및 주의 비영리 스타트업이 수행한 연구에 따르면, 일부는 그들이 제작한 보도의 영향으로 기대 이상의 성과를 거두기도 했지만, 다수는 잘해야 연 100만 달러 이하인 예산과 여섯 명이 채 안 되는 직원과 함께 힘겹게 분투하고 있다.

대학이 단순 교육을 넘어 저널리즘을 생산하는 것은 어떻게 가능했을까?

이와 동시에 비영리 공적 서비스 저널리즘이 갈수록 늘어나 이제는 저널리즘 대학의 학생들에 의해서도 생산되고 있다. 그들의 기사와 멀티미디어는 그들이 위치한 여러 도시와 여러 주에서 탐사 보도뿐 아니라 지역 공동체, 주 정부, 경제, 환경, 기타 주제에 관한 뉴스 보도의 격차를 어느 정도 메우면서 신문과 텔레비전, 라디오 방송국 및 뉴스 웹사이트를 통해 발행·방송되고 있다. 이런 학생들은 저널리즘의 방법을 배우면서 전문가 수준의 저널리즘을 실현해 왔다.

예를 들면, 메릴랜드 대학의 메릴 저널리즘 대학 학생들은 메릴랜드주의 주도인 아나폴리스Annapolis와 워싱턴 DC에서 대학 부설 메릴랜드 신문을 통해 주 정부와 연방 정부 관련 뉴스를 다루었다. 보스턴, 일리노이, 캔자스, 미주리, 몬태나에 있는 대학들은 학생들이 자신의 주에 있는 언론사를 위한 기사를 쓰는 주 의회 의사당 사무실을 갖추고 있다. 퓨리서치센터의 연구에 따르면, 2014년에 주 의회 의사당 사무실에서 일하는 기자 여섯 명 중에 한 명은 파트타임 혹은 인턴십으로 언론사에 근무하는 이들을 비롯한 학생 기자인 것으로 집계되었다.

애리조나 주립대학의 월터 크롱카이트 저널리즘 대학 학생들은 애리조나의 언론사들을 위해 피닉스와 로스앤젤레스 및 워싱턴 DC에 있는 사무실에서 주 정부 및 연방 정부의 사안과 경제, 스포츠 뉴스 등을 다룬다. 그들은 애리조나에서 가장 큰 공영방송국에서 30분짜리 심야 뉴스 프로그램을 제작하는데, 이 방송국은 2014년에 크롱카이트 저널리즘 대학의 일부가 되었다. 2015년 1월에는 크롱카이트 학생들이 애리조나의 헤로인 남용에 관한 30분짜리 다큐멘터리를 제작해 애리조나주의 모든 텔레비전과 라디오 방송국에서 동시 방송되었다. 또한 크롱카이트 대학은 매년 재단에서 지원하는 '뉴스21' 전국 학생 탐사 보도 프로젝트의 본부이기도 한데, 이 프로젝트에서는 20개 대학에서 선발된 약 30명의 학생들이 음식, 교통안전, 투표권, 총기 소지 법률, 재향군인 문제 등의 주제에 관해 멀티미디어 기사를 제작해서 전국의 언론 매체를 통해 발간되고 방송되도록 한다. 노스웨스턴 대학의 메딜 저널리즘 대학 학생들은 시카고의 메딜 뉴스 사무소에서 워싱턴 DC의 국가 안보 보도 프로젝트에 관해 작업한다. 최근에 졸업한 컬럼비아 대학의 저널리즘 석사 과정 대학원생들은 그들의 뉴스 웹사이트를 위해 지역 정부, 교육, 에너지와 환경에 관해 보도했다. 남가주 대학의 애넌버그 대학 학생들은 로스앤젤레스 온라인 뉴스 사이트인 네온 토미Neon Tommy를 운영한다. 뉴욕 시립대학 및 뉴욕 대학교 학생들은 뉴욕시의 자치구에 있는 지역 뉴스 블로그를 위해 일한다. 오하이오에서는 영스타운 주립대학, 애크런 대학, 켄트 주립대학, 신시내티 대학, 쿠야호가 커뮤니티 칼리지의 학생들이 영스타운 주립대학의 TheNewsOutlet.com에서 인턴으로 근무하는데, 이 뉴스 사이트는 지역 공동체의 뉴스를 지역 언론사에 제공한다. 그리고 플로리다 국제 저널리즘 학생들은 사우스 플로리다 뉴스 서비스South Florida News Service에서 직원으로 일하면서, 《마이애미 헤럴드》, 《선센티널Sun-Sentinel》, 《팜 비치 포스트 Palm Beach Post》의 편집장들과 함께 작업해 자신의 기사를 발행한다.

이 모든 것은 법대생과 의대생의 실습 경험을 위해 존재하는 법률실무수습law school clinics이나 대학부속병원university teaching hospital과 비슷하게, 전문적인 언론 교육을 지지하는 이들이 '대학부속병원 모델teaching hospital model'이라고 부르는 것을 지향하는 몇몇 저널리즘 대학들의 운동 중 하나다. 비록 일부 대학에서는 학문적 지도자들이 이런 추세를 간과하거나 반대해 왔지만, 자선단체들은 대학부속병원 모델로 실험하는 대학들에 중점을 두어 저널리즘 교육을 위한 재정 지원을 해왔다. 놀랄 것 없이 상업적 언론사와 비영리 언론사 모두 이런 프로그램이 자신에게 대가없이 제공해 온 전문적 고품질 저널리즘을 환영했다. 그리고 저널리즘 학생들은 급격하게 변화하는 뉴스편집실의 멀티미디어 뉴스 관련 일자리에 더욱더 잘 대비할 수 있게 되었다.

언론사 간 협업이란 대체 무엇일까? 그들은 항상 경쟁 상대가 아닌가?

20세기 후반까지 하나의 언론사가 저널리즘을 또 다른 언론사와 공유한다는 것은 거의 상상할 수도 없었다. 텔레비전 방송국과 네트워크가 그렇듯이 여러 신문사가 있는 도시와 주에서 지역 신문은 치열하게 경쟁했다. 오늘날에도 여전히 최초 보도의 주인이 되고 특별한 기사로 알려지기 위한 경쟁이 존재하지만, 비영리 뉴스 사이트와 저널리즘 대학뿐 아니라 민영 언론사까지도 놀랄 만큼 많이 협업한다. 이는 민영 언론사에 경제적 측면에서 필수 요건이 되었다.

가령, 오하이오주의 가장 규모가 큰 여덟 개 신문사는 주 지역 뉴스 보도에 비용이 중복되는 것을 줄이기 위해 서로의 기사를 종종 공유해 왔다. 오스틴, 댈러스, 포트워스, 휴스턴, 샌안토니오 등 다섯 개 텍사스 신문도 다른 신문이 취재하지 못하는 기사를 일부 공유해 왔다. 《볼티모어 선 Baltimore Sun》과 《워싱턴 포스트》는 각자 도시의 스포츠 팀에 관한 보도를 거래해 왔다. 《포스트》와 텍사스 트리뷴은 뉴스 공유 협정을 맺고 있다. 개닛의 90개 신문과 《USA 투데이》는 뉴스 콘텐츠를 공유하고 전국 보도 프로젝트를 위해 협업했다. 스크립스가 보유한 19개 텔레비전 방송국의 온라인 뉴스 사이트도 마찬가지로 협업하고 있다.

수많은 도시의 지역 신문과 텔레비전 및 라디오 방송국은 뉴스, 교통정보, 일기예보에 관해 서로 협업해 왔다. 뉴올리언스에서는 텔레비전 방송국 WVUE가 일기예보 및 뉴스 영상을 《타임스 피커윤》과 그 웹사이트에 제공해 왔고, 《타임스 피커윤》은 뉴스 및 탐사 보도에 관해 WVUE와 협업했다. 시카고, 마이애미, 로스앤젤레스, 뉴욕, 필라델피아, 샌디에이고에서 NBC가 소유한 텔레비전 방송국은 지역 비영리 언론사에 재정적 보조를 제공하고 지역 방송국에는 스스로 제작하지 못하는 상업적 저널리즘enterprise journalism을 제공하면서, 속보에서부터 탐사 보도 프로젝트에 이르기까지 모든 것에 대해 지역 비영리 언론사와 협업했다.

프로퍼블리카, 텍사스 트리뷴, 워싱턴 DC 기반의 공공청렴센터Center for Public Integrity를 비롯한 비영리 언론 매체는 모든 종류의 다른 언론 기관이 그 지역 고유의 수용자에게 맞춘 지역 뉴스를 제작할 수 있도록 자신의 웹사이트에 게시한 기사 및 데이터를 활용하도록 장려해 왔다. 프로퍼블리카는 심지어 다른 언론 매체가 혜택을 얻을 수 있도록 자사의 몇몇 기사에 관해 단계적 가이드를 제공하는 '보도 레시피reporting recipe'를 게시하기도 했다.

협업은 신문사와 방송 매체가 직접 광범위하게 다룰 수 없는 전문적인 주제에 관한 심층 뉴스를 제작할 수 있게 한다. 카이저 재단Kaiser Family Foundation의 비영리 매체인 카이저 헬스 뉴스가 제공해 온 보건 관련 뉴스는 신문과 공영 라디오 방송국을 통해 전국으로 보도되었다. 형사사법 관련 최초의 탐사 보도 세 편 중 두 편은 2014년 출범 당시 비영리였던 마셜 프로젝트가 제작한 것으로,《워싱턴 포스트》를 통해 보도되었다. 허리케인 카트리나가 강타한 이후 뉴올리언스 메모리얼 의료센터에서 자행된 안락사에 대한 탐사 보도로 퓰리처상을 수상한 프로퍼블리카의 기사는《뉴욕 타임스 매거진》에 처음 실렸다.

저널리즘의 객관성 가치는 어떻게 변화하고 있는가? 신뢰도가 더 중요한 목표일까?

'객관성'이란 종종 오해를 불러일으키는 언론의 핵심 가치다. 너무나 오랫동안 이는 종종 기자들의 정보에 입각한 판단을 피하기 위해 '단지 사실'이나 '균형적인' 뉴스 보도를 의미하는 것으로 여겨졌다. 그런 의미에서라면 CBS의 에드워드 머로Edward R. Murrow가 매카시즘을 공격한 것은 객관적이지 않았다. 《워싱턴 포스트》가 워터게이트 불법 침입 사건이 대통령을 끌어내린 고도의 정치적 범죄와 어떻게 연루되었는지 단호히 조사한 것 역시 객관적이지 않았다. 《가디언》, 《포스트》, 《뉴욕 타임스》는 에드워드 스노든Edward Snowden이 밝혀낸 미 국가안보국NSA의 감시에 관한 기밀 사항에 관해 발표하는 것을 스스로 판단하는 데 객관적이지 않았다. 인간이 초래한 지구온난화의 과학적 증거에 대해, 일부 이해관계자 집단이나 정치인의 반대보다 가중치를 훨씬 더 많이 부여하기로 결정한 언론사는 객관적이지가 않다. 그들은 정치인과 공무원의 발언에 대해 자주 사실관계를 확인하고 진실성을 평가하는 데도 객관적이지가 않다.

디지털 시대에는 대부분의 기사에 ① 하나의 단면을 담기도 하지만 둘 이상의 다면적인 내용을 담는 경우가 더 빈번하다는 것, ② 거짓된 균형이 진실과 동일시되지 않는다는 것, ③ 맥락과 설명, 정보를 충분히 확보한 상태에서 내리는 판단, 그리고 심지어 관점이나 '발언권' 등 이 모든 것이 신뢰할 수 있는 저널리즘의 일부를 구성할 수 있다는 것이 과거 그 어느 때보다도 명확하다. 신뢰도는 저널리즘을 통해 진실을 추구하는 개개인과 언론사에 가장 중요한 문제다. 수용자가 언론의 신뢰도를 판단할 수 있게 하는 뉴스 가치로는 정확성, 공정성, 개방성, 권력과 이념으로부터의 독립성, 그리고 가능한 경우에는 언제든지 출처와 방법론을 밝히도록 하는 투명성이 있다. 톰 로젠스틸과 켈리 맥브라이드는 그들의 저서 『디지털 시대의 저널리즘 윤리: 진실, 투명성, 공동체』*에서 이것이 "보도가 어떻게 이루어지며 사람들은 왜 그것을 믿는지 보여주는" 것을 의미한다고 이야기한다. 그리고 그들은 필요한 경우에 저널리즘을 수행하는 모두가 "당신이 독립성을 지키기 위해 분투할지, 아니면 정치적 혹은 철학적 관점을 가지고 정보에 접근할지" 명확히 해야 한다고 덧붙인다.

책무 저널리즘이란 무엇이며, 오늘날 언론 매체에서 그 역할은 무엇인가?

우리 사회에서 목소리를 내지 못한 사람들에게 의견을 낼 수 있게 하고 권력을 가진 사람들이 책임을 갖게 하는 탐사

* Kelly McBride and Tom Rosenstiel(eds.), *The New Ethics of Journalism: Principles for the 21st Century* (Washington, DC: CQ Press, 2013).

보도는 워터게이트 사건 이후로 미국 저널리즘에서 그 역할이 점차 중요해졌다. 수많은 신문과 텔레비전 네트워크는 심지어 최근 과감한 인원 감축을 거친 뒤에도 여전히 기자들에게 전문 또는 담당 분야로 탐사 보도 임무를 맡기고 있다. 비록 많은 탐사 보도 프로그램들이 소비자 '감시단체'가 경쟁 브랜드에 대해 조사하는 내용이기는 하지만, 점점 더 많은 텔레비전 방송국들이 탐사 보도 프로그램을 확장해 온 것은 사실이다.

약 5000명의 회원을 보유한 미국 탐사보도협회Investigative Reporters and Editors는 그 어느 때보다도 많은 언론사에서 일하는 많은 기자를 교육하고 있다. 디지털 기술은 기자들에게 데이터 및 그 밖의 정보원에 대한 전에 없던 접근권을 제공하고 그들이 발견한 것을 컴퓨터로 분석할 수 있게 해주었다. 언론사 간의 협업은 감소하는 인력과 자원을 공유할 수 있게 함으로써 탐사 보도를 더 많이 접할 수 있는 길을 열어주었다.

책무 저널리즘은 기존의 탐사 보도를 포함하지만, 그 이상이다. 그것은 정치적 연설에 관한 사실관계를 확인하는 것, 디지털 데이터를 조사하는 것, 국가 안보와 정부, 정치, 경제와 재무부터 환경, 교육, 보건, 복지, 문화, 스포츠, 미디어 산업 그 자체에 이르기까지 미국 사회의 모든 분야에 정말로 무슨 일이 일어나고 있는지에 대해 가능한 한 많이 밝혀내는 공격적인 박자의 보도를 포함한다. 책무 저널리즘은 많은 것을 밝혀내고 있지만 특히 그중에도 지역 및 주 정부, 국가의 부패를 드러내 왔다. 그런 예로는 사업체 및 자선단체가 저지른 사기 행각, 경찰이 시민을 학대하거나 부당하게 총격을 가한 사건, 가톨릭 성직자의 아동 성추행이 처벌받지 않은 사례, 운동선수의 경기력 향상을 위한 약물 복용 및 배우자 상해, 미국 보훈부Veterans Administration가 참전 용사들의 의료 문제를 방치한 문제, 기자 및 작가의 표절 및 허위 사실 유포 문제 등을 들 수 있다.

책무 저널리즘은 변화와 개혁을 촉진했다. 하나의 사례로, 2013년 《밀워키 저널 센티널》은 미국 전역에 걸쳐 병원과 국가 기관의 신생아 선별검사 과정에서 실험실의 검증을 거친 10만 개의 혈액 샘플을 확보하지 못해 생명이 위독한 영아들을 구하지 못하는 일이 발생했다는 것을 탐사 보도를 통해 밝혀냈고, 이를 바로잡을 수 있었다는 사실도 함께 보도했다. 이에 병원과 주 정부는 이 신문을 인용하며 그 절차를 바꾸었다.

부시 행정부가 이라크 전쟁을 위해 내세운 논리라든지, 2008년 금융위기를 초래한 월스트리트의 금융 조작 사건을 언론이 더 공격적으로 조사하지 않는 것에 대해 사회적으로 만연한 비판은 미국인들이 책무 저널리즘에 대한 기대치가 높다는 것을 보여준다. 하지만 이를 실행하는 것은 도전적인 과제인데, 이는 특히 국내 어느 곳이든 신문사가 더 이상 충분한 직원이나 자원을 보유하지 못하고 텔레비전 방송국이 탐사 보도를 늘리지 않으며 탐사 보도를 위한 비영리 기구를 아무도 운영하지 않는 곳에서는 더욱 그러하다.

그렇다면 주창 저널리즘은 무엇이며 오늘날 그 역할은 무엇일까? 주창 저널리즘은 특정한 결과의 쟁취를 목표로 한다. 사설면과 의견 칼럼, 그리고 많은 블로그들이 주창 저널리즘이라 할 수 있다. 소유주가 자신의 이념적·정치적 견해를 홍보하는 데 이용하는 뉴스 기관(예컨대, 정치에 관해서는 폭스 뉴스, 이민법 개정에 관해서는 유니비전)은 주창 저널리즘에 참여하는데, 국제인권감시기구Human Rights Watch와 언론인보호위원회Committee to Protect Journalist와 같은 변호 단체의 뉴스 사이트도 마찬가지다.

주창 저널리즘은 자신이 지지하는 입장을 변호하면서 동시에 정보를 제공할 수 있다. 예를 들면, 최고의 신문 편집장들과 칼럼니스트들은 신뢰할 만한, 때로 계시적인 보도를 기반으로 한다. 일부 책무 저널리즘은 사회적 문제와 부정행위를 밝혀내면서 변화를 변호하는 것처럼 보일 수 있다.

변호 단체들은 특별한 이해관계가 얽힌 주제에 관해 신뢰할 만한 저널리즘을 생산해 낼 수도 있다. 가령, 국제인권감시기구와 언론인보호위원회는 종종 다른 언론사에 의존해 전문적인 보도를 생산해 내는 연구원이나 작가로 구성된 상당수의 직원을 갖추고 있다.

하지만 다른 변호 단체들이 만든 어떤 뉴스 사이트들은 (가령, 보수적 성향인 헤리티지 재단의 데일리 시그널Daily Signal, 진보적 성향인 미국진보센터Center for American Progress: CAP의 싱크 프로그레스Think Progress 등) 저널리즘이기보다는 프로파간다에 가깝다. 보수적인 프랭클린 센터와 같은 몇몇 단체는 언론 출판 파트너를 구하기 때문에 그들의 이념이나 기금 제공자를 공개하지 않는다. 목적과 재원의 투명성은 주창 저널리즘의 신뢰도를 판단하는 데 필수적이다.

왜 언론인은 때로 익명의 정보원을 쓸까? 언론은 '기밀 누설'에 얼마나 의존하고 있을까?

가장 신뢰할 수 있는 언론은 그 출처에 관해 투명하며 가능한 한 정보원을 밝힌다. 하지만 특히 탐사 보도에서는 정보원이 일자리를 잃거나 해를 입게 될 것을 염려해 신분을 밝히기를 꺼릴 수 있다. 기자들은 그들을 기밀 정보원으로 대하는 데 동의하고 동의 없이 그들의 신분을 밝히지 않는다.

유명한 일화로, 《워싱턴 포스트》밥 우드워드와 칼 번스타인의 워터게이트 보도에서 상당 부분은 그런 정보원들, 즉 정부의 꼭대기까지 올라가 닉슨의 백악관에서 고위 관료에게까지 다다를 수 있는 정보원들과의 기밀 유지 협약에 의존했다. 그 정보원 중 생전에 신원이 밝혀진 사람은 누구도 없었다. 워터게이트 기사들은 대개 그들을 '(익명의) 소식통'으로만 언급했다. 거의 죽기 직전까지 '내부고발자Deep Throat'로만 언급되었던 전직 FBI 요원 마크 펠트Mark Felt는 예외였지만, 《포스트》편집장들은 정보의 출처와 기사의 신뢰도를 판단해야 하기 때문에 워터게이트 사건과 관련한 모든 정보원의 신원을 알고 있었다.

오늘날 많은 언론사는 또한 기밀 유지 협약을 위반하지 않으면서도 정보의 신뢰도를 수용자들이 판단하는 것을 도울 수 있는 방식으로 익명의 정보원에 대해 기술할 필요가 있다. 그래서 뉴스 기사에는 종종 '정부 고위 공직자'나 '수사에 대해 알고 있는 어느 소식통'이라는 언급이 붙는다. 독자들은 여전히 익명의 정보원으로 해당 언론인이나 언론사의 신뢰도를 추정하기 때문에, 익명의 정보원을 남용해서는 안 된다. 익명의 정보원을 너무 자주 언급하다 보면 해당 정보원을 공식 석상에 불러내도록 설득해야 하는 곤란한 상황을 맞을 수도 있는데, 이를 피하기 위해서라도 그러하다. 특히 정부 관료들은 일상적인 기사에서조차 '정보를 누출한' 출처로 본인의 신원이 밝혀지는 것을 꺼린다.

우리의 민주주의에서 언론은 익명의 정보원이 흘린 정보를 비롯해서 사람들의 사연에 관해 (정치적 책임을 지지 않고 민감한 정보를 밝혀도 된다는 정부의 승인이 있거나, 해당 정보가 반드시 공개되어야 한다고 굳게 믿는 공무원 개개인에 의해서나) 정보를 기꺼이 밝히는 공무원들에 의존한다. 이는 기밀로 분류된 정보의 경우, 즉 정부의 직원들에게 법적으로 위험할 수 있는 정보를 유포하는 경우에 특히 더 그러하다. 2001년 9월 11일 테러리스트의 공격 이후 연방 정부는 승인 없이 기밀 정보를 유출하는 것을 막는 데 훨씬 더 공격적이었다.

오바마 행정부 시절에만 여섯 명의 정부 직원, 그리고 국가안보국NSA의 기밀을 누출해 도피 중인 에드워드 스노든을 비롯한 두 명의 계약직 근로자가 '방첩법1917 Espionage Act'에 따라 언론에 기밀 정보를 누출한 죄로 중범죄 기소 대상이 되었는데, 그런 기소 사례는 미국 역대 정권을 통틀어 단 세 건에 불과했다. 관련 조사 중 한 건에서 정부는 뉴욕과 워싱턴 DC, 코네티컷주 하트포드에 있는 연합통신사의 전화 회선과 교환기 20개의 2개월 치 통화 기록을 압수했는데, 거기에는 연합통신 기자 100여 명이 사무실과 집에서, 그리고 휴대전화로 통화한 기록이 담겨 있었다.

물론 언론인에게는 누출된 기밀로부터 그 정보의 진실성과 맥락을 밝혀내기 위한 추가 보도를 할 책임이 있다. 고의적인 기밀 누출로 보일 수 있는 사건이 기자가 수많은 정보원들로부터 공격적으로 정보를 수집해 퍼즐 조각처럼 끼워 맞춘 결과물인 경우는 사실 생각보다 더 자주 있다. 바로 그런 방식으로, 예를 들면 《워싱턴 포스트》의 데이나 프리스트Dana Priest*가 동유럽 및 아시아 국가들에서 CIA가 테러 용의자들을 심문하는 비밀 감옥을 발견한 것이다.

그렇다면 언론과 정부의 관계는 적대적이거나 협조적일까?
미국 언론의 중요한 역할은, 정부가 모든 면에서 비밀스럽고 정치적으로 민감하더라도 자기 행동에 책임을 지게 만드는 것이다. 이는 언론사의 관점에서는 정보에 대한 접근을 놓고, 그리고 정부의 관점에서는 언론사가 무엇을 보도할지 결정하는 것을 놓고 충돌을 불러올 수도 있다.

정보공개법이 활성화되어 있음에도 미국의 연방·주·지역 정부는 어떤 정보를 공개하고 무엇을 보류할지를 통제하

---

* 옉 데이나 프리스는 약 30년간 《워싱턴 포스트》에서 근무한 탐사 전문 기자로, 현재는 메릴랜드 대학의 메릴 저널리즘 대학 교수다. CIA가 동유럽과 아시아에서 테러 용의자 심문을 위한 비밀 수용소를 운영해 온 사실을 파헤치는 심층 보도로 2006년도에 현장 보도 부문 퓰리처상을 받았다.

기 위해 언론 관계 활동, 관료주의적 장애물, 디지털 기술을 사용하는 데 점점 더 정교해지고 있다. 그들은 언론사가 방어적인 홍보 담당 책임자를 거치지 않고 정부 관료에게 접근하는 것을 갈수록 더 어렵게 만들었으며, 대중이 호의적이라고 믿는 정보를 가지고 대중에게 직접적으로 다가가기 위해 소셜미디어와 정부 웹사이트를 이용하는 방법을 배웠다. 언론사들은 정부의 방해를 받으면 대중에게 알리는 등 더욱 적극적으로 정보 공개를 요구하고, 컴퓨터 활용 보도 Computer-Assisted Reporting: CAR를 통해 인터넷에서 정부의 실적을 확인할 수 있는 유용한 자료를 수집하는 등의 방식으로 대응했다.

언론사들은 진행 중인 법집행 활동, 군사 행동, 혹은 기밀 정보원 운영 등과 관련된 특정 정보의 발표 및 방송을 지연하거나 중단함으로써 인명이나 국가 안보를 보호하기 위해 정부와 협조할 때도 있다. 하지만 미국 수정헌법 제1조와 펜타곤 보고서 사례에서 출판에 대한 사전 검열을 매우 어렵게 만든 미국 연방 대법원의 판결에 따라, 그런 결정은 정부와의 협상과 별개로 언론사가 독자적으로 내린다.

예를 들면, 테러 용의자에 대해 법 권한 밖의 심문을 한 CIA의 해외 비밀 감옥들의 사례와 관련해, 《워싱턴 포스트》의 주필(이 책의 글쓴이 중 한 명인 레너드 다우니 교수)은 CIA 본부 및 백악관에서 열린 회의에서 CIA 책임자인 조지 W. 부시 대통령과 다른 고위 공무원들의 강력한 반대에도 불구하고 기사를 내보내기로 결정했다. 이는 비밀 감옥 폐쇄로 이어졌고, 테러 용의자는 불법적인 전투원으로 간주해 쿠바의 관타나모만에 있는 미 해군 기지의 군사 감옥으로 보내졌다. 하지만 다우니 교수는 정부 관료들과 논의한 후, 진행 중인 다른 대테러 협동 작전에 방해되지 않도록 CIA 감옥들이 비밀리에 위치한 동유럽 국가들은 거명하지 않기로 결정했다.

이제 개인회사들은 뉴스를 어떤 방식으로 관리하고자 할까?
언론사는 축소되고 있지만, 기업 저널리즘은 성장해 왔다. 노동통계국에 따르면, 기업의 PR 전문가 수는 2004년 16만 6000명에서 2013년 20만 2500명으로 증가했는데, 이는 같은 해 신문 기자 수의 5배다. 그리고 이들은 갈수록 전통적인 광고 및 보도자료 배포뿐 아니라, 신문과 뉴스 웹사이트 및 소셜미디어에서 '후원' 저널리즘이나 '브랜드' 저널리즘*으로 나타나는, 뉴스와 비슷한 자사의 기사 및 영상을 제작

---

* 역 기존 언론이 기사를 생산하는 방식과 마찬가지로, 기업이 언론사를 거치지 않고 자사의 콘텐츠와 메시지를 소비자들에게 직접 전달하는 것을 의미한다.

하는 기업의 뉴스편집실에서 일하고 있다.

이런 기업 언론인은 자사 내부에 언론 매체의 접근이 종종 거부되는 정보원들, 그리고 다른 언론과 차별화하기 어려울 정도로 교묘하게 브랜드를 언급하면서 정교한 인쇄물과 시각적인 디지털 스토리텔링을 생산해 낼 자원들을 보유하고 있다. 2014년 후반 몇 달 동안 버라이즌 와이어리스 Verizon Wireless는 슈거스트링SugarString이라 불리는, 뉴스 같은 웹사이트를 실험했는데, 이 사이트는 하단에 '버라이즌 제작Presented by Verizon'이라는 작은 표시와 함께 모바일 커뮤니케이션과 디지털 기술에 관해 버라이즌이 소비자를 위해 제작한 기사로 채워져 있다.

《뉴욕 타임스》에서 버즈피드에 이르기까지 여러 신문과 디지털 미디어는 뉴스편집실과 분리된 채 영리를 목적으로 하는 고유의 '콘텐츠 마케팅' 직원이 광고주 및 다른 기업 고객을 위해 뉴스 콘텐츠를 흉내 내는 브랜드 저널리즘을 만들어내기 시작했다. 기업은 이런 방식으로 디지털 사이트에서 거의 뉴스와 흡사하지만 광고나 다름없는 것을 제작하기 위해 언론사에 비용을 지불할 수 있다. 가령, 《뉴욕 타임스》의 브랜드 광고를 담당하는 T 브랜드 스튜디오T Brand Studio는 다른 고객 중 델, 넷플릭스, 유나이티드항공을 위해 교묘하게 브랜드화한 인쇄물과 디지털 저널리즘을 생산해 냈다.

언론사와 언론인은 책임이 얼마나 있을까? 그들이 얼마나 유명한지가 중요할까?

매년 시행하는 갤럽의 여론조사 중 다양한 직업에 대해 대중의 의견을 묻는 설문조사에서 기자들은 대체로 순위 밑바닥(광고 판매원, 정치인, 로비스트, 자동차 판매원보다 약간 상위)을 차지한다. 이는 부분적으로 기자들이 많은 수용자의 견해와 충돌하는 정보뿐 아니라 불쾌한 뉴스를 보도하는 데 기인하는 것으로 볼 수 있다. 더욱이 오류, 편향, 표절, 허위 등을 비롯한 언론사의 과실은 이제 정치를 제외한 대부분의 다른 직업보다 더 많이 노출되고 있다.

우리가 보기에 대중성보다 중요한 것은 언론의 신뢰도, 즉 수용자를 불편하게 만드느냐 아니냐다. 언론의 신뢰도는 뉴스 매체의 책무성에 달려 있는데, 이는 디지털 시대에 사실상 증가해 왔다. 기자와 블로거, 그리고 누구라도 뉴스 매체를 모니터링하는 사람들은 정확성에 대해 팩트체킹하고 표절과 조작된 허위 사실을 폭로하기 위해 인터넷을 이용할 수 있으며, 그들이 찾아낼 수 있는 것은 모두 소셜미디어에서 널리 공유할 수 있다. 이처럼 언론에 대해 계속되는 팩트체킹은 정치인과 정부 지도자에 대한 언론사의 팩트체킹이 늘어나는 것과 다를 바 없는데, 이는 여론조사에서 반복적으로 나타나듯 언론의 인기가 떨어지는 데 영향을 미쳤을 수 있다. 하지만 팩트체킹은 주로 입증 가능한 저널리즘에 참여하는 언론사의 신뢰도를 높였을 수도 있다.

마찬가지로 중요한 점은, 20세기 후반 언론이 자만하고 비교적 자주적이었던 전성기에 사회학자 허버트 갠즈Herb Gans가 관찰한 바와 같이, 지금 언론인에게는 인터넷에서 반향효과를 가져오는 수용자의 판단이 다른 언론인이 인정해주는 것에 주로 의존하던 시대에 비해 더욱 중요할 수 있다는 것이다. 인허가 절차나 엄격한 규칙이 없다고 하더라도 만일 저널리즘이 정말 직업이라면, 대중적 승인이 없어도 고객과 점점 느는 협력자들, 즉 미국인들로부터의 피드백 덕을 볼 수 있을 것이다.

3

미래

The Future

신문은 언제 완전히 사라지게 될까? 텔레비전 뉴스와 라디오 같은 뉴스 매체는 어떻게 될까?

어느 잘 알려진 미디어 분석가는 이렇게 썼다. "신문 산업은 어려운 시기를 보내고 있다. 광고는 일부 분석가들이 지난 20년간을 통틀어 최악이라고 부를 정도의 침체 상태에 빠져 있다. 다수의 신문은 수익이 상당히 감소하고 있다. 구인 자리는 충원되지 않은 채 남아 있고, 예산은 대폭 삭감되거나 쥐어 짜이고 있다. 거의 모든 곳에서 분위기가 암담하다. 오랫동안 사업의 수익성이 좋았기 때문일까. 고통스러운 광고 축소는 업계의 많은 사람의 허를 찔러 미래에 대한 불안의 물결을 불러일으키고 있다."

이는 1991년 1월 6일, 당시 《뉴욕 타임스》 미디어 기자였던 알렉스 존스Alex Jones의 말을 인용한 것이다. 새로울 만한 것은 위기의 규모와 갈수록 확실해지는 대중 매체의 멸종에 관한 **예측** 둘 다다. 21세기에 들어선 지 10년이 훌쩍 지난 시점에 인쇄 매체인 신문이 어느 날(심지어 아마도 조만간) 완전히 사라지게 될 것이라는 지속적인 예측은 주기적으로 나온다. 2014년 중반에 디지털 이론가 클레이 셔키Clay Shirky는 "마지막 호출Last Call"이라는 제목과 함께 냉정하게 "인쇄 매체 신문의 종말The End of the Printed Newspaper"이라는 부제를 단 분석 보고서를 발표했다. 여기서 셔키는 "아마도 스물다섯

살짜리들은 하루에 한 번 공유 불가능한 형태로 배달되는 어제 자 뉴스를 요구하기 시작할 것이다. 아마도 광고주들은 '구매를 위해 클릭하는 것'은 겁쟁이들이나 하는 것이라고 단정할 것이다. 이동전화는 일시적 유행이 될 수 있다"라고 풍자적으로 주장했다. 불과 며칠 전에《뉴욕 타임스》의 데이비드 카David Carr는 "인쇄 매체는 쇠퇴했고, 이제는 끝났다"라고 말하면서, 멀티미디어 재벌이 소유한 인쇄 매체 부문이 독립 기업으로 변하는 시점을 현재와 같은 형태의 신문의 종말이 시작되는 시점으로 보았다. 신문의 쇠퇴는 오래전부터 예측되어 왔다. 노스캐롤라이나 채플힐 대학의 필립 마이어Philip Meyer 교수는 『사라지는 신문』*에서 마지막 신문은 2043년에 발행될 것이라고 예측했다. 〈누가 백만장자가 되기를 원하나Who Wants to Be a Millionaire〉라는 게임쇼에 출연하는 배우 세드릭 디 엔터테이너Cedric the Entertainer는 최후의 신문이 2039년에 발행될 것이라고 추측했다.

이 모든 것을 고려할 때, 신문 그 자체가 완전히 사라지게 되는 일이 실제로 일어날 것 같지는 않다. 심지어 신문이 어느 한 형태 혹은 또 다른 형태로 오랫동안 지속될 운명인 것

* Philip Meyer, *The Vanishing Newspaper: Saving Journalism in the Information Age* (Columbia: University of Missouri Press, 2004).

같고, 다양한 형태의 다른 모든 언론사도 마찬가지일 것 같다. 오래된 기술과 매체의 형태가 본래의 사회적 기능이 기술적·경제적·정치적 변화에 따라 바뀌는 경우라 하더라도 그 목적이 재설정된 데에는 긴 역사가 있다. 예를 들면, 텔레비전이 발명된 후 라디오가 사라질 것으로 예상한 것은 전적으로 합리적이었다. 말과 영상을 함께 이용할 수 있게 되면 결국 영상이 없는 말에 누가 귀 기울이겠는가? 물론 정말 그렇게 되지는 않았다. 하지만 라디오는 수십 년간 주도적으로 전달해 온 국가적 뉴스 안건을 텔레비전에 마지못해 넘겨주면서 전국적 매체에서 대개 **지역적** 매체로 바뀌었다 (사실 1970년에는 NPR이 설립됨에 따라 라디오가 전국적 뉴스 사업으로 돌아섰다). 마찬가지로 1930년대 '인쇄 매체와 라디오 간의 전쟁'에도 불구하고 라디오의 등장으로 종이 신문이 사라지지는 않았다. 하지만 종이 신문과 영향력이 증가하는 라디오 뉴스는 뜻밖의 다양한 방식으로 서로를 수용했다.

이런 기존의 변화에 비해 디지털화라는 현재의 변화가 더욱 심오할 수도 있다. 텔레비전 및 라디오 뉴스가 업데이트되듯 거의 매일 발행되던 종이 신문은 정말 사라질 수도 있다. 디지털 **융합**convergence에 관한 생각, 다시 말해 우리가 온라인에서 보고 있는 것이 정말 새로운 매체의 등장이 아니라 다양한 형태의 매체가 하나의 기술적 장치에 결합된 것이라는 사실은 여러 뉴스 형태가 사라지게 될 것이라는 강력한 논거다. 하지만 커뮤니케이션 역사는 여전히 우리에게 매체 형태가 완전히 사라질 것이라고 가정하지 말아야 하며 그것들이 서로를 수용할 수 있는 놀라운 방법을 종종 찾아낸다는 것을 가르친다. 종이 신문의 경우에 그러했다면 지금부터 20년간 우리가 '텔레비전'이라고 부르는 것은 모두 마찬가지일 것 같다. 텔레비전 저널리즘과 신문 저널리즘은 사라지기보다는 아마도 새로운 사회적 역할을 받아들이게 될 것이다.

이런 전통 매체의 '새로운 사회적 역할'은 무엇이 될까?
문자 언론은 점점 속보 사건의 맥락을 제공하게 될 것이지만, 영상 언론은 좀 더 구체적인 사건에 초점을 맞출 것이다. 그리고 '청각적 뉴스auditory news'도 맥락과 스토리텔링의 결합에 매우 주력할 것이다.

우리가 오랫동안 영상(텔레비전) 뉴스와 문자 기반(주로 신문에 있지만 잡지에도 있는) 뉴스라고 불러왔던 것 둘을 나누고, 이런 구분이 지난 15년에 걸쳐 갈수록 정당화하기 어려워지고 있다는 점을 언급하는 데서 시작해 보자. 그리고 인터넷 뉴스 사이트들이 기사마다 영상, 음향, 시각, 내러티브 문자적 요소를 포함시키면서 언론인들이 갈수록 다양한 형태의 미디어 제작에 능숙하도록(혹은 최소한 적절한 수준보다는 더 잘하도록) 훈련받게 됨에 따라, 아마 우리는 이처럼 다른 양식들에 관해 경계가 모호해지는 것을 계속해서 보게 될 것이다. 그리고 여러 저널리즘 대학에서 신입생에게 매체별 세부 전공 과정을 없애는 추세가 점차 늘어나고 있기도 하다.

서로 다른 매체 형태 간 경계가 모호해지면서, 다양한 유형의 매체가 정말로 서로 다른 일을 한다는 점을 염두에 두는 것은 여전히 중요하다. 이들은 각기 다른 매체 형태에 따라 제작 방식이 조금씩 다른 저널리즘을 이해하고 있는 작가와 제작자뿐 아니라 독자에게도 각기 다른 기능을 하는데, 독자들은 각기 다른 종류의 (미디어) 양식으로부터 각기 다른 유형의 지식과 만족감을 얻는다.

우리는 시각 및 영상 매체의 사회적 역할이 독자에게 움직이는 영상 스펙트럼의 극적인 결말을 강조하면서 극적이거나 설명적인 정보를 여전히 가져다줄 것을 기대할 수 있다. 하지만 이런 콘텐츠의 비율이 증가하는 것은 전문 언론인보다는 일반인에 의해서일 것이다. 심지어 오늘날에는 대부분의 언론사들이 매일 아마추어가 촬영한 화면을 일부 사용하는데, 알자지라의 아랍어 방송에서는 하루에 11시간을 이런 콘텐츠에 할애할 정도다. 그뿐 아니라 '해설적' 혹은 '맥락적' 저널리즘의 분량이 계속 늘어남에 따라 주간지 혹은 심지어 월간지와 신문 간의 경계가 계속해서 줄어들게 될 것이다. 다시 말해, 인쇄 매체의 사회적 역할은 내러티브와 설명에 더 가까워지는 방향으로 변할 것이다. 그리고 이런 변화는 온라인에서의 설명 저널리즘, 정량적 보도, 맥락 정보를 보여주는 도표가 계속 증가하듯이 온라인에서도 마찬가지일 것이다.

다시 말해서, 우리는 "인쇄 매체는 언제 사라지게 될까"라고 질문하는 시간을 줄이고 다음과 같이 질문하는 데 더 많은 시간을 들이고 싶어 할지도 모르겠다. "인쇄 매체가 다른 매체보다 더 잘할 수 있는 어떤 일을 계속하게 될까? 시청각 및 데이터 지향적인 저널리즘은 어떻게 될까? 그리고 이처럼 다양한 형태의 매체는 어떤 방식으로 시민에게 그들을 둘러싼 세상에 대해 대략적으로 알려줄 것인가?"

미래 저널리즘의 모든 수익 문제를 해결해 줄 특효약은 존재할까? '페이월Paywall'*은 뉴스를 살릴 수 있을까?

그렇다면 유료화란 무엇일까? 이는 여러 가지로 생각해 볼 수 있지만, 그중 하나로 독자들이 온라인 뉴스 콘텐츠에 무

---

* 阅 무료 회원과 유료 회원에게 각각 뉴스 콘텐츠에 대한 접근 권한을 달리하는 방식을 가리킨다. 예컨대, 무료 회원에게는 제한된 수의 콘텐츠 또는 콘텐츠의 일부 내용만 볼 수 있게 하거나 광고를 시청해야 내용을 볼 수 있게 하는 등의 방법이 사용된다.

료로 접속하지 못하게 하는 구독료의 담장이라고 생각해 볼 수 있다. 유료화 뒤에 있는 논리는 여러 측면에서 간단하다. 즉, 돈을 내지 않으면 신문이 매일 당신의 현관 계단에 나타나지 않는 것처럼(배달원이 실수로 신문을 배달하는 경우는 있겠지만!), 갈수록 비용을 들이지 않고서는 일부 온라인 언론사에 접속할 수 없게 된다. 하지만 유료화는 뉴스를 구해주지 못할 것이다. 유료화의 중요성은 커지고 갈수록 논란은 줄어들 것이다. 하지만 유료화가 특효약은 아니다. 사실, 우리가 이런 질문에 답해야 한다는 사실(그리고 우리가 뉴스에 접속하는 것과 이를 위해 비용을 들이는 것 사이의 장애물을 온라인 구독료가 아니라 '유료화'라 부르고 있다는 사실)은 언론사 운영 모델의 미래가 실제로 얼마나 복잡한지, 그리고 지난 몇 년간 이에 관한 우리의 논의가 얼마나 많이 변해왔는지를 단적으로 보여준다.

수백 개의 신문과 잡지는 이제 독자에게 일부 '계량적 이용'의 형태로 비용을 청구하고 있다. 다시 말해, 독자는 처음에 기사를 무료로 이용한 이후부터는(대개 한 달에 10개 정도의 기사를 무료로 이용할 수 있다) 그들이 이용하는 뉴스 기사마다 비용을 지불한다. 심지어 몇 년 전만 해도 신문이 독자에게 뉴스 콘텐츠 이용에 대한 비용을 청구한다는 생각은 경제적 이단아나 공익의 배신, 혹은 둘 다로 여겨졌다. 《이코노미스트》는 "이제 돈을 내라Now Pay UP"라고 제목 붙인

2009년 기사에서 《월스트리트 저널》과 《아칸소 데모크래트 가제트Arkansas Democrat Gazette》와 같은 몇몇 신문들만이 온라인 뉴스 이용에 대해 독자에게 비용을 청구한다고 인용했다. 그런 사례가 잦아지면서 《뉴욕 타임스》는 미국에서 수익 전략에 더 폭넓은 변화를 불러일으키는 데 선두 주자가 되었다. 결국 2011년 봄, 신문이 계량 모델을 도입하자 이후 몇 년에 걸쳐 다른 언론사들도 계량화된 이용 제도를 도입했다.*

하지만 이런 전략은 장기적으로 얼마나 성공을 거둘 수 있을까?

이 질문에 대한 답은 사실 매우 간단하다. 계량화와 유료화는 언론사에 어느 정도 수익을 가져다주겠지만, 지난 50년간 존재해 온 것과 같은 사업 운영 및 고용 수준을 유지할 만큼의 충분한 수익은 아닐 것이다.

이런 사정 때문에 현재 뉴스 서비스를 유료화한 많은 회사들은 유료화 논쟁에서 다음 단계로 넘어갔다. 다시 말해, 그들은 독자에게 뉴스 이용에 대해 비용을 지불할 것을 강

* 흥미롭게도, 유럽에서는 상황이 매우 달랐다. 유럽의 주요 신문인 《더 타임스(The Times)》 런던 지사와 《르 피가로(Le Figaro)》, 《한델스블라트(Handelsblatt)》, 《베를리너 모르겐포스트(Berliner Morgenpost)》는 모두 《뉴욕 타임스》보다 먼저 유료화를 도입했다.

제할 것이냐 아니냐에 대한 논쟁을 넘어, 비용을 지불해야만 한다고 주장하기에 이르렀다. 그들의 전략은 이제 고객이 콘텐츠 이용을 위해 회원으로 가입할 것을 요구함으로써 언론사들이 이처럼 매우 특수하고 뉴스에 집중하는 소비자들의 습관, 필요, 관심사에 관한 정보 포트폴리오informational portfolio를 구축하는 데 도움이 될 방법을 찾아내는 것을 위주로 한다. 언론사들은 **일부** 독자가 콘텐츠를 이용하기 위해 기꺼이 비용을 들일 것이라는 사실, 그리고 이들은 (아카이브 이용과 같은) 추가적인 저널리즘 상품을 구입하거나 최신 속보를 포함하는 보충적 업데이트를 위해 등록하는 등 누구보다 다방면으로 저널리즘을 재정적으로 지원할 것으로 보이는 독자라는 사실을 받아들이게 되었다. 그뿐 아니라 이런 언론사들은 콘텐츠를 위해 비용을 지불하는 사람들에 대해 더 많이 알게 되면서, 이 사람들로부터 수집한 데이터를 이용해 그들에게 더 맞춤화된 광고를 할 수 있다. 이는 상당히 명백하게 《뉴욕 타임스》의 전략이었지만, 심지어 그 전략마저도 2014년 가을 엄청난 수의 뉴스편집실 직원을 다시 한번 해고하는 것을 멈출 수 있을 정도로 충분하지는 못했다.

수백만 개의 신문과 잡지가 유료 모델을 도입했다던데, 거의 대부분의 언론이 그럴까?

그렇지 않다. 모든 언론사가 그렇다는 것은 사실과 거리가 멀다. 온라인으로만 신문을 발행하는 언론사와 신흥 스타트업 언론사, 인쇄 매체와 디지털이 결합된 형태를 지닌 언론사들 다수가 여전히 모든 콘텐츠를 온라인에서 무료로 제공하며, 향후 수년간은 계속해서 그럴 것이다. 온라인에서 볼 수 있는 거의 모든 방송 뉴스는 유료 모델에 따라 작동하고 있지 않다. 최소한 아직까지는 그렇지 않다.

왜 그럴까?

여기 몇 가지 가능성이 있다. 오랜 옛날에 이런 회사들 중 일부가 자기 고객에게 뉴스를 위해 돈을 내라고 하는 것에 대해 문화적 혐오감을 가지고 있었던 것 같다. "정보는 자유로워지기를 원한다"*는 유명한 구절은 (만일 본래의 뜻과 달리 인용된다면) 보통 독자가 인터넷에서 기사에 접속하는 데 비

---

* 옙 "정보는 자유로워지기를 원한다(Information wants to be free)"라는 표현은 본래 정보의 흐름을 통제하는 것에 반대한다는 의미로, 정보의 자유화와 관련된 말이다. 하지만 점차 인터넷에서의 정보 유료화에 반대하는 표현으로도 사용되기 시작했다. 후자는 사실상 문장의 본래 의미를 잘못 해석해 인용한 것이지만 나름의 창의적 의미가 있어 대중화되었다. 이 책에서는 바로 후자의 의미로 인용된 것이다.

용을 청구하는 것이 불가능하다고 주장하거나 도덕적으로 옳지 않다고 주장하거나, 혹은 둘 다의 이유로 독자들에게 비용을 청구하지 않는 것을 정당화하는 데 사용되었다. 하지만 이제는 이런 근거가 거의 사라진 것 같다. 인터넷에서 뉴스를 보려고 돈을 쓰는 이들이 더 이상 미친 사람으로 보이지는 않는다. 하지만 만일 이것이 사실이라면, 그리고 만일 '무료 콘텐츠의 문화'가 정말 사라졌다면, 왜 모든 언론사가 뉴스에 대해 비용을 청구하지 않는가? 왜 일부 (가장 대중적인 사이트 중 몇몇인 버즈피드, 복스, 업워디Upworthy, 고커 같은) 사이트는 독자에게 돈을 낼 것을 요청하지 않고 보도에 비용을 들이려 하는가? 부분적으로 이에 대한 대답은 경제성이다. 즉, 뉴스를 위한 '직접 지불 모델'이 늘어나고는 있지만, 일부 언론사는 자신이 생산해 내는 기사를 재정적으로 뒷받침할 다른 방법을 찾으려는 노력을 계속해 왔다.

그렇다면 그런 다른 모델은 무엇일까? 미래의 수익 성장을 위한 다른 선택지에는 무엇이 있을까?

이 후 몇 년간은 온라인 저널리즘에서 직접지불 모델, 네이티브 광고(일반적인 정보나 기사처럼 보이도록 만든 광고) 모델, 벤처자본 모델, 전통적인 광고 모델 이 네 가지 주요 사업 모델이 지속적으로 늘어나는 것을 볼 수 있을 것이다.

첫 번째 직접지불 모델direct payment model은 뉴스 소비자와 생산자 사이에 오랫동안 존재했던 중개자를 두지 않는 것이다. 뉴스의 초기 시대에는 수용자와 뉴스 생산자 간의 관계가 다음과 같은 두 가지 방식으로 매개되었다. 첫째는 신문의 사업 담당 부서에 의한 중개로, 이들은 외부 광고주와 협상하며, 그 거래는 회사의 편집 관련 부서와는 분리된 방식이었다. 둘째는 광고주가 직접 중개하는 방식이었다. 광고주가 독자와 접촉하기 위해 신문사에 직접 비용을 지불했다. 독자 스스로가 구독료를 내거나 가판대에서 신문을 구매함으로써 콘텐츠를 위한 비용을 직접 지불해 언론사에 지급하는 자금의 규모는 시간이 흐르면서 다양해졌지만, 적어도 20세기에 들어서면서부터 결코 신문의 주요 수익원을 대표하지는 못했다. 이는 미국의 이야기다. 유럽에서 신문은 보통 구독료나 판매를 통해 훨씬 더 많은 수입을 얻었고, 광고로 인한 수익은 훨씬 적었다. 미래에 미국의 신문은 독자가 뉴스 콘텐츠를 비롯해 미디어 콘텐츠에 직접적으로 비용을 지불하는 방식을 훨씬 더 많이 강조하게 되리라고 예상하게 될 것 같다. 이런 점에서 2013년 초반에 《뉴욕 타임스》 주력 상품에서 연간 구독료 수익이 광고 수익을 처음으로 넘어섰다는 것은 상당히 획기적인 사건이었다. 미래에 언론사는 어떤 방식으로 수익을 얻게 될까? 하나의 대답은 독자가 직접 원하는 뉴스에 비용을 지불하기 시작하리라는 것이다.

　미래의 사업 모델로 가능한 두 번째는 지속적으로 광고에 더 크게 의존하는 것이지만, 광고의 유형은 급격히 달라질 것이다. '네이티브 광고'라고 불리는 유형의 광고는 언론사의 크리에이티브 팀에 의해 고안된 뒤에 출판물 양식으로 발행되어 대개 실제 뉴스 콘텐츠에 '섞여 들어'가게 된다. 예상되듯이 이런 네이티브 광고에 대해서는 논란이 매우 많다. 그것은 성공하기 위해 근본적으로 독자를 기만하는 방식에 의존하며, 많은 언론사의 편집권과 사업권 간 일종의 정교政教 분리*에 도전한다. 하지만 네이티브 광고는 성공을 거두기도 했다. 복스 크리에이티브와 버즈피드 크리에이티브는 이제 자사의 콘텐츠를 직접 광고하는 것을 돕기 위해 광고주들과 함께 작업하는데, 버즈피드 네이티브 광고는 2014년 1억 2000만 달러의 매출을 기록했다. 하지만 이런 작업은 저널리즘의 영역에 처음 들어서는 신규 사업자뿐 아니라, 심지어 덕망 있는 매체인 《뉴욕 타임스》와 《워싱턴 포

---

* 옙 저자는 언론의 독립성을 위해 언론의 편집권을 사업 부문과는 별도로 다루어야 하지만 광고에 의존하는 영리 모형을 추구하게 되면 이런 분리가 현실적으로 어려워진다는 점을 지적하고 있다. 특히 이처럼 언론사에서는 편집권과 사업권이 별개의 독립적인 영역으로 다루어져야 한다는 주장을 정치와 종교의 분리에 관한 주장에 빗대어 표현했다.

스트》도 하고 있다. 이런 신문사의 내부 팀은 기술 팀만큼이나 외부적인 부분에 초점을 두고 움직이는데, 이들 일부는 심지어 다양한 종류의 타 언론 매체 및 신문사에 판매할 수 있는 콘텐츠 관리 시스템을 구축해서 광고하기까지 한다. 언론사는 어떻게 수익을 만들어내게 될까? 그들은 우선 더 나은 광고를 만들고 뉴스와 광고 간의 경계를 모호하게 흐려서 수익을 창출할 것이다.

뉴스 사업을 위한 세 번째 모델은 아마도 가장 단순할 뿐만 아니라 가장 오래된 온라인 광고일 것이다. 온라인 광고는 웹페이지에서 등장하거나 팝업 창으로 갑자기 튀어나오는 방식으로 나머지 콘텐츠와 달리 명백히 두드러지게 표시되는 광고다. 하지만 전통적인 온라인 광고는 죽어가고 있지 않은가? 발행인들은 이런 광고가 밑지는 사업이고 언론사의 경비에 의미 있는 영향을 줄 만큼 충분한 수익을 결코 제공하지 못할 것이라고 결론 내린 것 같다. 하지만 지난 몇 년간 두 가지 신개발품('모바일 웹'이라 불리는 것으로의 변화, 그리고 페이스북 같은 온라인 플랫폼과 《뉴욕 타임스》처럼 선별된 신문사들 간의 직접적인 파트너십)이 이런 미적분학을 변화시켜 적어도 언론사가 기존의 온라인 광고에 대해 재고하도록 만들었다.

전체 인터넷 트래픽에서 모바일 트래픽은 이제 PC에서 생성되는 트래픽보다 더 큰 비중을 차지한다. 다른 한편으로, 이처럼 모바일에서 오는 트래픽의 상당 부분은 모바일 '웹'보다는 모바일 '앱'에 치중한다. 모바일 이용자는 사용 시간의 86%를 앱에 할애하는 반면, 웹에는 단 14%만 할애하는 것으로 나타났다. 뉴스 업계의 많은 이들은 〔모바일 앱을 통한〕 광고 경험이 휴대전화를 통한 광고의 수익성을 다시 높일 수 있을 만큼 충분히 다를 것으로 기대하고 있다. 온라인 광고에 대해 논의가 진전되면서 두 번째 중요한 신개발품이 페이스북의 '인스턴트 아티클Instant Article'을 시작으로 2015년 초반에야 등장했다. 인스턴트 아티클 프로그램에서는 몇몇 선별된 언론사는 콘텐츠를 자사의 홈페이지에 업로드하거나 아웃링크를 통하지 않고 인링크로 페이스북에서 **직접** 관리한다. 이런 인스턴트 아티클은 더 빠른 로딩 시간을 보장해 주었고, 특히 페이스북 모바일 앱의 시각적 표현을 향상시켰다. 페이스북은 발행인들에게 인접 영상 광고로 발생한 수익의 70%를 제공하겠다는 것과 각 기사의 이용에 관한 계량적 분석 결과를 이용할 수 있게 해주겠다는 것을 약속했다. 만일 페이스북이 정말 이런 언론사보다 뉴스 기사를 위해 더 나은 광고를 서비스한다면, 디스플레이 광고의 가치는 심지어 언론사가 자사의 콘텐츠에 대한 통제권을 일부 희생할 정도로 더 높아질지도 모른다.

하지만 심지어 2015년 여름 초반에 있었던 페이스북 인스턴트 아티클에 관한 모든 대소동 이후에도 그것이 대부분의 언론사에는 덧붙은 것afterthought* 이상이 될지는 불분명하다. 인스턴트 아티클이 등장한 것에 대해 흥분한 이후 몇달 동안 다시 게시된 새로운 기사는 **전혀** 없었다. 새로운 상품 개시를 둘러싼 입소문과 매일의 보도 관행 간에 이런 격차는 저널리즘의 세계에서 변화를 조성하는 것이 얼마나 어려운지를 보여준다.

미래 뉴스 사업 모델로 가능한 마지막 네 번째 모델이 있지만, 우리는 그것을 임시적으로 유지할 전략이라기보다 장기적 모델과 다름없는 것이라고 부를지도 모른다. 지난 몇 년간 최신 디지털 뉴스/오락 혼합 형태의 다수 매체에 가장 큰 자금줄은 벤처자본가와 실리콘밸리였다. 2014년에 앤드리슨 호로비츠Andreessen Horowitz는 5000만 달러를 버즈피드에 투자해 8억 5000만 달러의 가치로 만들었다. 복스 미디어의 가치는 2014년에 3억 5000만 달러였다. 그리고 이런 벤처자본가들이 콘텐츠 관리 시스템CMS을 만들어내고 마케팅하며 네이티브 광고를 구축하는 계획에 감명받을 수 있지만, 사실 이런 투자는 보통 **예측된 미래의 성장**을 기반으로

---

* 옙 인스턴트 아티클 프로그램은 미리 세심하게 계획해서 만들어낸 기능이라기보다 나중에 덧붙여 생각해 낸 것이므로 그 이상의 획기적인 역할을 할 수 있을지에 대해서는 언론사들 대부분이 확신하고 있지 않다는 뜻으로 해석된다.

이루어진다. 다시 말해, 버즈피드는 오늘날 8억 5000만 달러의 가치가 아닐지도 모르며, 미래의 어느 날 그만큼의 가치가 될 수도 있다는 것이다. 맞는 말일까? 역사는 일이 벤처자본가들의 평가대로만 풀리지는 않는다는 것을 입증해왔고, 스타트업 뉴스 사업자에게 미래에 관해 가장 궁금한 것 중 하나는 장기적으로 이런 자금의 유입이 저널리즘에 얼마나 많은 성과를 올릴지 알게 되는 것일 것이다. 이처럼 새로운 온라인 미디어 스타트업의 현재 가치는 거품이 될 가능성이 뚜렷하며, 그들 중 상당수는 2000년대 초반에 pets.com이 그랬던 것과 대체로 같은 방식으로 무너질 수 있다. 이런 일이 일어난다면, 이 네 번째 방법은 결코 대단한 '사업 모델'이 될 수 없을 것이다.

뉴스를 위한 공적 기금은 언론사 수익 위기를 어느 정도 해결해 줄 수 있었을까?

아니다. 최소한 미국에서는 그렇지 않다. 적어도 미국에서는 뉴스를 위한 공적 기금이 앞으로 몇 년간은 늘어나지 않을 전망이다. 사실, 기금 수준은 아마도 감소할 것이다. 하지만 정부는 단순한 기금을 넘어서는 방식으로 뉴스 제작에 영향을 미칠 것이다.

미국은 상대적으로 공영방송에는 거의 지원하지 않는다.

예를 들면, 캐나다에서는 국민 1인당 22달러, 영국은 80달러, 그리고 북유럽 국가들은 100달러 이상을 공영방송에 지급하는 셈인 데 비해 미국은 국민 1인당 약 3달러 정도의 비용을 지급할 뿐이다. 언론을 위한 직접적인 공적 기금은 미국에서 정치적 지지가 거의 없으며, 더 이상 찾을 수 있을 것 같지 않다. 만일 정부 지출에 관한 비평이 지난 몇십 년간 그래왔던 것과 같은 방식으로 이어진다면 공적 저널리즘을 위한 정부의 기금은 향후에 오히려 감소할 가능성이 훨씬 크다. 그런데 방송 언론 매체를 위한 기금 증가가 이루어질 것 같지는 않지만, 연방 정부는 여전히 뉴스 생산과 미디어 콘텐츠를 위한 미래의 경제에 덜 직접적으로 영향을 미치게 될 수많은 규제의 결정을 마주하고 있다. 이에 대한 한 가지 예로, 최근 미국에서 '망중립성network neutrality'을 놓고 벌어진 논쟁을 들 수 있다.

망중립성에 대한 논쟁에는 기본적으로 인터넷 서비스 공급자ISP가 특정 유형의 인터넷 트래픽에 대한 우대를 위해 차등 가격제tiered pricing를 도입할 수 있는지 없는지의 질문에 대한 주장이 포함된다. 넷플릭스가 영화를 유튜브의 콘텐츠보다 더 빠른 속도로(따라서 더 고품질로) 제공할 수 있도록 컴캐스트와 거래할 수 있을까? 역사적으로 이런 유형의 차등 가격제가 온라인에서 기준이 된 적은 없었지만, 동영상 트래픽이 폭발적으로 증가하고 디지털과 방송 콘텐츠 간의 합병이 증가함으로써 엄격한 망중립성에 대해 의문이 제기되었다. 하지만 2015년에 미국 연방통신위원회가 광대역 초고속 통신망을 타이틀 II 커뮤니케이션 서비스로 재분류하기로 결정함으로써 암묵적인 망중립성 원칙이 강화되었다. 광대역 통신망 서비스를 타이틀 II로 분류한다는 것은 이를 핵심 커뮤니케이션 서비스로 간주한다는 것을 의미하므로, 연방통신위원회에 광대역 통신망을 규제할 더 강력한 법적 권위가 부여된다. 이런 역무 재분류로 인해 온라인 트래픽에 대한 차별 금지는 효력이 유지되었다.

그렇다면 이 모든 것은 미래의 저널리즘과 무슨 관계가 있을까? 40년 혹은 심지어 20년 전만 해도 언론사(특히 방송사)는 망중립성 원칙이 번복되기를 **원했다**! 결국 그들은 다수의 방송 뉴스 콘텐츠를 만들어냈고 인터넷 서비스 공급자들의 특수취급special treatment에 비용을 지불할 수 있을 정도로 충분한 재원이 있었다. 하지만 그것은 옛날 일이다. 사실 지난 몇 년간 가장 흥미로운 스타트업 언론사는 (월트디즈니 및 유니비전과 파트너십을 맺고 히스패닉 시장을 겨냥한 퓨전Fusion, 온라인 콘텐츠 외에도 시리아 및 이라크 같은 IS 점령지나 북한 같은 국가에서 찍은 신랄한 영상 뉴스를 전문으로 하는 바이스 같은) 스타트업 **방송**사다. 오늘날의 저널리즘 시장이 세분화된 것을 고려할 때, 그리고 뉴스의 미래를 구상하는 데 신규 언론사들의 중요성이 상대적으로 높다는 점을 고려할 때, 광대역 통신망을 타이틀 II로 역무를 재분류한 정부의 결정은 사실 신규 언론 매체가 새로운 디지털 영역을 순항하도록 도울 수 있다. 만일 바이스처럼 온라인에서만 서비스를 제공하는 신규 디지털 뉴스 사업자들이 전 세계의 분쟁 지역에서 뉴스를 수집하는 데 자본을 투자하겠다고 결정하면, 그들이 만들어내는 저널리즘이 스트리밍과 다운로드 속도 면에서 기존의 경쟁자들이 만들어내는 뉴스와 똑같이 간주되리라는 것을 알기에 그렇게 할 수 있는 것이다.

물론 미국 정부는 망중립성에 관한 논쟁을 넘어서는 수많은 미디어 규제 결정과 마주하고 있다. 하지만 이 주제에 초점을 맞추는 것은 정부의 규제가 직접적인 뉴스 생산에 제공되는 (상대적으로 제한된) 직접적 재정 지원의 수준을 넘어서는 방식으로 언론 매체의 미래 재정적인 부에 영향을 미칠 수 있음을 이해하는 데 도움이 된다. 비록 우리는 정부의 재정 지원 수준이 빠른 시일 내에 증가하지는 않으리라는 것을 알고 있지만, 언론 매체가 공적 개입의 대상이 될 방법에는 여러 가지가 있다. 사실 공공, 비영리, 상업 매체 간의 구별은 어느 때보다 더 복잡하게 얽히고 있다.

미래의 언론계에서는 비영리 언론사가 주전 선수가 될까?

미래에는 영리를 목적으로 하지 않는 언론사들이 미국에서 낮은 비율의 기사만을 생산해 내게 될 것이다. 하지만 이런 유형의 저널리즘이 수용자와 공중에게 평균 이상의 영향을 미치게 될 것 같기도 하다.

한편, 미국에는 비영리 언론 매체가 수적으로 증가하고 있다. 이처럼 새롭게 등장하는 기관들은 미국에서 저널리즘 사업 모델(다른 언론 매체가 따를 생존 가능한 모델을 제공하기 때문에)과 민주주의의 건강(그들이 실제로 하고 있는 언론 활동 때문에)에 모두 영향을 미치고 있다. 하지만 저널리즘과 공중 모두에게 그들이 제공하는 모든 좋은 것과 비교할 때 대부분의 비영리 언론 매체의 재정은 취약하다. 그들은 전국 및 지역 재단과 개인 기부자, 회원 가입비, 모금 운동으로부터 오는 예측할 수 없는 자금에 의존하고 있다.

비영리 언론사의 미래는 상당 부분 미국 국세청의 조치에 달려 있다. (전통적 언론사들이 뉴스 사업 모델을 만들어내는 속도보다 훨씬 빠르게 직원과 유통을 삭감하던) 저널리즘 재정 위기의 정점에서 몇 년간 어떤 종류의 비영리 언론사들은 괜찮은지에 관한 국세청의 규칙과 가이드라인이 불명확하다는 공통된 불평이 제기되었다. 국세청은 비영리 언론사를 지정하는 것이 습관화되지 않았고, 이처럼 수많은 초기 언론사들의 더욱 정치화된 속성도 불확실성에 일부 기여했다. 1년 반 동안 언론사들로 하여금 그들이 어디에 위치해 있는지 알 수 있도록 국세청의 규칙을 명확하게 해달라는 압력이 정부로 올라갔다. 지난 몇 년간 국세청이 언론 매체를 평가하는 기준을 명확히 하고 이런 비영리 개념에 대체로 더 익숙해지면서 언론 매체의 비영리적 지위에 관한 불확실성은 상당 부분 해소되었다. 하지만 명심해야 할 것은 궁극적으로 세금 면제의 승인 여부를 언론 기관이 완전히 관리하지는 못한다는 것이다.

501(c)(3)으로 가는 길이 갈수록 더 수월해지고 있지만, 엄격한 비영리 사업 모델은 여전히 일부의 뉴스 및 저널리즘만을 만들게 될 것 같다. 여기에는 적어도 두 가지 이유가 있다. 먼저, 미국에서 지난 두 세기 동안 지배적인 미디어 구조는 단언컨대 영리적이었다. 기관들이 오랫동안 하나의 특정한 형태로 남아 있으면 수많은 다른 변화 속에서도 그 형태를 유지하는 경향이 있다. 학자들은 이를 '경로 의존성 path dependency'이라고 부른다. 대부분의 언론 매체에 그 '경로'는 상업적인 이윤을 지향하는 한 가지였다. 이런 상업적 경로는 어느 정도 와해되기 시작하겠지만, 관성은 강력한 힘으로 남는다.

둘째로, 프로퍼블리카와 같은 비영리 언론사들이 생산하

는 뉴스의 상당 부분은 틈새시장에 초점을 두고 있으며, 정치 및 공공 문제에 관해 상당히 높은 수준의 관심을 전제로 한다. 이런 대다수 비영리 언론사의 핵심 수용자는, 관여하고 참여하는 독자들이다. 그리고 현재 심층 뉴스 보도에 관한 필요가 충족되지 않은 시민들이 있는 것 같지만, 그 숫자는 (상대적으로) 적은 것처럼 보이기도 한다. 다시 말해서, 비영리 언론 매체는 전문 저널리즘을 생산하는 경향을 보여왔다. 우리는 이를 심지어 엘리트 저널리즘이라고 부를 수도 있다! 단지 엘리트 저널리즘의 호기심이 아주 많이 퍼져나가고 있을 뿐이다.

비영리, 영리, 공공 매체 간의 구별은 얼마나 더 어려워지고 있을까?

우리가 지금까지 공공 매체 및 다른 비영리 매체에 관해 나열해 온 이야기에는 중요한 부록이 있다. 저널리즘 대학들은 미국에서 공공 매체에 관해 종종 그것이 마치 기업화되고 광고로 운영되는(그리고 점차 실리콘밸리 중심의) 상업적 언론사의 대안인 것처럼 기록한다. 하지만 이런 경계는 빠르게 허물어지고 있으며, 특히 이는 공영 라디오뿐만이 아니다. 방대한 자금난을 겪는, 하지만 비교적 대중적인 미국의 공영방송 제도는 미국 공공방송협회CPB로부터의 정부 지원

축소로 인한 부족분을 채우기 위해 광고, 그리고 실리콘밸리의 정신을 이어받은 다양한 조직 혁신 방안에 의지하고 있다.

이런 신개발품 중 다수는 새롭고 앞으로 몇 년간 계속 진화할 것으로 보이며, 그렇기 때문에 그것은 미국의 공공 저널리즘과 상업 저널리즘 간 경계가 줄어드는 단지 몇 가지 사례에 지나지 않는다. 그 대부분은 공영 라디오 방송의 세계에서 도출되는데, 비록 어린이 텔레비전 프로그램의 우상인 〈세서미 스트리트Sesame Street〉가 PBS에서 HBO로 옮겨간 것은 콘텐츠 유형이나 매체 양식에 관계없이 공영 미디어가 직면한 더 거대한 압력을 상징적으로 보여주긴 하지만, 공영 라디오에서의 저널리즘과 뉴스의 변화가 가장 심오해 보인다.

2014년 가을 팟캐스트 '시리얼Serial'의 성공에 뒤이어 연방통신위원회가 라디오 주파수에 부과한 것과 같이 팟캐스트에는 협찬 가이드라인을 부과하지 않았다는 사실을 이용하는 수많은 혁신적이고 새로운 쇼들과 함께 진정한 팟캐스트 '골드러시gold rush'가 있다. 전통적인 지상파 공영 라디오의 경우, 연방통신위원회는 해당 라디오의 프로그램들이 받을 수 있는 협찬의 유형과 방송에 나타날 수 있도록 동의받은 부분의 길이(대개 15초 이내로 제한된 시간)를 제한한다. 이 모든 것은 공영 라디오 방송을 '상업 광고 없는' 방송으로 유지하기 위해서다. 하지만 팟캐스트에는 현재 가이드라인이 없는데, 이는 법규에 저촉되지 않으면서 수익을 늘릴 수 있는 기회가 더 많다는 것을 의미한다.

공영 라디오를 감시하는 어느 웹사이트에 따르면, "NPR이 팟캐스트 광고로부터 얻는 수익은 회계연도 2013년에서 2014년 사이에 두 배로 늘어났다. NPR 팟캐스트의 다운로드 횟수는 시간이 지남에 따라 40%가 늘었다. … 그리고 회계연도 2014년의 첫 다섯 달 동안 NPR 팟캐스트의 광고 수입은 2014년 전체 수입을 능가한다". 팟캐스트의 폭발은 라디오토피아Radiotopia, 즉 줄거리에 따라 전개되는 새로운 쇼를 개척하고 그 회원사들이 기술적 지식과 수용자 증가의 전문 분야를 공유하도록 하는 디지털 우선의 오디오 프로그래밍의 집합체인 라디오토피아의 사업 전망을 증진하는 것을 돕기도 했다. 2014년 2월 시리얼보다 몇 달 앞서 개시된 라디오토피아는 처음에 나이트 재단으로부터 20만 달러의 기금을 지원받았고, 킥스타터Kickstarter 캠페인에서 60만 달러의 후원금을 모았으며, 1년 후에 100만 달러를 추가로 받았다.

마지막으로 우리는 공영 라디오 패러다임을 헤쳐나가는데 아마도 가장 지대한 영향을 줄 실험일지 모를 PRX에 대해 언급해야 한다. PRX는 2003년에 설립되어 NPR 방송국들이 스트리밍 오디오뿐만 아니라 완성된 프로그램까지 포함하는 오디오 콘텐츠를 거래할 수 있는 디지털 '거래소'로 기능한다. PRX의 목표는 그 설립자들이 고루하다고 여기는 NPR의 세계에 디지털에 정통한 이들을 투입하는 것이다. PRX의 가장 중요한 공헌은 (PRX의 많은 콘텐츠가 훌륭하긴 하지만) 그 콘텐츠나 디지털 거래소라는 개념에 있는 것이 아니다. 오히려 그것은 그 경제 모델과 전반적인 세계관을 바탕으로 대대적인 개혁을 불러일으키고 있다. PRX의 사업 중하나인 '매터Matter'는 샌프란시스코에서 운영되는 공영미디어 '스타트업 엑셀러레이터' 프로그램으로, 처음에 PRX와 나이트 재단, KQED 간의 협업으로 시작되었다. 스타트업 액셀러레이터들은 멘토링과 초기 자본에 대한 접근권의 대가로 스타트업 주식의 일부를 가져간다. 그리고 몇 달 후에 그 액셀러레이터 참여자들은 '졸업'한다. 실리콘밸리의 세계에서는 흔한 일이지만, 이 시점에 우리가 공공방송협회 자금을 의회의 예산 운용과 모금, 토트백에 의존하는 구식의 공영 라디오 세계를 떠나고 있다는 것은 명백하다.

이제는 이런 계획 중 어느 것도 오랫동안 지속되지 못할 가능성이 있다. 한편으로, 그중 일부는 매우 성공적으로 판명될지도 모른다. 문제는 개별적인 계획이 아니다. 오히려 상대적으로 진지한 공영방송의 세계조차 급격히 변화하고 있으며, 미래에는 더 많이 변할 것이 분명하다는 점이다.

BBC처럼 다른 국가의 공공 매체 기관은 어떻게 될까?

BBC는 다른 나라의 공영방송 조직들과 마찬가지로 우리가 지금까지 논의해 온 미국의 언론사들이 재원을 확보한 대부분의 방법과는 다르게 재원을 확보하고 있다. 더욱이 미국의 공영방송들은 BBC와 매우 다르다. 다른 국가에 비해 미국은 공적 기금으로 언론사를 지원하는 데 얼마나 적은 돈을 사용하는지 우리는 이미 언급한 바 있다. 하지만 심지어 부유하고 강력한 공적 서비스 방송사들조차 저널리즘이 겪고 있는 거대한 변화에는 취약하다. BBC의 사례를 보자. 96%의 영국인들은 매년 서비스 요금, 즉 텔레비전을 보유한 모든 영국인 가구마다 납부할 의무가 있는 세금을 통해 BBC에 국고 지원하는 것을 돕는데, 이 세금은, 유례없이 중요하면서 유례없이 정치적 압력의 영향을 받는 BBC가 방송국 및 웹사이트로 구성된 네트워크를 운영할 수 있게 한다. 보수적인 정치인들은 오랫동안 서비스 요금에 절대 반대하며 이를 공중에 대한 퇴행적 세금이라고 비난해 왔다. 그리고 영국에서 다른 매체의 사장 및 대표는 BBC의 영향력이 새로 등장한 온라인 뉴스 시장에서도 불공평하게 특혜를 받는다고 불평해 왔다. 다시 말해, 온라인에서 BBC와 경쟁하기가 어렵다는 것이다.

BBC 헌장은 2016년에 갱신될 예정인데, 이는 정치인들과 언론계 인사들이 BBC의 미래를 놓고 집중적으로 논의하게 될 것임을 의미한다. 논의 중인 사안 중 일부는 다음과 같다. BBC가 예능 프로그램을 제작해야 할 것인가, 아니면 그 핵심적 사명에 더 초점을 맞추어야 할 것인가? 수신료는 없애야 할 것인가, 아니면 조정되어야 할 것인가? BBC의 운영과 규제는 어떻게 해야 할 것인가? BBC는 영국과 영어 사용 국가들 모두에서 주요 뉴스 생산자이며, 그 미래에 대한 논쟁은 심지어 미국에서도 저널리즘의 미래에 중요한 영향을 미칠 것으로 보인다.

동영상 스트리밍은 일반적으로 어떻게 될까? 그것이 뉴스를 접하는 방식으로서 점점 더 인기를 끌게 될까?

거의 확실히 그럴 것이다. 일반적으로 뉴스 동영상은 문자 기반의 기사는 할 수 없는, 프리미엄 광고 가격을 (대개 기사의 초반에 프리롤* 클립의 형태로) 요구할 수 있다. 웹 트래픽의 속도가 늘어나면서 우리는 뉴스 동영상을 비롯해 고품질의

* 옘 영상 앞에 붙는 광고를 가리킨다.

동영상을 스트리밍할 수 있는 가능성도 늘어나리라고 기대할 수 있다. 온라인에서의 뉴스 이용 경험은 점차 시각적이 될 것이다.

말하자면, 이런 자료화면은 상당 부분 기존의 '지역 네트워크 뉴스 세트의 경험'과 비슷하지 않게 될 것 같다. 오히려 우리는 시민 저널리스트들이 주요 사건의 현장에서 직접 찍은 생생한 자료화면, 인포그래픽, 기타 데이터가 풍부한 움직이는 자료, 논평, 그리고 소셜미디어를 시청각 양식에 통합한 것 등 새로운 시각적 양식이 분명히 등장하는 것을 보게 될 것이다.

이 문제에 대해서는 즉답을 피해온 것 같다. 신구 언론을 아우르는 사업 모델은 무엇일까?

아마도 하나의 모델만 있지는 않을 것이다. 구독료, 계량적 유료화, 네이티브 광고, 기술적 서비스, 실리콘밸리의 투자, 정부 및 재단의 기금 등은 모두 향후 몇 년간 언론사에 수익을 제공할 것이다. 미래에 언론사들이 겪게 될 가장 큰 재정상의 변화는 재원을 다각화할 필요성이 점차 커지리라는 점이다. 단 하나의 수익원으로 뉴스 취재를 지원할 수 있는 시절은 지났다.

저널리즘의 미래에 '모바일의 등장'은 무엇을 의미할까?

'모바일의 등장'으로 뉴스 산업 관료들과 언론 분석가들은 전체 인터넷 이용의 절반 이상이 모바일 기기를 통해 이루어지며 점점 더 많은 언론사들의 트래픽 절반 이상이 모바일 기기에서 온다는 바로 그 사실을 언급하고 있다. 하지만 저널리즘이 소비되는 통로인 기기가 변화하는 동안 많은 언론사들은 이런 변화에 대응할 적절한 전략을 아직 결정하지 못했다. 많은 뉴스가 모바일 기기에 '최적화'되지 않고 있는데, 이는 아이폰과 안드로이드 기기에서 뉴스를 읽거나 언론사와 소통하기가 종종 어렵다는 것을 뜻한다. 그리고 여러분이 자신의 모바일 기기에서 어떤 방식으로 콘텐츠를 찾는지 생각해 보라. 아마도 십중팔구는 구글에서 검색하기보다 페이스북, 트위터 등 소셜미디어에 연결된 앱을 통해 찾을 것이다.

모바일 뉴스 사업 역시 변화하고 있다. 우리가 앞서 언급한 내용에서 생각해 볼 수 있듯이, 신문 발행인들이 흔쾌히 더 의존한 채로 남기 원하는 모바일 우선의 세상에서 언론과 소셜미디어의 관계가 변화하고 있다. 발행인들이 모바일 시장에서 수익을 창출하는 방식도 변하고 있다. 한 자료는 고객들이 모바일 기기에서 뉴스를 이용하기 위해 비용을 들일 의향이 약간 더 많지만 영상 광고 시장의 상황은 데스크톱에서보다 훨씬 더 나쁘다는 것을 보여준다. 즉, 스크린 크기가 너무 작으면, 거의 분명히 광고도 그 무엇보다 더 골칫거리로 여겨지는 것이다.

따라서 저널리즘이 앞으로 몇 년간은 계속해서 모바일 기기가 가져올 영향과 씨름하게 될 것으로 예상하시라. 한 가지 흥미로운 질문은, 기자들이 모바일 기술에 적응할 수 있을 뿐 아니라 이 기술에 적응할 그들의 필요성이 그들로 하여금 뉴스 콘텐츠를 새로운 방식으로 생산·유통하는 것을 놓고 고심하게 만들 다음번 디지털 혁신으로 인한 변화를 끊임없이 예측할 필요가 있다고 확신시킬 것인가 하는 물음이 될 것이다.

뉴스의 미래에 관해 지역 보도와 전국 보도는 큰 차이가 날까?
뉴스의 미래에 관련된 것은 어떤 것이든 완전히 확신하기 어렵다. 하지만 우리가 어느 정도 확신을 가지고 말할 수 있는 것이 단 하나 있다면, 그것은 국내(심지어 국제) 언론사와 브랜드가 경제적 측면에서는 지역* 언론사보다 더 성공적

---

* 옙 글쓴이는 'local or regional'로 표현했는데, 'local'은 마을 개념으로 좀 더 작은 단위의 지역을, 'regional'은 카운티 개념으로 좀 더 큰 단위의 지역을 의미한다. 하지만 여기서는 자연스러운 독해를 위해 두 행정 구역 단위를 구분하기보다 일관되게 '지역'으로 옮겼다.

일 것이라는 점이다. 20년 후에는 상당수 지역 신문보다
《뉴욕 타임스》가 존재할 가능성이 더 높아 보인다. 2009년
《로키 마운틴 뉴스Rocky Mountain News》의 폐간에서부터 디트
로이트나 뉴올리언스, 클리블랜드와 같은 도시에서 유통되
는 종이 신문의 배달 서비스를 주당 며칠로 제한한 것에 이
르기까지, 그리고 필라델피아 신문사Philadelphia Newspapers
LLC., 저널 레지스터 컴퍼니Journal Register Company, 트리뷴 컴
퍼니Tribune Company, 선 미디어 그룹Sun Media Group과 같은 거
대한 지역 체인의 도산에 이르기까지, 지역 언론 기관은 국
제적인 언론사와는 달리 몰살되어 왔다.

하지만 왜 이렇게 되어야만 할까? 인터넷은 표적 소비자
를 정확히 겨냥해서 그들이 보고 읽기 원하는 정보를 정확
히 제공하는 것을 더 수월하게 만들지 않았는가? 왜 지역 언
론사는 밝은 미래를 보지 못하고 있는가? 한 가지 대답은 아
마도 지역 뉴스 웹사이트들이 충분히 '흡인력sticky' 있지 못
다는 점일 것이다. 지역 뉴스 사이트들은 웹에서 전체 뉴스
트래픽의 단 15%만을 차지하며, 나머지 85%는 전국 뉴스
사이트가 차지한다. 또한 전체 웹 트래픽에서 지역 뉴스는
1%의 절반만을 차지할 뿐이다. 어느 미디어 학자가 적절하
게 지적한 것처럼 "지역 신문의 트래픽은 더 큰 웹 트래픽의
반올림 오류에 불과하다". 더욱 안 좋은 것은 지역 뉴스 사

이트들이 더 큰 전국 단위 라이벌들이 수행하고 있는 많은 일들을 여전히 하지 않고 있다는 점이다. 다시 말해, 그들의 웹페이지는 느리게 뜨고, 보기에 형편없으며, 탐색하기 끔찍하고, 아주 불쾌한 광고들로 뒤덮여 있으면서, 개개인의 필요에 맞추고 있지도 않다. 최근에는 전국을 대상으로 하는 뉴스 사이트들도 어떤 표제가 가장 많은 독자를 끌어모으는지 살펴보기 위해 다른 표제와 동시에 (업계의 전문가들이 'A/B 테스팅'이라고 부르는) 시험을 해보기도 한다. 지역 뉴스 사이트들은 이런 종류의 시도를 거의 하지 않는다.

지역 언론의 성공 사례가 상대적으로 부족한 데는 이처럼 그들의 사이트 상당수가 형편없다는 사실 외에도 최소한 네 가지 설명이 가능하다. 단순히 전국 및 국제적 브랜드가 계속해서 더 많은 수의 독자(혹은 잠재적 독자)를 보유할 것이며 이 때문에 개방된 시장에서 더 높은 광고요율을 요구할 수 있다는 설명이 가능하다. 이와 관련해 광고요율의 차이가 《뉴욕 타임스》 및 《월스트리트 저널》 독자들의 인구통계학적 특성과 더 관계가 있다는 설명도 가능하다. 이 신문사들은 더 많은 잠재적 독자 풀에 걸쳐 신문을 유통함으로써 가장 가치 있는 수용자에게 맞춰 그들의 콘텐츠를 더 쉽게 전달할 수 있기 때문이다. 세 번째 설명은 《타임스》 및 《워싱턴 포스트》 같은 국제 및 전국 단위의 언론사들은 가족 경영 및 소유로, 이 때문에 요동치는 저널리즘 시장의 우여곡절 속에서도 우뚝 서 있을 수 있다는 것이다.

네 번째이자 마지막 설명은 가장 매력적이고 단순한데, 하지만 여기에도 모순과 정보의 혼선이 존재한다는 점을 인지할 필요가 있다. 아마도 단순히 사람들이 전국 및 국제 뉴스에 **더 관심이 많은** 것일 수 있다. 아주 좁은 범위의 특정 지역에 맞춰 서비스를 제공하는 언론 매체인 패치Patch는 2013년 후반에 대부분의 운영을 중단했는데, 그 실패의 원인 중 하나는 사람들이 단순히 지역 뉴스에 관심을 갖지 않는다는 것이었다. 그들은 이웃 중동 음식점에서 일어난 사건보다 중동 지역에서 일어난 사건에 훨씬 더 관심을 갖는다. 하지만 자료는 명확하지가 않다. 패치가 사업을 접은 것은 사람들이 지역 뉴스에 관심을 갖지 않아서가 아니라, 그것이 형편없이 제작되고 운영되었기 때문일 수 있다. 사실상 사람들은 국제 뉴스가 자신의 지역 상황과 어떤 연관이 있는지 이해할 때만 국제 뉴스에 관심을 기울인다. 아마도 사람들은 국제 뉴스가 자기 일상과 어떻게 연관되는지 이해할 때 국제 뉴스에 관심을 더 **많이** 갖게 되는 것 같다.

그렇다 하더라도 그것은 다음과 같은 우리의 질문에 답하는 데 도움이 되지 못한다. 왜 지역 뉴스 사이트들은 그토록 힘든 시기를 보내고 있을까? 마지막 흥미로운 자료의 핵심은 우리가 미국 뉴스 사업의 '전국화nationalization'라고 부를 수 있는 것에 있다. 40년 전에는 강력한 지역 신문이 많았고, 《뉴욕 타임스》, 《워싱턴 포스트》, 《USA 투데이》, 《로스앤젤레스 타임스》, 그리고 《시카고 트리뷴》이나 《필라델피아 인콰이어러》와 같은 몇몇 상위 지역 신문사은 국가적 차원의 야심을 품고 있었다. 하지만 영국이나 프랑스와는 달리 미국은 강력한 전국 일간지의 전통이 없었다. 우리의 신문 저널리즘은 정치만큼이나 연방화되었다.

지난 20년간 이 모든 것이 변했다. 이제는 의문의 여지 없이 미국의 저널리즘 시장을 지배하는 사실상 단 하나의 전국지가 있다. 바로 《뉴욕 타임스》다. 《워싱턴 포스트》는 계속해서 국가적 차원의 야심을 가지고 있다. 그리고 영국의 《가디언》 같은 외국 신문들은 예전에 스스로 미국의 국가적 틈새시장을 개척하려고 노력했다. 미국 뉴스 업계에서 나타나는 경향은 전국화, 심지어 국제화를 지향하는 것처럼 보인다. 그리고 전국 뉴스를 어디서나 손쉽게 볼 수 있는 오늘날에는 시민들이 신문을 덜 갈망할 수 있고 합리적인 대체제로 보이는 것(예컨대, 친구나 이웃, 혹은 심지어 지역 텔레비전 뉴스를 통해서 얻는 뉴스)을 가질 수 있다. 물론 이 모든 설명 중에 상호 배타적인 것은 하나도 없다. 그리고 단순히 국가적 혹은 국제적 사안에 초점을 맞춘 언론 매체들이 사업 및 조직의 구조상 더 다양하다는 것일 수도 있다. 하지만 어떤 설명이든 간에 우리가 '저널리즘의 미래'를 어떻게 논하는지는 우리가 어떤 종류의 저널리즘에 관해 이야기하고 있는지, 특히 그것이 지역적·국가적·국제적 사건 중 무엇을 보도하는지에 상당 부분 달려 있다.

향후 몇 년간 지리적 위치 기반의 뉴스는 덜 중요해질 것 같다. 정말 그럴까? 그렇다면 뉴스 보도에서 지역 차이 이외의 다른 선택지는 무엇이 있을까?

그것은 아마도 정말일 것이다. 특정 지리적 위치(도시, 주 정부 등)에 관한 뉴스 보도는 계속되겠지만, 중요하지 않다면 양적으로 아마 감소하게 될 것이다.

우리가 앞의 질문에서 논의했던 지역 언론의 분투 및 전국화의 추세에도 불구하고 오늘날 발생하고 있는 가장 매혹적인 미디어 실험 중 일부는 지역적으로 발생하고 있다. 필라델피아의 빌리 펜은 전통적인 저널리즘이 그다지 매력적이지 않았던 도시의 청년들에게 초점을 맞춘 새로운 스타트업이다. 그들은 전통적 뉴스의 출처를 수집하는 것을 늘리고, 그들 고유의 지역 뉴스 보도를 수행하며, 모바일 우선의 유통 전략을 채택하고 있다. 그리고 흥미로운 발명품들을 개척하고 있는 (주 단위에서) 텍사스 트리뷴과 (지역 단위에서)

뉴저지 뉴스 네트워크New Jersey News Network 같은 언론 매체도 있다. 텍사스 트리뷴은 탄탄한 주 의회 의사당 보도 활동을 하고 있으며, 생방송 행사, 재단 기금, 개인 기부금 등의 조합으로 재원을 충당해 왔다. 뉴저지 뉴스 네트워크는 지역 언론 기관이 실용적인 조언과 (프로그램으로 이용되는) 백엔드back-end 자원을 공유할 수 있도록 몽클레어 대학Montclair University 기반의 정보센터로 기능한다. 우리는 미래에 이런 종류의 실험을 더 많이 보게 될 것 같다.

하지만 **미래에는** 지역적 보도냐, 국가적 보도냐, 아니면 국제적 보도냐의 질문도 뛰어넘어 **특정 지역에 기반하지 않은 뉴스 서비스가 더욱더 많이 제공될 것으로 보인다**. 오히려 엘리트뿐 아니라 소규모 집단 구성원의 공통된 관심사 주위에 온라인 뉴스가 점점 더 많이 놓이게 될 것이다.

인터넷이 상당히 잘하고 있는 것 중 하나는, 그 공동체 구성원이 어느 지역에 사는지 상관없이 공동체가 공유된 관심사의 주제로 함께 모이게 한다는 점이다. 극도로 희귀한 질병을 앓고 있는 소규모 집단이 있다고 상상해 보자. 기존의 커뮤니케이션 제도하에서 이런 사람들은 전국 혹은 세상 곳곳에 흩어져 있거나 그들과 같은 다른 사람들이 어딘가에 살고 있는지 결코 알지 못할 수도 있다. 한편, 이렇게 흩어져 있는 개개인은 인터넷으로 인해 중요한 정보를 공유하고

자 연대할 수 있고, 심지어 그들이 겪는 질병에 대해 충분히 배워서 생명을 구할 수 있는 정보를 수집할 수도 있을 것이다. 그리고 디지털 기술은 우리가 희귀한 질병에 관한 정보를 얻는 방법에만 영향을 미치는 것이 아니다. 그것은 우리가 뉴스와 현재의 정보를 얻는 방법에도 영향을 미친다. 언론 기관(그리고 광고주)은 이제 특정 주제에 관한 전 세계의 관심사를 아우를 수 있기 때문에 지리적 위치에 속박되지 않고 매우 특수한 주제에 관한 보도를 다룸으로써 현실성 있는 사업을 할 수 있게 되는 것이다. 그리고 이런 관심사별 공동체는 여러 차례 엘리트 틈새시장, 다시 말해 엘리트의 유래가 될지도 모를 특정 관심사 및 가치를 공유하는 사람들로 서서히 바뀌어간다. 만일 당신이 비디오게임이나 외교 정책의 세계에서 소수만이 이해하는 특정 사안, 혹은 당신의 대학교 럭비 선수팀에 관해 관심이 많다면, 디지털 뉴스 생태계는 당신이 그것에 관한 정보를 얻을 곳을 마련하고, 기관들이 그런 정보를 제공해 수익을 창출하기 훨씬 더 쉽게 해준다.

틈새시장 공동체를 넘어 심지어 일반적인 관심사에 대한 뉴스나 정보 사이트도 갈수록 지리적으로 대체된 듯 보인다. 버즈피드의 사례를 보자. 버즈피드는 어떤 특정 지역성에 기여할까? 아마도 영어 사용자들일 것이다. 그리고 거의 확실히 그 대부분은 도시에 거주하는 젊은 미국인들 한 무리일 것이다. 하지만 그 외에도 버즈피드는 정말 과거의 언론 기관과 같은 식으로 특정 도시나 마을, 혹은 심지어 국가에도 얽매여 있지 않다. 오히려 버즈피드는 우리가 '높은 트래픽/높은 명성high traffic/high prestige' 콘텐츠 전략이라고 부를 수 있는 것, 즉 수없이 많은 유치한 목록과 퀴즈를 제공하지만 심각한 뉴스의 수집과 분석에도 관여하는 전략을 받아들인다. 다시 말해서, 버즈피드는 엄청나게 많은 기발한 퀴즈들, 움직이는 이미지gif, 그리고 '당신이 70년대생이라는 10가지 증거' 따위의 목록을 제공함으로써 수많은 독자 트래픽을 끌어들인다. 이와 동시에 버즈피드는 워싱턴 DC, 뉴욕, 실리콘밸리, 전 세계의 글로벌 '핫스팟'에서 취재한 뉴스 원본을 비롯해 많은 경성 뉴스를 보도한다. 이처럼 대다수 우스꽝스러운 콘텐츠와 진지하고 독창적인 뉴스 보도의 틈새가 결합되어 만들어내는 불균형은 버즈피드에 (대량 광고에 좋은) 어마어마한 트래픽 수치를 가져다줄 뿐 아니라, 이와는 다른 방식으로 최상위 브랜드 광고주의 관심을 끄는 엘리트 수용자를 불러 모은다.

이 두 가지 경우에서 버즈피드는 확실히 지난 세기 많은 뉴스들이 얽매였던 지리적 현장에서 자유로운 모습이다.

미국 내 소수민족 매체나 영어 이외의 언어를 사용하는 매체, 특히 스페인어 사용 매체는 어떻게 될까?

유니비전과 텔레문도 같은 히스패닉 매체의 중요성은 미래에 미국의 이중 언어 사용 인구가 늘어날수록 더 커질 것 같다. 확실히 스페인어를 사용하는 언론사는 단지 미국 내 소수민족 매체인 것이 아니라, 갈수록 정치적으로 적극적인 소수민족의 일상생활에서 여러모로 한가운데 자리 잡고 있다. 2013년을 기준으로 미국에는 5400만 명의 히스패닉 인구(전체 인구의 17%)가 있지만, 2000년도 이후 그 증가분은 대부분 이민으로 인한 것이 **아니다**. 결과적으로 히스패닉 미국인은 점차 이중 언어 사용자이거나 아니면 영어만 사용한다.

이런 전개는 미국의 히스패닉 매체의 성장과 건강에 어떤 영향을 미치고 있을까? 《엘 누에보 해럴드El Nuevo Herald》, 《엘 디아리오El Diario》, 《라 오피니온La Opinión》 같은 스페인어 신문도 일반적인 신문 산업의 쇠퇴를 피할 수 없었는데, 이 세 신문은 2014년에 구독률이 각각 7%에서 10%까지 떨어졌다. 그리고 유니비전은 뉴스 프로그램 시청률이 2014년에 사실상 줄어든 반면, 총수익은 26억 달러에서 29억 달러로 11% 늘어났다. 라이벌인 텔레문도는 2014년에 재정뿐 아니라 시청률도 증가했다.

히스패닉 매체들은 더 거대한 글로벌 뉴스 산업을 형성하는 일반적인 경향에서 분리되어 있지 않다. 하지만 상대적인 측면에서는, 히스패닉 인구의 정치적·문화적 영향력이 지속적으로 증가하면서 이런 매체들의 힘이 향후 몇 년간은 성장할 것으로 예상된다.

그렇다면 이것이 뉴스가 계속 세분화될 것이라는 뜻인가?
아마도 그럴 것이다. 이에 관해 두 가지 학설이 있다.

하나의 학설은 이 질문에 대해 분명히 '그렇다'고 답한다. 뉴스 세분화가 증가한다는 것은 간단히 말해서 무슨 뜻일까? 그것은 미래의 언론사가 언론의 콘텐츠를 소비할 분명한 이유와 관심사를 가진, 점점 더 줄어들고 있는 수용자의 후원에 의존해야 할 것임을 뜻한다. 그리고 그에 따라 일반 대중 수용자 및 대중적 광고는 포기할 필요가 있다는 것은 저널리즘의 생산이 갈수록 세분화될 것임을 의미할 것이다.

그렇다면 왜 이런 일이 일어나는 것일까? 광고의 변화가 저널리즘 생산 전략의 변화를 이끄는 것일까? 단순히 우리는 어떤 종류의 매체를 이용할지에 관해 어느 때보다 많은 선택권을 갖고 권한을 부여받은 수용자를 다루고 있는 것인가? 아니면 기술이 운전석에 앉아 있는 것인가? 이런 의문을 받아들이는 하나의 전략은 원인의 유형을 일반적인 '근본

원인들'로 구분하는 것이다. 그래서 예를 들면 우리는 기술이 언론의 세분화를 이끌고 있다고 주장할 수도 있다. 아니면 수용자 행동 변화에 언론의 세분화를 일으키는 증거가 담겨 있을지도 모른다. 혹은 그런 변화로 몰아가는 경제적인 힘이 있을 수도 있다.

만일 우리가 일반 대중과 틈새 수용자, 그리고 언론 간의 **향후 관계**를 이해하고자 한다면 수용자 세분화의 근본 원인을 이해하는 것은 중요하다. 만일 기술이 수용자들이 세분화되도록 야기하고 있다면 향후 10년 혹은 20년에 걸친 기술에서의 새로운 변화는 언론사들이 그들의 수용자를 '재합산rebundle'하도록, 즉 광범위한 틈새시장에 걸쳐 독자를 끌어들이도록 도와줄지도 모른다고 기대할 수 있다. 가령, 페이스북의 지속적인 성장은 아마도 특정 유형의 뉴스를 위한 새로운 '일반 대중'을 만들어낼 것이다. 한편, 만일 수용자 선호 및 경제적 모델이 수용자 세분화를 가져오고 있다면 언론인 스스로는 사람들이 정말로 관심을 기울이는 유형의 뉴스만 소비하고 그 나머지는 무시하는 세상을 받아들여야 할 수도 있다.

다른 하나의 학설은 우리의 관점을 바꿔서 조금 더 '큰 그림'의 관점을 취할 것을 요구한다. 인터넷 기술에 대한 많은 것이 세분화와 분산으로 밀고 나가고 있는 것처럼 보이는 반면, 뉴스 수용자의 측면을 함께 좀 더 가까이 끌어들이는 국제화의 추세(전 세계적으로 신속하게 유통되는 기사, 재빠르게 대중의 이목을 끄는 외국 시위 영상, 문화적 선호와 소비자 취향)도 있다. 그리고 기술은 심지어 세분화를 단순히 밀어붙이는 것 **이상으로** 기능한다. 사람들은 CBS, NBC, ABC '3대 네트워크' 뉴스를 어느 때보다 적게 시청하는 반면, 페이스북 및 구글과 같이 새로운 디지털 매개자는, 비록 우리는 보통 그렇게 생각하지 않지만, 일반 대중의 플랫폼으로서 폭넓게 이용되고 있다.

아마도 세분화에 관한 질문에 대해 최선의 대답은 가장 만족스럽지 못할 것이다. 현재의 추세는 저널리즘 세분화와 대중 매체 수용자의 재통합 둘 다를 밀어붙이고 있다. 미래에는 수용자의 세분화가 늘어나면서 동시에 재통합되는 것을 모두 보게 될 것이다.

그렇다면 뉴스의 세분화는 나쁜 것일까?

이 질문에 대한 대답은 여러 가지 측면에서 정치가 어떻게 실행되어야 하는지, 그리고 '이상적인 시민'에 관한 당신의 관점이 정말 어떠한지와 관련된, 당신의 더 광범위한 생각에 달려 있다. 뉴스의 미래에 관해 많은 논평가들은 디지털 세분화가 보편적으로 나쁜 것처럼 이야기한다. 물론 세분화는 전체적인 무언가를 산산조각 내는 것을 의미하기 때문에 끔찍하게 들리기도 한다. 하지만 뉴스 수용자의 세분화가 하는 또 다른 일은, 새로운 공동체를 만들고 수용자가 직접적으로 관심 있는 문제에 대해 알 수 있는 새로운 자유를 제공하는 것이다. 아마도 인터넷은 지역 신문사와 3대 텔레비전 네트워크가 독점하던 시대에 존재했던 지역사회의 거대한 대화를 정말로 무너뜨려 왔을지도 모른다. 하지만 우리는 '거대한 대화'가 특정 집단 구성원들의 좁은 관심사를 반영하면서 다른 많은 관점은 배제하기도 한다는 점을 잊지 말아야 한다. 이제 이처럼 힘이 더 약한 공동체들은 바로 그 세분화 자체의 과정에서 만들어질 수 있고, 이로 인해 새로운 방식으로 정치에 참여할 수 있는 새로운 자유를 얻게 될 수도 있다.

2장에서 논의했던 유형의 뉴스 협업은 지속될까? 미래에는 어떻게 변하게 될까?

협업은 지속될 것이고 더 흔해질 것이다. 하지만 협업은 특정 유형의 언론을 위해 좀 더 많이 이루어질 것으로 보인다.

프로퍼블리카와 같은 비영리 언론사는 《뉴욕 타임스》나 《워싱턴 포스트》 같은 주요 신문사와 협업하는 방식을 주도해 왔다. 오하이오주의 신문사들은 주 단위의 관심사에 관한 콘텐츠를 공유하고 있다. 지역 신문사와 라디오 방송국은 서로 뉴스, 텔레비전, 날씨와 같은 항목에 대해 이전보다 더 자주 협업하고 있다. 경쟁 및 '특종'과는 반대로, 협업과 공유로 이어지는 이런 추세가 중요하다는 것은 명백하다. 하지만 이것은 지속될까?

중요하게 고려해야 할 것은 뉴스 산업 내부에서 협업이 여전히 소수의 관행이라는 점이다. 《워싱턴 포스트》와 《뉴욕 타임스》는 여전히 적극적으로 경쟁하고 있으며, 어느 하나가 상대방을 제치고 특종을 내면 조용히 실망을 표한다. 《뉴욕 포스트》와 《뉴욕 데일리 뉴스》도 뉴욕시 뉴스에 관해서는 이와 같은 식이다. 언론사 간 경쟁은 대부분의 현대 언론 기관의 유전자에 깊숙이 박혀 있으며, 이런 경향이 하룻밤 사이에 바뀔 것 같지는 않다.

하지만 협업이 더욱더 중요해지리라는 것은 분명해 보인다. 인터넷에서 거의 즉각적으로 콘텐츠를 이용하기 쉽다는 점은 뉴스 독자에게 언론사 간 경쟁이 덜 중요해 보이게 한다. 수많은 사람이 구글, 트위터, 페이스북과 같은 웹 플랫폼을 통해 뉴스 기사를 이용한다는 사실은, 사람들이 보통 그런 콘텐츠를 생산할 책임이 있는 매체에 대해서는 모른다는 것을 의미한다. 기관 간 협업할 수 있는 기술적 능력은 분명 20세기보다는 21세기에 더 크다. 그리고 기존 뉴스 산업의 경제적 지위가 상대적으로 떨어졌다는 것은 협업하는 것에 대한 경제적 유인책이 있을 것임을 의미한다.

어떤 유형의 협업은 사라지거나 결코 순조롭게 시작되지도 못하는 반면에, 특정 유형의 협업은 살아남을 것이다. 우리는 특정 유형의 탐사 보도를 놓고 이루어지는 가장 평범한 협업을 예상할 수 있는데, 그런 협업을 통해 다양한 언론사에서 일하는 기자로 구성된 팀이 정부 기관이나 기업의 제도적 관행을 밝혀낼 수도 있을 것이다. 덜 격식 있고 더 유기적이며 덜 빈번한 '협업'은 속보를 할 때 이루어질 것인데, 일반적으로 이때 관련 언론 기관들은 타 언론 기관들의 뉴스와 연결하고 그 보도 원본을 재게시한다.

협업이 결코 이루어지지 않을 뉴스 생산 요소도 있을 것이다. 그것은 조직에서 드러나는 부패 양상보다는 개인의 감춰지고 기만적인 행동을 폭로하는 것과 관련된 특정 유형의 탐사 보도와 연관된다. 달리 말해서, 가까운 미래에 우리는 어떤 협업이 다른 것보다 더 잘 이루어지기를 기대해야 한다.

페이스북과 언론사는 일부 보도 기사를 생산하기 위해 점점 더 함께 일하고 있다. 뉴스 산업에서 협업 및 공동 작업의 또 다른 사례인 것일까?

그렇다. 비록 일부 논평가들은 그것이 실제로 얼마나 동등한 협업인지에 대해 의심했지만 말이다. 우리는 이미 페이스북의 '인스턴트 아티클' 프로그램을 살펴봤다. 하지만 페이스북과 언론사 간의 관계가 변화하는 것은 몇몇 학자와 논평가가 '뉴스의 플랫폼화platformization'라고 부르는 하나의 사례일 뿐이다.

그들이 의미한 것은 다음과 같다. 플랫폼으로 기능하는 것과 발행자로서 기능하는 것 간에는 차이가 있다는 것이다. 역사적으로 발행자는 미디어 콘텐츠를 제작하고 의뢰하며 재원을 마련해 발행할 책임이 있는 업체였다. 한편, 플랫폼은 직접 생산한 콘텐츠만 발행하는 것이 아니라 모든 형태와 규모의 콘텐츠를 관리하기 때문에 발행자와 **구별**되며 스스로를 드러낸다. 발행자에는 《뉴욕 타임스》, CBS 이브닝 뉴스, BBC, 《타임》이 포함된다. 플랫폼에는 페이스북, 트위터, 유튜브가 포함된다. 우리는 플랫폼을 (콘텐츠를 관리하며 유통하는 네트워크로서 많은 힘을 가진) 케이블 텔레비전 같은 것으로 비유할 수도 있다.

이 모든 것이 미래의 저널리즘과 뉴스에 시사하는 바는

무엇인가? 분명 앞으로 10여 년간 저널리즘에서 가장 중요한 발전 중 하나는 새로운 방향으로 미디어 혁신을 이끌기위해서뿐 아니라 트래픽을 위해서라도 플랫폼에 대한 언론기관의 의존도가 늘어날 것이라는 점이다. 이런 플랫폼들은강력하다. 그들은 어떤 콘텐츠를 어떻게 관리할지에 관해(종종 불투명한) 편집자적 판단을 내리던 것에서 더 나아가 발행자처럼 행동하기 시작할 만큼 언론 기관보다 더 강력하다. 다시 말해, 플랫폼은 더 이상 단순히 이용자가 중요하다고 여기는 뉴스 콘텐츠를 관리하는 데 그치지 않는다. 저널리즘 사업 그 자체에서 적극적인 역할을 수행하고 있는 것이다. 어느 논평가는 "페이스북, 트위터, 유튜브는 다른 대부분의 사이트보다 방대하게 많은 트래픽을 끌어모으면서21세기의 ABC, CBS, NBC처럼 등장하고 있다"라고 썼다.순수하게 저널리즘의 사업에만 관여하는 기업은 갈수록 더이런 플랫폼에 휘둘리게 될 것이다. 그리고 그에 대한 대응으로, 이들은 스스로 플랫폼이 되고자 할지도 모른다.

"언론인은 고유의 개인적인 브랜드를 구축해야 할 것"이라고들 말한다. 무슨 뜻일까?
2013년 여름, 통계 마법사이자 인기 있는 538 사이트의 발명가, 2008년 대선과 2012년 대선을 정확히 예측한 점쟁이로 알려진 네이트 실버는 ESPN 기업 체제하에서 자신만의 538 사이트를 시작하기 위해 《뉴욕 타임스》를 떠나겠다는 폭탄 발언을 했다. 이전에는 알려지지 않았지만 성공한 블로거로, 상대적으로 무명이었다가 《뉴욕 타임스》를 통해 갑자기 떠오른 뒤에 주요 기성 언론 매체에 계속해서 강력한 영향을 끼쳐온 그의 이야기를 고려할 때, 그 뉴스는 특히나 더 놀라운 것이었다. 이제 갑자기 이 이야기는 《뉴욕 타임스》가 몬테카를로 시뮬레이션 신동을 잃게 되었다는 이야기로 다시 쓰이고 있었다. 정확히 어떤 일이 일어나고 있는 것인가?

네이트 실버와 538 사이트의 이야기에 대해 생각해 볼 한 가지 방법은 그것이 뉴스 산업에서 나타나고 있는 더 거대한 추세를 가리킨다는 것이다. 즉, 오래된 기업 브랜드는 이제 개별 언론인 각각의 브랜드보다 영향력이 작다. 선구자적인 블로거 앤드루 설리번Andrew Sullivan이 전적으로 기금으로만 재원을 충당하는, 자신만의 독립형 웹사이트를 개시하기로 결정한 것은 이런 고찰에 논거를 보태준다. 소셜미디어에서 강력한 존재감을 갖고 있으며, 독특한 논조 혹은 독보적인 기술적 재주를 가진, 그리고 웹 트래픽을 끌어들이는 능력을 인정받은 언론인들은 이제 자신의 고용주와 다른 새로 발견된 권력의 자리에 있다. 옛날 옛적에 언론인은 자신의 목소리를 내고 이를 위해 확성기를 얻고자 기업 혹은 제도적 미디어 브랜드에 의존했다. 하지만 이제는 디지털 미디어가 언론인들이 자기 자신이 되도록, 그리고 더 이상 제도적인 목소리의 가면을 쓰고 그들의 개성을 감추지 말도록 장려하고 심지어 의무화하기까지 한다. 더군다나 몇몇 논평가들은 이런 경향이 미래에 더욱 가속화될 것이라고 주장한다. 언론 기관은 개개인의 강력한 목소리가 모인 집합체가 될 것이다. 어느 유명 인터넷 작가는 이렇게 추측했다. "현실은 설리번과 실버 같은 개인 브랜드가 이제 그들이 제휴하곤 했던 기성 브랜드만큼, 또는 그보다 더 많은 힘을 갖게 된 것이 틀림없다. 큰 질문은 《뉴욕 타임스》 같은 매체나 그 밖의 매체가 그런 힘의 재균등화rebalancing를 어떻게 다룰 것인가다."

미래의 언론인은 자신의 개인적인 성격, 목소리, 기술, 더 커져가는 소셜미디어 생태계에서의 존재감을 기르기 위해 20세기 중후반의 언론인보다 더 많은 일을 해야 할 것이다. 하지만 우리는 그리 머지않은 미래에 언론 기관이 단순히 스타들의 집합체가 될 것으로 가정해서도 안 된다. ESPN은 가장 큰 스타 중 한 명(스포츠 칼럼니스트 빌 시먼스Bill Simmons)을 해고하고 그가 HBO로 가게 한 결과, 아무 문제도 없었다. 앤드루 설리번은 자신만의 사이트를 개시한 뒤로 그리

오래지 않아 블로깅에서 은퇴했다. 네이트 실버의 경우 역시 그의 영향력이 《뉴욕 타임스》 브랜드 바깥으로 나온 뒤에도 그 브랜드 안에 있을 때와 같은지를 평가하기에는 아직 이르다.

'기업가형 저널리즘'은 무엇일까? 실리콘밸리 같은 것일까?

기업가형 저널리즘entrepreneurial journalism*은 2008년 정도까지는 없던 용어이지만, 그 이후 몇 년간 흔하게 사용되었다. 이는 원래 뉴욕 시립대학CUNY 저널리즘 대학원의 새로운 학위 프로그램의 명칭이었다. 그리고 비록 이 용어가 그 뒤로 다른 수많은 것들을 의미하게 되었지만, 기업가형 저널리즘의 본래 정의는 유용하게도 분명하고 간단하다. 그들은 "우리의 목표는 고품질 저널리즘을 위해 지속 가능한 미래를 만들도록 돕는 것이다"라고 기록한다. 스타트업으로 혼자 일하건, 아니면 기성 미디어 회사 내에서 일하건 우리는 새로운 사업 모델과 혁신적 프로젝트를 개발하는 기업가들이 미래를 형성한다고 믿는다. 다시 말해, 기업가형 언론인은 관련된 정보를 수집하고 입증하고 공적으로 유통하는 전

---

* 옌 'Entrepreneurial journalism'은 기업가형 저널리즘, 기업 저널리즘, 실험적 저널리즘, 창업 저널리즘 등으로 번역되는데, 이 책에서는 맥락을 볼 때 '기업가 정신' 등의 표현이 사용되므로 일관성을 위해 '기업가형 저널리즘'으로 옮겼다.

통적 언론인의 역할을 할 뿐 아니라, 두 번째 완전한 직업도 가지고 있다. 이들은 뉴스 산업이 어떻게 작동하는지를 배우고, 기술에 대한 요령을 터득하며, 열린 자세를 유지하고, 예전의 일하는 방식을 고집하지 않은 채 새로운 회사를 차리거나 오래된 회사에서 혁신하는 것을 통해 뉴스 산업 자체의 미래를 기록하는 데 도움이 될 것이다. 그리고 이들은 그 과정에서 단지 수익 창출만 하게 될지도 모른다.

기업가 정신은 여러모로 나쁜 것이 아닐까? 저널리즘이 이제는 생계유지가 어려운 수단이라는 사실을 저항 없이 받아들이기만 하는 것이 아닐까?

기업가형 저널리즘과 기업가형 언론인의 등장은 표면적으로는 이해하기 쉬운 사건이다. 언론 산업은 붕괴하고 있다. 많은 전통적 직업이 사라지고 있다. 아무도 다음에 어떤 일이 일어날지 모른다. '창업자 정신'은 실리콘밸리가 경제적인 유력 집단이 될 수 있게 해주었고, 미국의 산업과 커뮤니케이션을 모두 혁신했다. 이 모든 것을 고려해 볼 때, 언론인과 언론학도는 왜 자신의 산업이 새로운 방향으로 가도록 혁신하려고 해서는 **안 될까?**

이 모든 것은 사실이지만, 최근 기업가형 저널리즘에 대한 학문이 그 그림을 다소 복잡하게 만들었다. 기업가형 저널리즘은 사실 단 하나가 아니라 **세 가지**다. 그것은 자신의 회사를 설립함으로써 자신만의 일거리를 만들어내며 새로운 저널리즘 기술을 개발하는 언론인 감각을 포함한다. 또 그것은 두 번째 중요한 언론인의 기술을 포함한다. 즉, 직업적 성공을 성취하기 위한 (특히 소셜미디어에서의) 자기 홍보와 퍼스널 브랜딩의 중요성이 그것이다. 마지막으로, 기업가형 저널리즘은 불안정한 조건에서도 유연하게 일을 받아들이고자 하는 언론인의 의지, 다시 말해 "저널리즘 산업은 힘겨운 산업이고, 금방 나아질 것 같지 않으며, 이 속으로 들어가는 사람들은 현실적인 기대를 가져야만 한다"는 사실을 받아들이려고 애쓰는 것을 시사한다.

다시 한번, 이 모든 것 중에 그 자체로 나쁜 것은 하나도 없다. 언론인이 자신이 들어선 사업에 대해 현실적인 것은 중요하다. 그리고 저널리즘을 하기 위해 새로운 길을 개척한다는 것에는 잘못된 것이 하나도 없다. 복잡한 것은, 대부분의 기업가형 저널리즘 프로그램과 담론이 자유시장과 기술적 발전만이 저널리즘을 구할 수 있다고 보는, '기술적 시장 근본주의techno-market fundamentalism'라는 특정 형태를 포괄한다는 사실에서 비롯된다. 이는 자유시장과 기술이 **실패**할 수도 있으며, 그렇게 되면 민주주의가 요구하는 저널리즘을 제공하기 위해 어떤 형태의 **공적** 개입이 요구될 수도 있다는 가능성을 무시한다. 다시 말해, 기업가형 저널리즘 그 자체는 기업가 정신만으로는 뉴스 산업의 긍정적인 미래를 만들어내기에 충분하지 않을 수 있다는 가능성을 열어두는 한 잘못된 것이 전혀 없다.

언론인은 단순히 박학다식한 것과는 다르게 특정 주제에 대해 더 잘 알아야 할까?

그래야 할지도 모른다. 명심할 것은 언론인이 오랫동안 그들이 취재하는 주제에 관해 일반적으로 많이 알고 있다는 점이다. 지난 한 세기 반을 지나오면서 언론인은 갈수록 더 **전문가**가 되리라 기대되어 왔다. 주제에 관한 지식은 언론인의 입장에서 20세기 중반까지 저널리즘을 평판 안 좋은 블루칼라 장인에서 적어도 어느 정도 존경받는 직업으로 바꿔준 일반적인 직업화 과정의 일부다. 저널리즘 초기의 출입기자beat reporter들은 특정 장소와 상황의 뉘앙스를 이해하는 능력과 그 뉘앙스를 대중적인 수용자에게 통역하는 기술 두 측면 모두에서 자부심을 느꼈다.

한 가지 큰 질문은 언론인들이 취재하는 주제에 관해 더욱더 많이 알 것이라 기대하게 되면서 전문성의 유형 간 균형이 변하고 있는지 여부다. 퓨전 작가이자 편집장인 펠릭스 새먼Felix Salmon은 2015년 초기에 블로그를 하면서 이 질문에 대한 주된 사회적 통념을 요약했다. "(디지털 언론인들에게) 미래가 밝게 남게 될 두 가지 영역이 있다. … 하나는 슈퍼스타이고 … 그리고 두 번째는 구식의 특정 분야 전문성이다. 소셜미디어 최적화나 그와 유사한 것에 관한 디지털 전문성은 아니다. 하지만 주제 전문성은 여전히 갖추기 어렵고, 그 주제가 무엇이냐에 따라 굉장한 가치를 보유할 수 있다."

주제 전문성을 얻는 것이 미래의 젊은 언론인에게 괜찮은 직업적 변화를 가져다줄까? 아마도 그럴 것이다. 견해를 담은 온라인 에세이, 소셜미디어 마케팅, 저널리즘으로 가장한 홍보 자료처럼 갈수록 다양한 형태의 유사 저널리즘이 존재하는 세상에서는 특정 분야에 전문가가 되는 것이 기자가 스스로를 차별화할 수 있는 한 가지 방법이다. 그리고 주제 전문성을 홍보하는 것은 언론 기관에도 좋다. 미디어 회사들이 가장 충성도 높고 참여적인 독자들을 겨냥할 수 있는 현재에 그런 독자들의 구체적이고 열정적인 관심사를 충족시키는 것은 갈수록 중요해지고 있다. 물론 그것은 기술, 경제, 산업, 대중문화와 같이 특별히 의미 있는 주제를 가지고 논의 중인 사안이 인터넷의 상업적 구조에 잘 맞아떨어져야 도움이 될 것이다.

그렇기는 하지만 특히 스타트업 수준에서는 여전히 일반

기자들의 역할이 남아 있을 것이다. 하지만 직업적 순위에서 떠오르려면, 미래는 더욱 많은 주제 전문성을 뉴스편집실 채용 결과보다는 조건으로 요구하게 될 것 같다.

이렇게 새로운 언론인을 양성하기 위해 저널리즘 대학은 또 어떻게 변하게 될까?

저널리즘 대학의 목적과 역할을 놓고는 오랫동안 논쟁이 있어왔다. 20세기 초반에 콜롬비아 대학은 언론인이라는 직업이 사실상 콜롬비아 대학 졸업생들에게 '적합하지 않다'고 보고, 애초에 조지프 퓰리처가 저널리즘 대학을 설립하기 위해 남긴 유산을 **거절했다**. 또한 언론인이라는 전문직이 어느 때보다 많은 교육을 받고 있는데도 저널리즘 대학을 설립하는 것에 대한 논쟁은 지속되고 있다. 지난 몇십 년간 산업에서 나타난 모든 변화를 고려할 때 그들은 학생들을 잘 교육하고 있는 것일까? 기술을 가르치는 것과 추상적인 개념을 가르치는 것, 그리고 학생들에게 인문학적 기초교육을 제공하는 것 간의 적절한 균형은 무엇일까? 학교는 뉴스편집실에서 사용하는 갈수록 새로운 기술들을 모두 어떻게 따라잡을 수 있을까?

이 모든 논쟁에도 불구하고, 저널리즘 대학들이 학생들에게 **정량적**(수학적) 보도 기술을 더 잘 가르쳐야 한다는 데는 점점 더 합의가 이루어지고 있는 것 같다. 그 이유는 한편으로 현대의 정보 풍경을 정의하는 디지털 데이터의 폭발적 증가 때문이며, 다른 한편으로는 뉴스를 적절히 보도하는 데 요구되는 기술이 갈수록 정량적 속성을 띠기 때문이라는 것이다. 비록 학생들이 일차적으로 작가가 되거나 오디오 저널리즘에서 일할 계획이라 하더라도 갈수록 **시각적으로** 사고해야 할 것이라는 데도 의견이 모아지고 있다. 이는 저널리즘 교육이 다른 사회과학 분야, 정보 시각화 및 디자인, 그리고 '데이터 저널리즘'으로 알려진 더 광범위한 분야와 어떻게 관련되는지 갈수록 더 생각해 보게 만든다.

'데이터 저널리즘'에 대해 더 말해달라. 모든 언론인이 컴퓨터 코드 사용법을 배워야 한다는 뜻일까?

'데이터 저널리즘'이 지난 10년간 언론학의 가장 중요한 하위 분야 중 하나가 되었다는 데는 의심의 여지가 거의 없으며, 이것이 미래에 주요 언론학 영역으로 성장하게 되리라는 것에 대해서는 더더욱 의심의 여지가 없다. 데이터 저널리즘은 데이터베이스와 여론조사, 정부의 기록, 그리고 이런 분석으로부터 도출하는 서술의 기법과 같이 다양한 출처의 자료를 분석하는 데 통계적 기술을 적용하는 것이라고 정의할 수 있다. 다시 말해, 데이터 저널리즘은 데이터를 문서, 인터뷰, 직접 관찰처럼 더 전통적인 근거 자료와 유사하게 일종의 저널리즘 '자료'로 다룬다. 비록 오늘날의 데이터 저널리즘을 독특하게 만든 것 중 하나가 상호작용성의 증가와 오픈소스 문서 및 도구의 이용이기는 하지만, 데이터 저널리즘이 실제로 적용된 것은 사실 인터넷이 등장한 시점보다 앞선다.

데이터 주도의 통계적 기법을 현대 뉴스 보도에 적용한 최초의 사례 몇 가지는 1973년 인디애나 대학 출판사에서 발행한 『정밀 저널리즘』*에서 필립 마이어가 상세히 설명한 부분에서 찾아볼 수 있다. 이 책에서 마이어는 1967년 디트로이트의 폭동에 관한 보도를 일례로 들면서, 독자들에게 저널리즘의 실천에서 "입증되지 않은 것the anecdotal을 넘어서라"고 촉구한다. 그 폭동에 대해 설명하려고 했던 많은 기자들은 근거를 수집하는 데 '행인' 인터뷰 및 시위대 지도자들 인터뷰와 같이 전통적인 취재 기법에 의존했다. 또 그들은 대부분 왜 폭동이 발생했는지에 관해 '사회적 통념'을 받아들임으로써 기사의 첫머리를 시작했다. 한편, 마이어는 도시 거주자들을 대상으로 대표성을 가진 설문조사를 수행

---

* Philip Meyer, *Precision Journalism: A Reporter's Introduction to Social Science Methods* (Bloomington: Indiana University Press, 1979).

해 1967년 디트로이트의 상태에 관한 연속 기사를 썼다. 그 설문조사는 사회학자들이 '상대적 박탈감'이라고 칭한 것, 즉 1960년대에 디트로이트 거주자들의 삶이 개선되었을 때 그것이 모든 이에게 해당하는 것이 아니었으며 다른 인구집단에 비해 대부분의 흑인에게는 충분히 빠르게 개선이 이루어지지 않았다는 인식이 불안정을 야기했다고 밝혔다. 마이어의 조사 결과는 폭도들이 특정 하위집단에 속하며, 해당 지역 흑인 거주자의 전반적인 태도를 반영하지 않는다는 것도 밝혀냈다.

컴퓨터 활용 보도CAR는 마이어의 작업에서 등장한 새로운 저널리즘 기술이었다. 1980년대와 1990년대에는 데이터로부터 기사를 만들어내고 뉴스 전개를 분명히 해설하기 위해 데이터를 이용하는 데 관심 있는 언론인들이 데이터 세트에 접근하기 위해, 그리고 이 정보를 내러티브로 바꾸는 데 필요한 대량 고속 처리를 실행하기 위해, 또는 이 둘 다를 목적으로 점차 컴퓨터를 이용하고 있었다. 컴퓨터 활용 및 데이터 주도적 취재의 중요한 사례로는 1969년 형사법 제도에서 나타난 패턴을 밝혀내기 위해 컴퓨터를 사용한 《마이애미 헤럴드》의 분석, 1972년 경찰에서 보고한 범죄율의 불일치를 조사한 《뉴욕 타임스》의 기사, 1988년 흑인 중산층을 주택 담보 대출 대상에서 차별한 "돈의 색The Color of Money"이라 불린 퓰리처상 수상작 탐사 보도물*이 있었다. 1989년에 미국 탐사보도협회는 컴퓨터활용보도기자협회National Institute for Computer-Assisted Reporting를 세웠다. 그 명칭에서 명확히 드러나듯이 컴퓨터 활용 보도는 데이터 뒤에 숨어 있는 기술, 즉 컴퓨터를 정밀 저널리즘이라는 본래의 개념보다 더 강조했는데, 이 정밀 저널리즘은 언론인들이 사회과학적 기술을, 이에 필요한 도구에 상관없이 활용해야 한다고 주장한다는 점에서 더 철학적이었다. 그리고 많은 데이터 저널리스트들이 실제로 컴퓨터 프로그래머이기는 하지만 모두가 그런 것은 아니며 역사적으로도 그런 경우가 몇 되지 않았다는 것은 당연하다.

하지만 이것이 변하고 있는 중일 수도 있다. 오늘날(그리고 미래에는 점점 더) 우리는 **상호작용성**(뉴스 소비자들이 스스로 저널리즘 데이터를 '가지고 놀며' 이를 개인화하고 다른 방식으로 시각화하는 등의 능력)과 투명성(데이터 저널리즘의 핵심에 위치한 데이터 세트를 공개해 더 광범위한 공중이나 다른 연구자 및 언론인의 분석을 허

---

* 역 애틀란타 지역의 은행이 주택 담보 대출 대상에서 흑인 중산층을 고의로 배제하는 인종차별적 관행을 컴퓨터로 분석해 보도한 빌 데드먼(Bill Dedman) 기자의 탐사 보도 기사로, 《애틀랜타 저널 컨스티튜션(The Atlanta Journal-Constitution)》에 기고한 총 네 편의 연속 기사로 구성된다. 기사 원본은 다음의 웹사이트에서 읽을 수 있다. http://powerreporting.com/color/color_of_money.pdf

용하는 것)을 강조하기 위해 데이터 저널리즘을 기대할 수 있다. 소프트웨어 언어와 컴퓨터 프로그래밍의 재능은 이런 기술 모두를 크게 돕는다.

그렇다면 데이터 저널리즘의 미래는 정말로 기존의 사회과학 지향적 저널리즘의 확장일 뿐일까?

어떤 면에서는 그렇다. 네이트 실버의 538.com, 《뉴욕 타임스》의 업숏Upshot, 프로퍼블리카, 그 밖의 수많은 웹사이트는 필립 마이어와 컴퓨터활용보도기자협회 설립자들이 발견한 데이터 저널리즘의 형태를 실천하고 있다.

하지만 데이터 저널리즘과 컴퓨터 기반 형태의 저널리즘 간에는 강조할 만한 차이가 있다. 정량적 저널리즘에는 우리가 지금까지 논의해 온 사회과학적 저널리즘과는 다른 훨씬 더 새로운 형식이 있는데, 우리는 그것을 컴퓨테이셔널 저널리즘computational Journalism 혹은 스트럭처 저널리즘structured journalism이라고 부른다. 아주 간단명료하게 이런 종류의 저널리즘은 데이터 세트의 사회과학적 분석에 덜 중점을 두고, 컴퓨터 알고리즘으로 쉽게 수집 및 처리되는 종류의 데이터를 만들어내는 데 초점을 둔다. 이런 종류의 저널리즘은 데이터 세트에 사회과학적 분석을 적용하기보다는 사람, 사건, 위치, 그리고 뉴스 가치가 있는 사건에 관한, 다양한 방식으로 통합하고 재결합할 수 있는 대규모 저널리즘 데이터베이스를 만들기 위해 노력한다. 다시 말해, 스트럭처 저널리즘은 워싱턴 DC에서의 총격 사건에 대해 500자 짜리 기사를 작성하기보다 그 총격 사건에 관한 관련 정보(사건이 발생한 지역, 날짜, 희생자의 성별과 인종 등)를 추후에 컴퓨터 알고리즘과 언론인 모두 분석할 수 있는 데이터베이스에 연결할 것이다. 어떤 면에서 언론인들이 데이터베이스를 구축한다는 생각은 우스꽝스럽게 들린다. 누가 그런 것을 읽고 싶어 하며, 누가 그런 것을 하는 데 하루를 보내고 싶어 하겠는가 말이다. 하지만 워싱턴 DC의 살인에 관한 데이터베이스(이런 것은 살인 감시Homicide Watch처럼 실제로 존재한다)가 수개월이나 수년 동안 구축되어 우리에게 총기 소유 규제의 정치나 이 나라의 수도에서 일어나는 범죄에 관해 말해줄 수 있을 정도가 되는 것을 상상해 보라. 이처럼 유사한 사례가 점점 늘어나면서 언론인은 기사만을 생산해 내는 것이 아니라 사실상 모든 언론인, 사회과학자, 이를 이용하고 싶어 할지 모를 개인이 사용할 수 있도록 고안한 데이터베이스도 생산해 낸다. 이것이 스트럭처 저널리즘의 약속이며, 미래에는 이런 것을 더 많이 보게 될 것 같다.

저널리즘의 스토리텔링 기능이 사라지게 될 것이라는 뜻일까? 거의 확실히 그것은 아니다. 사실, 저널리즘에 관한 특별한 사항 중 하나, 그리고 앞으로 몇 년간 여러 다른 데이터 중심적 소통 방식으로부터 구별될 것 같은 한 가지는 저널리즘이 언제나 좋은 기사를 이야기하는 데 관심이 있을 것이라는 사실이다.

데이터 저널리즘과 스트럭처 저널리즘, 컴퓨테이셔널 보도에 대한 온갖 선전 속에서도 언론인들이 뉴스의 내러티브에 대해 충성심을 유지하는 정도는 실로 놀랍다. 기자이자 개발자인 앤서니 디바로스Anthony DeBarros는 2010년 자신의 블로그에 이렇게 기록했다. "우리는 이야깃거리를 찾아내고 이야기하기 위해 (데이터) 도구를 이용한다. 우리는 그것을 전화기를 쓰듯이 사용한다. 여전히 이야기가 중요하다." 컴퓨터 활용 보도의 선구자인 필립 마이어는 2011년 하버드 대학 강의에서 다음과 같이 주장했다. "내러티브 저널리즘과 정밀 저널리즘은 둘 다 특별한 기술을 필요로 하는 특별한 양식이다. 만일 우리가 이 두 가지를 혼합한다면 이것을 무엇이라고 부를 수 있을까? 나는 '증거 기반의 내러티브'라는 용어를 좋아한다. 그것은 입증 가능한 증거를 기반으로 하는 좋은 스토리텔링을 시사한다. 그렇다. 그것은 소수만이 이해하는 난해한 전문성일 것이다. 하지만 나는 그것을 위한 시장이 개발되고 있다고 믿는다. 정보 시장은 우리를 가차 없이 더 훌륭하고 더 대단하게 전문화되도록 움직이고 있다."

요컨대, 데이터 지향적 저널리즘에 가장 헌신적인 전문가들도 그들이 만들어낸 작품의 내러티브와 데이터를 기반으로 한 특성들의 결합을 훨씬 더 많이 생각할 것이다. 내러티브를 기반으로 하는 뉴스 보도의 기능이 곧 사라지게 될 것 같지는 않다. 내러티브를 통해 정보를 전달하는 것은 저널리즘을 **저널리즘**답게 만드는 몇 가지 중 하나인 것 같다.

하지만 로봇이 뉴스 기사를 쓰게 되리라는 것은 정말 사실일까? 사실이다. 로봇이 먼 미래 어느 시점부터는 뉴스 기사를 쓰게 될 것일 뿐만 아니라 지금도 그렇게 하고 있다.

2012년에 뉴스 경영진들은 내러티브 사이언스Narrative Science 및 오토메이티드 인사이트Automated Insights 같은 이름의 회사에 주목하기 시작했다. 내러티브 사이언스는 노스웨스턴 대학에서 컴퓨터공학자와 언론인을 연합하는 학술적 사업에서 시작했지만, 《파이낸셜 타임스》 같은 신문에 나오는 회사 매출 보고에 관한 안내문을 이야기로 바꾸어 제작하는 등 실제 저널리즘 세계에도 금방 영향을 미치기 시작했다. 전직 시스코Cisco 기술자가 설립한 오토메이티드 인사이트는 스포츠 기사를 위해 박스 스코어box score와 그 밖의 스포츠 데이터를 활용해 비슷한 일을 한다. 그리고 아마도 이 모든 것 중 가장 획기적인 발전은 2014년 로스앤젤레스에서 4.7 규모의 지진이 발생한 것에 관한 첫 번째 기사를 퀘이크봇Quakebot이라는 로봇이 작성한 일일 것이다. 살롱Salon의 한 작가는 이를 두고 다음과 같이 설명했다. "미국 지질연구소에서 특정 규모를 넘어서는 지진에 관해 알람이 올 때마다 퀘이크봇은 관련 데이터를 USGS 보고서로부터 추출해 사전에 작성된 양식에 연결하도록 프로그래밍되어 있다. 그 기사는 《로스앤젤레스 타임스》의 콘텐츠 관리 시스템으로 들어가는데, 여기서 인간 편집자들에 의해 검토를 거쳐 발행되기를 기다린다."

본질적으로 이런 회사와 언론 기관은 데이터가 풍부한 보고서들로부터 어휘와 문장을 추출하고 이를 상당히 일반적인 뉴스 기사로 바꾸기 위해 컴퓨터 알고리즘과 단순한 자연어 처리 기술을 활용하고 있다. 우리는 이런 종류의 노력이 향후 몇십 년 동안 더욱더 흔해질 것으로 예상한다. 많은 논평가들은 로봇이 사람 언론인의 일거리를 빼앗을 것이라는 우려를 표해 왔다! 하지만 이 모든 것이 미래의 저널리즘, 뉴스, 언론사 채용과 관련해 어떤 의미가 있는지는 분명하지 않다.

실제로 뉴스 생산의 미래에 로봇 저널리즘이 미치는 영향에 대해 물어볼 질문이 두 가지가 있다. 첫 번째는 로봇이 작성하는 기사의 **유형**kind에 관한 것이다. 우리가 이해해야 할 한 가지는 이 모든 프로그램이 (박스 스코어나 매출 보고 또는 지진 정보에 의존하든 아니든) **스트럭처 데이터**structured data가 되기에 적합한 유형의 자료를 근거로 활용한다는 것이다. 그 명칭에 내포된 것처럼 스트럭처 데이터는 정보를 체계화하는 붙박이 구조가 딸려 있어 이런 구조 안에 있는 정보는 이미 내부 분류 체계에 따라 범주화되어 있다. 이것은 스프레드시트에서 발견할 수 있는 숫자들에 해당한다. 박스 스코어처럼 언론 보도에 활용되는 어떤 원자료들은 처음부터 스트럭처 데이터로 존재하며, 매출 보고서나 미국 지질조사 같은 자료는 원자료는 아니지만 데이터 구조화가 매우 수월하고 이에 적합하다. 그리고 데이터 처리 기술은 아마도 앞으로 몇 년 동안 급진적으로 발전할 확률이 높으며, 로봇 기자는 분명 지금도 이미 로봇이 쓴 것처럼 보도되고 있는 **유형의 기사**를 작성하는 데는 능숙한 것 같다. 퀘이크봇 개발자는 컴퓨터화된 내러티브 저널리즘으로 인간이 로봇으로 대체될 것을 우려하는 이들에게 자기가 만든 프로그램이나 다른 사람이 만든 유사한 프로그램이 기자를 대체하는 것이 아니라 오히려 기자가 더 중요한 취재를 할 수 있도록 해방

시켜 줄 것이라며 현명하게 답했다.

그러나 두 번째 질문은 이런 유형의 '내러티브 과학'이 보도 제작의 일상에서 주전 선수가 될 수 있을 만큼 경제적 측면에서 충분히 타당한가다. 이런 유형의 제품을 생산하는 컴퓨터공학자와 스타트업 회사는 궁극적으로 그들의 소프트웨어를 구매할 (《파이낸셜 타임스》 같은) 고객에게 의존한다. 뉴스 회사들은 로봇 저널리즘에 아낌없이 쏟아부을 만큼의 여유자금이 없기 때문이다. 2016년 현재 우리의 평범한 신문에는 박스 스코어를 기사로 바꾸는 것의 실제 유용성이라든지, 그런 서비스에 들이는 비용이 그다지 타당하지는 않을 것이다. 이런 역학 관계는 2014년 후반에 내러티브 사이언스의 설립자들이 뉴스편집실보다는 '기업 의뢰인'에게 초점을 두고 있다고 말했다는 사실을 설명하는 데 도움이 될 것이다. 그들은 "이제 내러티브 사이언스는 데이터 수집 서비스에 이미 투자했지만 그 모든 정보를 가지고 무엇을 해야 할지 모르는 재무 서비스 제공 업체 같은 기관에 구애한다"라고 기록했다. 재무 서비스 제공자들은 내러티브 사이언스가 제공하는 종류의 알고리즘 서비스를 언론 기관보다 훨씬 더 필요로 할지도 모르며, 이에 비용을 들일 의지가 언론 기관보다 더 많을 수 있다.

언론 체계의 변화가 미국 사회에서 정치적 양극화를 부추기는 것일까, 아니면 단지 이용할 뿐일까? 또한 정치적 양극화는 앞으로 계속 증가하게 될까?

2014년 퓨리서치센터 저널리즘 프로젝트에서는 강한 보수 성향 혹은 강한 진보 성향의 정치적 관점을 가진 사람들이 특정 언론사를 선호하며 다른 매체를 멀리하는 경향이 있는 것으로 나타났다. 그리고 이들은 소셜미디어의 이용에서도 유사한 양상을 따른다. 퓨리서치센터는 다음과 같이 결론을 내렸다. "정치와 정부에 관한 뉴스를 놓고 보자면 진보파와 보수파가 각기 다른 세상에 살고 있다고 할 수 있다. 그들이 의존하고 신뢰하는 뉴스의 출처에서는 서로 겹치는 부분이 거의 없다."

이념적 보수파들은 대부분 폭스 뉴스라는 단일한 출처의 뉴스를 시청했다. 이념적 진보파들이 훨씬 더 폭넓은 범주의 뉴스와 논평을 더 다양한 출처로부터 이용하는 반면, 이런 출처는 대부분 《뉴욕 타임스》, 《가디언》, 《워싱턴 포스트》, NPR, MSNBC, 허핑턴 포스트 등과 같이 정치적 스펙트럼에서 중도 좌파 성향에 치우쳐 있었다. 진보파는 폭스 뉴스 및 보수 성향의 라디오 대담 프로그램을 매우 강하게 불신한 반면, 보수파는 그 밖의 케이블 및 지상파 방송사 대부분을 불신했다.

퓨리서치센터가 지적한 것처럼 대부분의 미국인은 매일 다양한 온라인 출처에서 뉴스를 찾지만, 대부분의 보수 성향 및 진보 성향의 뉴스 이용자는 정치적 대화 및 활동에 더 많이 참여하는 경향이 있다. 그리고 미디어 이용과 정치적 신념 간의 관계를 조사한 학술적 연구는 복잡한 그림을 그렸다. 정치 커뮤니케이션 학자인 마커스 프라이어는 이를 다음과 같이 잘 요약했다.

비록 대부분의 미국인이 가진 정치적 태도는 상당히 중립적이지만, 정치적으로 관여된 사람들에게서는 어느 정도 양극화가 나타나고 있다. 선택할 수 있는 매체 수의 급격한 증가로 인해 이해관계가 적고 덜 정파적인 유권자의 몫이 줄어들면서 선거를 더 정파적으로 만들었다. 하지만 더 정파적인 내용이 태도 및 행동 변화에 어떤 영향을 미치는지에 대한 증거는 잘해야 뒤섞여 있을 뿐이다. 정파적인 선택적 노출과 그 영향에 대한 연구를 측정의 문제가 방해하고 있다.

그렇기는 하지만 폭스 뉴스, 그리고 데일리 콜러Daily Caller, 매트 드러지Matt Drudge의 드러지 리포트Drudge Report, 루시앤 골드버그Lucianne Goldberg의 Lucianne.com과 같은 웹사이트나 블로그는 강한 보수 성향을 띄고, MSNBC와 함께 허핑턴 포스트, 싱크 프로그래스Think Progress, 마코스 물리트서스Markos Moulitsas의 데일리 코스Daily Kos 같은 웹사이트 및 블로그는 유사하게 진보 성향을 띈다. 미디어와 정치화된 유권자는 분명 일종의 악순환에 갇혀 있는 것 같다. 다시 말해, 정파적 미디어는 전체 유권자의 양극화를 양산하는데, 이는 정파적 미디어에 대한 수요를 늘리며 끝없이 악순환한다. 하지만 미국의 정치가 이토록 양극화된 데는 언론이 주된 이유가 아닐 수도 있다. 선거운동 비용에 관한 법적 변화는 또 다른 원인이다. 인구통계학적 군집화와 엉터리 선거구 획정은 훨씬 더 큰 요인이다. 선거 후보자로 하여금 그들의 지지 기반에 호소하도록 촉구하는 예비선거의 등장은 또 다른 이유다. 이 모든 거시정치학적 요인이 저널리즘과 미디어에 나타나는 변화와 관련 있지만, 항상 직접적으로 관련된 것은 아니다.

언론과 민주주의의 관계는 앞으로 어떻게 변하게 될까?
미국에서 현대의 전문적 저널리즘은 특별한 조건하에서 특정 시점에 등장했다. 비록 언론인이 20세기 초반까지도 완전하게 전문직화되지는 않았지만, 페니 프레스는 새로운 유형의 저널리즘, 새로운 유형의 경제, 새로운 유형의 대중 민주주의의 시작을 알렸다. 20세기 내내 정치적·경제적·기술적 변화에 따라 언론도 변화했지만, 언론의 기본적인 근간이 된 19세기 중반에서 크게 바뀌지는 않았다. 이제 현대적 삶의 다른 측면도 엄청나게 변화하면서 우리가 언론과 민주주의의 관계 역시 변화하는 것을 보게 될 것인가?

언론은 사회에서 일어나는 더 큰 변화에 반응하는 동시에 그런 변화를 이끌기도 한다. 따라서 다음과 같이 질문하는 것이 중요하다. 21세기에는 민주주의 **자체가** 변화하고 있는 것인가? 우리는 민주주의가 미래에 얼마나 더 변화하게 될 것으로 예상할 수 있을까? 그런 변화는 시민이 그날의 중요한 공공 사건에 관한 정보를 얻는 메커니즘에 얼마나 영향을 미칠 것인가? 이런 일련의 질문에 대해 가능한 답은 여러 가지이지만, 그중 세 가지에 초점을 맞춰보자. 가능성 있는 하나의 미래는 언론이 가장자리만 미묘하게 변형된 채로 오랫동안 그래 왔던 것과 동일하게 유지되는 것이다. 두 번째 가능한 미래는, 부분적으로 공중과 미국이라는 민주 국가는 서로 다르기도 하기 때문에 저널리즘이 급진적으로 달라지는 것이다. 세 번째 가능한 미래는 사실 더 장기적이고 더 역사적인 관점을 취한다. 즉, 미국의 민주주의는 **이미** 20세기 중반 이래 급진적으로 변화해 왔으며, 사실 저널리즘은 이제야 그런 변화를 따라잡고 있다는 것이다.

이 첫 번째 관점은 본질적으로 뉴스 산업에서 많은 중요한 변화가 있었지만 저널리즘이 "실제로는 **무엇이며**is **무엇을 위한 것인지**is for"에 관해서는 심층적인 변화가 없었다고 주장한다. 왜 그런가? 저널리즘이 이런 식으로 급진적으로 변하기 때문에 민주주의와 민주적 제도(선거, 선거운동 광고, 정부의 사법부, 행정부, 입법부 간 관계 등) 역시 변해야만 했을 것이다. 그리고 그들은 변하지 않았거나, 최소한 충분히 변하지는 않았다. 훨씬 심층적인 의미에서 사회의 더 큰 영역(저널리즘의 공중에 대한 개념, 민주적 지배에 대한 단단한 이해, 경제적 제도 등)은 저널리즘 작업의 근본적인 목적을 바꿀 수 있을 만큼 충분히 바뀌지 않았다. 언론인은 여전히 스스로 전문적인 일의 형식에 스스로를 맞추고 있으며 한두 세기 전과 거의 동일한 공중의 개념을 지향하고 있다.

하지만 저널리즘과 민주주의의 두 번째, 그리고 더 급진적인 미래가 있다. 우리는 다수의 시민이 정치에 대해 거의 모르고 관심은 더더욱 없는 세상, 이익단체와 정치적으로 활동적인 사람들이 뉴스 제작에 대한 규범적 지향점뿐 아니라 그것을 지속가능하게 할 수 있는 경제적 수단도 제공하는 세상을 상상해 볼 수도 있을 것이다. 다시 말해서, 저널리즘은 단일한 공중이 아니라 여러 공중을 위해 일하는 스스로를 볼 수 있을 것이고, 민주적 지배의 논쟁을 좋아하는 제도를 수용하는 데 훨씬 더 편안해질 수 있을 것이다. 이처럼 두 번째 가능한 미래에는, 언론인이 정부 조직 전체보다는 특별한 관심사를 위해 일하게 될 것이다. 그뿐 아니라 뉴스 작업의 형태 자체도 변하게 될지 모른다. 그것은 방금 들어온 일반적인 관심사에 관한 정보information보다는 뉴스에 관심 가질 경제적 혹은 정파적 이유를 갖고 있는 이들에게 더 전문적인 정보intelligence를 제공하는 것이 전부가 될 것이다. 이런 종류의 저널리즘은 더 오래전 '페니 프레스' 이전 시대의 보도 양식을 떠올리게 할 것이다. 미래의 뉴스는 과거의 뉴스와 더 비슷해질 수 있다.

  세 번째 가능한 미래에 대해서는, 민주주의가 오늘날 더 약해지기보다 더 **강해진다**는 것이 두 번째 답변이고, 혹은 대개 변하지 않는다는 것이 첫 번째 답변이다. 간단히 말해서, 60년 혹은 70년 전에는 그다지 강력하지 않았던 민주주의는 최근에 더 강해지고 있고, 마침내 디지털 시대에 미디어가 이처럼 변화된 정세를 따라잡고 있는 것이다. 이런 세 번째 관점에 따르면, 과거 그 어느 때보다도 정부의 활동에 대해 훨씬 더 큰 공공의 감시가 있다. 즉, 그런 활동은 공공의 조사에 더 많이 열려 있으며, 정부가 기능하는 방식의 변화로 더 많은 활동에 대해 조사가 가능해진 것이다. 동시에 더 사적인 기관들은 어느 때보다 정부를 조사하느라 분주하다. 그들은 철저히 조사하고, 밝혀낸 것을 발표하며, 때로는 법이 요구하는 것에 대한 자신의 관점을 실행하기 위해 정부를 고소하기도 한다. 언론 매체는 '파수꾼 민주주의monitorial democracy'*가 발달하는 동안 변함없는 방관자인 적은 없었다. 즉, 언론 매체는 이런 변화를 지원했고, 사주해 왔으며, 이용하기도 했다. 그리고 아마추어 감시자와 전문적인 이익집단의 네트워크가 온라인 신구 언론 기관과 소통하는 새로운 온라인 미디어 생태계는 이런 과정의 부분적인 결실이다.

이런 세 가지 답변은 온라인 저널리즘과 민주주의 간 미래의 관계에 대해 우리에게 서로 다른 규범적 이해를 제공한다. 첫 번째 답변에 따르면, 민주주의와 미디어 모두 근본적이고도 중요한 방식으로 바뀌지 않았다. 만일 우리가 두 번째 답변을 믿는다면, 민주주의는 더욱 약해질 것이다. 그

* 옙 '파수꾼 민주주의'는 현대사회에서 민주주의 역사상 최초로 공공 감시의 경향이 모든 정책 영역에서 뚜렷이 나타나고 있는 현상을 함축한다. 이는 호주의 정치사학자이자 이론가인 존 킨(John Keane)이 『민주주의의 삶과 죽음(The Life and Death of Democracy)』(2009)에서 발전시킨 개념으로, 시민들이 선거 때만 정치에 참여하는 대의민주주의로는 민주주의 실현에 한계가 있으며, 지배 권력에 대한 상시적 감시를 기반으로 하는 파수꾼 민주주의가 그 대안이 될 수 있다고 주장했다. 이와 관련해 이 책의 저자 중 한 명인 마이클 셔드슨의 『알 권리의 대두(The Rise of the Right to Know: Politics and the Culture of Transparency, 1945-1975)』(2015)의 제7장에서도 자세한 내용이 논의되고 있다.

리고 세 번째 답변에 따르면, 민주주의(그리고 저널리즘)는 중요한 방식으로 그 어느 때보다 현재 더 잘하고 있다.

물론 우리가 이 세 가지 미래에 관한 답변 중 단 하나만 선택하고 나머지를 모두 제외해야 할 필요는 없다. 다른 많은 것이 그러하듯 미래는 복잡하다. 하지만 복잡할 뿐 아니라 우연적contingent이다. 저널리즘과 민주주의의 관계, 그리고 사실 일반적으로 저널리즘의 미래는 미처 고려하지 못한 생각, 아직 치르지 못한 선거, 아직 개발되지 않은 기술, 아직 발생하지 않은 사건에 달려 있다. 뉴스의 궁극적인 미래는 무엇일까? 우리는 몇몇 가능성을 그리는 데 최선을 다했다. 하지만 결국 시간이 지나야만 알 수 있을 것이다.

더 읽을거리

최초의 신문에 관해서는 Johannes Weber, "Strassburg, 1605: The Origins of the Newspaper in Europe," *German History*, 24(3) (2006), pp.387~412. 북미 식민지 시대 신문과 영국 초기 신문에 관해서는 Charles V. Clark, *The Public Prints: The Newspaper in Anglo-American Culture, 1665~1740* (New York: Oxford University Press, 1994). 유럽 초기 신문의 역사에 관해서는 Andrew Pettegree, *The Invention of News: How the World Came to Know about Itself* (New Haven: Yale University Press, 2014). 미국에서 뉴스의 일반 역사에 관해 가장 정교하고 훌륭한 설명으로는 다음 책을 참고하라. Paul Starr, *The Creation of the Media: Political Origins of Modern Communication* (Basic Books, 2004). 이 책은 매체가 형성되는 과정에서 정치적 맥락과 결정이 핵심 역할을 한다고 주장하면서 뉴스의 진화에 관한 경제학적 혹은 기술적 결정 요인을 지나치게 강조하는 관점에 반대하는데, 이는 부제에서도 정확히 드러난다. 또한 다음 책은 대중 매체를 오락의 수송 기관으로 간주하는 뉴스 연구를 넘어서서 1941년부터 21세기까지의 저널리즘에 관해 매우 박식하고 세심한 설명을 제공한다. James Baughman, *The Republic of Mass Culture: Journalism, Filmmaking, and Broadcasting in America since 1941* (Baltimore: Johns Hopkins University Press. 2006). 우

리가 알기로 뉴스의 일반 역사 및 개괄에 관한 책 중에 뉴스의 디지털 전환에 관한 설명이 포함된 최고의 저서는 아직 나오지 않았다.

소설가로 더 잘 알려진 언론인에 관해서는 Shelley Fisher Fishkin, *From Fact to Fiction: Journalism & Imaginative Writing in America* (Baltimore: Johns Hopkins University Press, 1985). **사실과 허구에 관한 메리 매카시의 논평**은 Mary McCarthy, *The Humanist in the Bathtub* (New York: New American Library, 1964), pp.174~175.

19세기 유럽 대륙과 북미 저널리즘 전통의 차이 및 인터뷰에 관해서는 Jean Chalaby, "Journalism as an Anglo-American Invention: A Comparison of the Development of French and Anglo-American Journalism, 1830s-1920s," *European Journal of Communication*, 11(3)(1996), pp.303~326, 그리고 Michael Schudson, "Question Authority: A History of the News Interview in American Journalism, 1860s-1930s," *Media, Culture & Society*, 16(4)(October, 1994), pp.565~587.

저널리즘에서 직접적 가치로서의 **'객관성'**의 역사에 관해 가장 폭넓게 인용되고 우리도 객관적으로(!) 최고라고 생각하는 연구는 Michael Schudson, *Discovering the News: A Social History of American Newspapers* (New York: Basic Books, 1978). 이보다는 더 간략하고 개념적이지만 덜 역사적인 고찰은 Michael Schudson, "The Objectivity Norm in American Journalism," *Journalism: Theory, Practice & Criticism*, 2(2)(2001), pp.149–170. **전문성**에 관해 아마도 가장 중요한 사회학 서적은 Andrew Abbott, *The System of Professions: An Essay on the Division of Expert Labor* (Chicago:

University of Chicago press, 2014). 국가 간 비교 연구의 맥락에서 **저널리즘 분야의 전문성**에 관한 간결한 정의는 Daniel C. Hallin and Paolo Mancini, *Comparing Media Systems: Three Models of Media and Politics* (New York: Cambridge University Press, 2004), pp.34~37. 국제적 관점에서 아마도 가장 영향력 있는 논문은 Jean Chalaby, "Journalism as an Anglo-American Invention: A Comparison of the Development of French and Anglo-American Journalism, 1830s-1920s," *European Journal of Communication*, 11(3)(1996), pp.303~326. 이 책에서 논의한 **브라질 사례**에 관해서는 Afonso de Albuquerque and Juliana Gagliardi, "The Copy Desk and the Dilemmas of the Institutionalization of 'Modern Journalism' in Brazil," *Journalism Studies*, 12(1)(2011), pp.80~91. **영국과 미국** 모두를 다룬 훌륭한 새 논문집은 Richard R. John and Jonathan Silberstein-Loeb (eds.), *Making News: The Political Economy of Journalism in Britain and America from the Glorious Revolution to the Internet* (Oxford: Oxford University Press, 2015).

소수민족 언론의 역사에 관해 간결하면서도 신뢰할 만한 설명은 Sally M. Miller, "Distinctive Media: The European Ethnic Press in the United States," in Carl Kaestle and Janice Radway (eds.), *A History of the Book in America*, vol.4, *Print in Motion* (Chapel Hill: The University of North Carolina Press, 2015), pp.299~311. 미국에서 **스페인어 뉴스**(특히 텔레비전)의 중요성이 커지고 있는 것에 관한 훌륭한 설명은 America Rodriguez, *Making Latino News: Race, Language, Class* (Thousand Oaks, CA: Sage, 1999). **흑인 언론**에 관한 간결하고 좋은 설명은 James P. Danky, "Reading, Writing, and Resisting: African American Print Culture," in Carl Kaestle and Janice Radway (eds.), *A History of the Book in America, vol. 4, Print in Motion* (Chapel Hill: The University of North Carolina Press, 2015) pp.339~358. 또한 Patrick Washburn, *The African American Newspaper: Voice of Freedom* (Evanston, IL: Northwestern University Press, 2006). 이 책은 특히 제2차 세계대전 이후의 흑인 언론에 관한 흥미로운 설명을 담고 있다.

미서전쟁과 신문에 관한 최고의 설명은 Robert C. Hilderbrand, *Power and the People: Executive Management of Public Opinion in Foreign Affairs, 1897-1921* (Chapel Hill: University of North Carolina Press, 1981). 다음 책은 미서전쟁에서 뉴욕 언론의 역할을 일축한다. Lewis Gould, *The Spanish-American War and President McKinley* (Lawrence: University Press of Kansas, 1982). 다음 박사학위논문은 미국의 참전 결정에 언론이 영향을 미쳤다고 보는 관점이 영국의 선전으로 미국이 제1차 세계대전에 (실수로) 참전하게 되었음을 입증하고자 했던 수정주의 역사학자들에게서 비롯되었다고 보고 이를 추적해 밝혀낸다. Mark Matthew Welter, "Minnesota Newspapers and the Cuban Crisis, 1895-1898: Minnesota as a Test Case for the 'Yellow Journalism' Theory," University of Minnesota Ph.D Dissertation(1971). 유용한 책으로 W. Joseph Campbell, *Yellow Journalism: Puncturing the Myths, Defining the Legacies* (Westport, CT: Praeger, 2001).

언론의 초기 **폭로**에 관해 유용한 설명을 제공하는 글로는 Doris Kearns Goodwin, *The Bully Pulpit: Theodore Roosevelt, William Howard Taft, and the Golden Age of Journalism* (New

York: Simon & Schuster, 2013), pp.480~487. 1960년대 이후의 **탐사 보도**에 관해서는 Peter Benjaminson and David Anderson, *Investigative Reporting*, 2nd ed.(Bloomington: Indiana University Press. 1976), pp.3~5. 그리고 David L. Protess, Fay Lomax Cook, Jack C. Doppelt et al., *The Journalism of Outrage: Investigative Reporting and Agenda Building in America* (New York: Guilford Press, 1992), pp.3~12.

신저널리즘에 관한 고전으로는 Tom Wolfe, "The Birth of 'The New Journalism': Eyewitness Report by Tom Wolfe," *New York Magazine*, February 14, 1972. 신저널리즘의 초기 사례 및 신저널리즘에 관한 모음집으로는 Ronald Weber(ed.), *The Reporter as Artist: A Look at the New Journalism Controversy* (New York: Hastings House, 1974).

1950년대 저널리즘에 관해 가장 잘 설명한 책은 Carl Sessions Stepp, "The State of the American Newspaper: Then and Now," *American Journalism Review*, 21(7)(1999), pp.60~60. 그리고 멕 그린필드의 사후 회고록인 Meg Greenfield, *Washington* (New York: Public Affairs, 1999).

분석 저널리즘 혹은 **맥락적 저널리즘**의 등장에 관한 자료는 Katherine Fink and Michael Schudson, "The Rise of Contextual Journalism, 1950s-2000s," *Journalism: Theory, Criticism, and Practice*, 15(1) (2014), pp.3~20.

미국의 공영방송 및 공영방송의 재정 지원에 관해서는 Rodney Benson and Matthew Powers, "Public Media and Political Independence: Lessons for the Future of Journalism from Around the

World," http://rodneybenson.org/wp-content/uploads/Benson-Powers-2011-public-media-and-political-independence-1-1.pdf.

저널리즘 교육에 대한 국제적 비교와 관련한 유용한 편저로는 Romy Fröhlich and Christina Holtz-Bacha (eds.), *Journalism Education in Europe and North America: An International Comparison* (Cresskill, NJ: Hampton Press, 2003).

오늘날에는 대체로 비윤리적이라고 여겨지는 **19세기 언론인과 정치인 간 친교**에 관해서는 Donald A. Ritchie, *Press gallery: Congress and the Washington Correspondents* (Cambridge, MA: Harvard University Press, 1991). 이 책에 인용된 20세기 사례에 관해서는, Michael Schudson, "Persistence of Vision–Partisan Journalism in the Mainstream Press," in Carl Kaestle and Janice Radway (eds.), *A History of the Book in America*, Vol. 4, Print in Motion (Chapel Hill: University of North Carolina Press, 2015), pp.140~150.

워터게이트 사건에 관해서는 밥 우드워드와 칼 번스타인의 베스트셀러인 Bob Woodward and Carl Bernstein, *All the President's Men* (New York: Simon & Schuster, 1974). 이 책은 여전히 사람들의 관심을 사로잡는 이야기인데, 같은 제목의 영화도 볼 것을 추천한다. 이 기자들의 훨씬 최근 평가를 담은 글로는 Carl Bernstein and Bob Woodward, "40 Years After Watergate, Nixon Was Far Worse Than We Thought," *The Washington Post*, June 8, 2012.

월터 크롱카이트가 어떻게 "가장 인기 있는" 미국인이라고 여겨지게 되었는지에 관해서는, Louis Menand, "Seeing It Now," *The New Yorker*, 88(20)(July 9, 2012), p.88.

Jurgen Osterhammel, *The Transformation of the World: A*

Global History of the Nineteenth Century (Princeton: Princeton University Press, 2014). 이 책은 여기서 우리의 주제를 간단히 다루면서 특별히 '뉴스'에 관해서만 10쪽을 할애하고 있는데, 총 919쪽에 달할 정도로 매우 이례적으로 광범위한 역사를 다룬 책이다.

뉴스·저널리즘·언론의 가치와 윤리, 신뢰성, 책무성에 관해 논한 제2장은 부분적으로 다음 세 권의 책을 참고했다. Leonard Downie Jr. and Robert G. Kaiser *The News About the News: American Journalism in Peril* (New York: knopf, 2002); Bill Kovach and Tom Rosenstiel, *The Elements of Journalism*, 3rd ed.(New York: Three Rivers Press, 2007); Kelly McBride and Tom Rosenstiel (eds.), *The New Ethics of Journalism: Principles for the 21st Century* (Washington, DC: CQ Press, 2013). 마찬가지로 뉴스와 매체의 디지털 전환에 관한 정보 및 분석은 Leonard Downie and Michael Schudson, "The Reconstruction of American Journalism," *Columbia Journalism Review*, 19(November/December, 2009), https://archives.cjr.org/reconstruction/the_reconstruction_of_american.php

디지털 시대의 뉴스 매체 변화, 콘텐츠, 수용자 행동에 관한 연구 대부분은 퓨리서치센터의 저널리즘과 미디어 프로젝트(https://www.journalism.org), 미국언론연구소와 AP-NORC 센터의 미디어 인사이트 프로젝트(http://www.mediainsight.org; 이 사이트 내의 'Project pages')를 참고하라. 현재의 언론사 보도에 관해 신뢰할 수 있는 중개자를 찾는 독자들은 다음을 참고하라. 미국언론연구소의 디지털 뉴스레터 'Need to Know'(https://www.americanpressinstitute.org), 퓨리서치센터의 'Daily Briefing of Media News'(https://www.journalism.

org/daily-briefings/), 포인터 연구소의 'MediaWire'(https://www. poynter.org/tag/morning-mediawire/).

신문사의 언론인 고용 및 수용자, 매출에 관한 정보는 미국신문편집자 협회(https://members.newsleaders.org/content.asp?contentid =121) 미국신문협회 사이트(https://www.newsmediaalliance.org/ esearch-and-tools/audience/)에서 각각 이용할 수 있다. **지역 텔레비 전 방송국의 직원 고용 및 디지털 혁신**에 관한 정보는 라디오·텔레비전· 디지털뉴스협회(www.rtdna.org)의 설문조사에서 찾아볼 수 있다. 공 공방송협회 사이트(www.cpb.org)는 **공영 라디오 및 텔레비전 방송국** 이 뉴스를 어떻게 보도하고 재정을 충당하는지에 관한 정보를 제공한다.

현재 **뉴스 매체**에 관해서는 아마도 미국 공영방송 NPR의 데이비드 폴켄플릭(https://www.npr.org/people/4459112/david -folken flik)이 최고의 기자일 것이며, 컬럼비아 저널리즘 리뷰는 가장 광범위하 고 심층적인 정보를 제공한다.

언론사 매체 경제의 진화와 디지털 진화, 수용자 관여에 관해 통찰력 있는 분석은 포인터 연구소의 릭 에드먼드(https://www.poynter. org/member/rick-edmonds/), 그리고 뉴소노믹스(http://newsono mics.com), 하버드 대학의 니먼 저널리즘 랩의 켄 닥터(https://www. niemanlab.org/author/kdoctor/)의 블로그 게시물에서 찾아볼 수 있 다. 《뉴욕 타임즈》의 고故 데이비드 카의 출중한 미디어 해설도 여전히 다시 읽어볼 만하다.

제3장에서 논의한 **미래 사업 모델**에 관해서는 (저널리즘의 미래 전체 에 대한 예측 중에서 아마도 가장 골치 아픈 질문일지 모르지만) 퓨리서 치에서 정기적으로 발행하는 「뉴스 미디어 이용 현황」 보고서에 의지했 는데, 이는 매해 온라인(https://www.journalism.org)에서 발행된다.

또한 **매체 산업의 역사와 경제**에 관해서는 다음과 같은 주요 학술 저서도 활용했다. James Hamilton, *All the News That's Fit to Sell: How the Market Transforms Information into News* (Princeton, NJ: Princeton University Press, 2004). 이 책은 뉴스 산업에 관해 이론적으로 여전히 가장 정교한 시각을 담고 있다. 좀 더 최근에 나온 로버트 피카드의 저서, 그중에서도 다음 책은 꼭 읽어볼 만하다. Robert Picard, *The Economics and Financing of Media Companies* (New York: Fordham University Press, 2011). 하버드의 니먼 저널리즘 랩 사이트(https://www.niemanlab.org)는 켄 닥터의 정기적인 칼럼을 비롯해 미국에서 가장 중요한 **매체 및 뉴스 회사의 현황**에 관해 짤막한 글과 업데이트를 주기적으로 제공한다. 프레데리크 피유(Frédéric Filloux)와 장 루이 가세(Jean-Louis Gassée)가 글을 기고하는 먼데이노트(https://mondaynote.com)는 유럽에 더 초점을 맞추고 니먼 저널리즘 랩과 유사한 서비스를 제공한다.

뉴스 산업 전반에 관한 비교 연구에 관해서는 다음의 보고서를 꼭 읽어보기 바란다. Rasmus Kleis Nielson, "Ten Years That Shook the Media World"(Oxford: Reuters Institute for the Study of Journalism, October 2012), https://reutersinstitute.politics.ox.ac.uk/sites/default/files/2017-09/Nielsen%20-%20Ten%20Years%20that%20Shook%20the%20Media_0.pdf.

지난 10년간 저널리즘 연구에서는 민족지학적 전통이 다시 살아나면서 뉴스 제작, 기술적 측면에서 뉴스 관행에 나타난 변화, 그리고 좀 더 일반적으로 **기술과 뉴스의 관계**와 관련해 깊이 있는 통찰을 제공하는 방대한 학술 도서들이 최근 등장했는데, 우리는 특히 다음과 같은 저자들의 통찰에 의존했다. C.W. Anderson, *Rebuilding the News: Metro-*

politan Journalism in the Digital Age (Philadelphia: Temple University Press, 2012); Pablo Boczkowski, *Digitizing the News: Innovation in Online Newspapers* (Cambridge, MA: MIT Press, 2004); Pablo Boczkowski, *News at Work: Imitation in an Age of Information Abundance* (Chicago: University of Chicago Press, 2010); Nikki Usher, *Making News at The New York Times* (Ann Arbor: University of Michigan Press, 2014). 신문 산업 밖으로 넘어가면, Joshua Braun, *This Program is Brought to You by...: Distributing Television News Online* (New Haven, CT: Yale University Press, 2015). 이 책은 **기술과 텔레비전 뉴스**에 관해 논의하는데, 다음 박사 학위논문은 **팩트체킹** 및 기타 **새로운 유형의 저널리즘**에 관해 다룬다. Lucas Graves, "Deciding What's True," Columbia University Ph.D Dissertation. Columbia University Press(2016).

지금까지 실리콘밸리의 문화와 전통적인 저널리즘의 규범 및 관행의 관계에 대해 학술적으로 다룬 것은 거의 없었다. **뉴스편집실의 측정 지표 및 그 영향력**에 대한 평가에 관한 연구로는 케이틀린 피터와 에인절 크리스틴의 다음 논문과 글이 있는데, 이들은 수용자 측정 도구가 이용자에 대한 기술 생산자의 일반적인 태도를 구현하는 것에 대해 면밀하게 분석했다. Caitlin Petre, "Engineering Consent: How the Design and Marketing of Newsroom Analytics Tools Rationalize Journalists' Labor," *Digital Journalism*, 6(4)(2018), pp.509~527; Angele Christin, "Algorithms in Practice: Comparing Web Journalism and Criminal Justice," *Big Data & Society* 4(2)(2017), pp. 1~14. '**혁신**'이 저널리즘적 유행어나 문화적 인공물 정도로 이해되었던 것도 사실이지만, 이례적으로 다음과 같은 논문도 있다. Seth Lewis,

"Journalism Innovation and Participation: An Analysis of the Knight News Challenge," *International Journal of Communication*, 5(2011), pp.1623~1648; Elizabeth Hansen, "Institutional Leadership, Innovation, and Organizational Change During Technical Transitions: A Study of Digital Transformation in Public Radio," Harvard University Ph.D Dissertation(2019).

컴퓨테이셔널 저널리즘, 데이터 저널리즘, 인터액티브 저널리즘, 로봇 저널리즘 등 **기술이 저널리즘의 과정을 매개**하는 것에 대해서는 훨씬 더 많은 연구가 있다. 먼저 다음 책은 매우 혁신적이다. Nikki Usher, *Interactive Journalism: Hackers, Data, and Code* (Urbana: University of Illinois Press, 2016). **데이터 저널리즘**에 관해서는 다음 논문이 현재 가장 유용한 자료다. Seth Lewis(ed), special issue of *Digital Journalism*, 3(3)("Journalism In An Era of Big Data: Cases, Concepts, and Critiques")(2015) pp.321~330. **뉴스 제작에서 데이터를 논거로 활용한 역사**에 대해 연대기적으로 설명하는 서적도 다음과 같이 출판될 예정이다. C.W. Anderson, *Journalistic Cultures of Truth: Data in the Digital Age* (Oxford University Press, in press).

저널리즘과 정치적 과정의 관계에서 나타나는 변화에 관한 최고의 서적들은 (결국에는) 일차적으로 정치 커뮤니케이션 분야에서 찾아볼 수 있다. 그중에는 다음과 같은 옥스퍼드 대학 출판사의 'Oxford Studies in Digital Politics' 시리즈가 앞장선다고 할 수 있다. David Karpf, *The Moveon Effect: The Unexpected Transformation of American Political Advocacy* (2012); Daniel Kreiss, *Taking Our Country Back: The Crafting of Networked Politics from Howard Dean to*

Barack Obama (2012); Andrew Chadwick, *The Hybrid Media System: Politics and Power.* Oxford University Press (2013); Jessica Baldwin-Philippi, *Using Technology, Building Democracy: Digital Campaigning and the Construction of Citizenship* (2015). 그 밖에 중요한 책으로는 Rasmus Kleis Nielsen, *Ground Wars: Personalized Communication in Political Campaigns* (Princeton, NJ: Princeton University Press, 2012); Rodney Benson, *Shaping Immigration News* (Cambridge, UK: Cambridge University Press, 2013).

'파수꾼 민주주의(monitorial democracy)' 개념은 호주의 정치 역사 학자이자 이론가인 존 킨(John Keane)의 책 *The Life and Death of Democracy* (London: Simon & Schuster, 2009)에서 발전되었으며, 마이클 셔드슨의 책 *The Rise of the Right to Know: Politics and the Culture of Transparency, 1945-1975* (Cambridge, MA: Harvard University Press, 2015)의 제7장에서도 논의되었다.

옮긴이 후기

예로부터 저널리즘은 일종의 성역聖域이었다. 합법적으로 권위에 도전하고 문제를 제기할 수 있는 몇 안 되는 자유로운 직군이자, 법조인이나 의사와는 구별되는 새로운 형태의 전문직이었기 때문이다. 이 책에서도 지적하고 있듯이 미국의 헌법에 언급된 유일한 직업군이기도 하다. 저널리즘의 역사를 살펴보면, 신문은 식민지 시대에도 민족 고유의 정체성을 지키고 확인할 수 있게 해준 경로였다. 이후에 등장한 방송은 정부와 권력에 대한 견제자로서의 역할을 이어갔다. 언론은 개인과 사회를 자연스럽게 연결해 주는 매개체이면서 다양한 방식으로 시민과 연결되어 현대사회의 공동체 형성을 촉진해 왔다.

하지만 언론의 본질을 흐리는 사건이 발생하기도 하고, 기술의 변화에 따라 뉴스 생태계가 역동적으로 변화하면서 일반 수용자는 물론 언론인조차 많은 의문을 품게 되었을 것이다. 언론은 본질적으로 정부에 대해 비판적 입장에 서야 하는가? 정부에 비판적이라는 것이 곧 시민의 편이라는 뜻일까? 언론 신뢰도는 정부 신뢰도와 어떤 관계에 있을까? 뉴스는 어떻게 팩트와 스토리텔링 두 마리 토끼를 다 잡을 수 있을까? 로봇이 기사를 쓰면 기자는 무엇을 해야 하는가? 과연 어디부터 어디까지가 언론인가? 이제 저널리즘은 어디로 가고 있는 것일까?

저널리즘의 과거, 현재, 미래의 세 장으로 나누고 각각 '자주 묻는 질문들Frequently Asked Questions: FAQs'을 모아서 저널리즘 전문가 세 명이 답변한 이 책을 읽다 보면 그런 의문들이 어느 정도는 해소될 것이라고 생각한다. 이 책의 지은이 세 명은 모두 저널리즘 분야의 저명한 학자다. 세 명 중에서 가장 젊은 학자인 영국 리즈 대학의 크리스토퍼 앤더슨 교수는 저널리즘의 '미래' 부분을 집필했고, 《워싱턴 포스트》탐사 보도 기자로 시작해 현재 전체 회사의 부회장이 되기까지 《워싱턴 포스트》 뉴스룸에서 약 44년을 헌신한 미국 애리조나 주립대학의 레너드 다우니 주니어 교수는 저널리즘의 '현재'를, 그리고 컬럼비아 대학 저널리즘 스쿨의 마이클 셔드슨 교수는 저널리즘의 '과거' 부분을 집필했다. 특히 셔드슨 교수는 저널리즘에 관해 단독으로 집필한 서적만 열 권이 넘으며 여전히 왕성한 집필 활동을 자랑하는 학자로, 이 책의 번역 과정에서 궁금한 점이나 확인이 필요한 부분에 대해 문의할 때마다 신속하고도 친절한 답변으로 생생한 번역에 힘을 실어주었다.

　마음에 드는 외서를 골라 한국의 독자들에게 소개하는 일은 매우 흥미진진한 과정이다. 번역서를 출간하는 묘미는 무엇보다 언어의 차이에서 비롯되는 거리감을 좁혀가는 것에 있다. 지은이가 의도한 의미, 옮긴이가 이해한 의미, 독자가 받아들이게 될 의미, 이 세 지점 사이를 분주히 오가며, 궁극적으로는 서로가 같은 이상을 바라보게 될 것을 기대하면서 그 간극을 최대한 좁히는 것이다. 이런 긴 여정을 지원해 주신 뉴스통신진흥회와 이 번역서가 꼭 필요한 독자에게 전달되기까지 모든 과정을 꼼꼼하게 진행해 주신 한울엠플러스, 특히 편집부와 최규선 팀장께 깊이 감사드린다.

2019년 9월 20일

오현경, 김유정

지은이

크리스토퍼 앤더슨 C.W. Anderson 컬럼비아 대학에서 박사 학위를 받고, 뉴욕 시립대학 (CUNY)에서 부교수로 일했다. 현재 영국 리즈 대학에서 미디어 커뮤니케이션 학과 교수로 재직 중이다. 저널리즘과 정치, 그리고 디지털 시대에 어떻게 지식 생산이 변화하는지를 연구하고 있다. 지은 책으로 *Rebuilding the News* (2013), *Remaking the News* (2017, 공저), *Apostles of Certainty* (2018) 등이 있다.

레너드 다우니 주니어 Leonard Downie Jr. 현재 애리조나 주립대학교 월터 크롱카이트 저널리즘 대학 교수다. 1991년부터 2008년까지 《워싱턴 포스트》의 편집장으로 재직했으며, 이 기간에 《워싱턴 포스트》는 25개의 퓰리처상을 받았다. 신문사에서 44년간 근무하는 동안 탐사 보도 기자, 런던 특파원, 편집인 등 다양한 영역을 경험했으며, 특히 워터게이트 취재 및 보도에 직간접적으로 참여하기도 했다. 지은 책으로 *Justice Denied* (1972), *The New Muckrakers* (1976), *The News about the News* (2003, 공저), *The Rules of the Game* (2009) 등이 있다.

마이클 셔드슨 Michael Schudson 하버드 대학에서 박사 학위를 받고, 시카고 대학과 UC 샌디에이고에서 가르쳤다. 현재 컬럼비아 대학 저널리즘 스쿨 교수로 재직 중이다. 뉴스 매체의 역사와 사회학에 관한 여러 편저로 유명하다. 지은 책으로 *Discovering the News* (1978), *Advertising, the Uneasy Persuasion* (1984), *Reading the News* (1986, 공편), *Watergate in American Memory* (1992), *The Power of News* (1995), *The Good Citizen* (1998), *The Sociology of News* (2003, 2011), *The Rise of the Right to Know* (2015) 등이 있다.

옮긴이

오현경 탄소중립녹색성장위원회의 소통협력관으로 재직 중이다. 서울대학교 언론정보학과를 졸업했으며 동 대학원에서 석사학위를 받은 후 미국으로 건너가 포담대학교와 조지메이슨대학교에서 각각 커뮤니케이션 석사와 박사학위를 받았다.
MBC 정책협력부 전문연구위원, 여론집중도조사위원회 및 방송기자연합회 전문위원 등을 거쳤으며 주요 역서로『수용자진화』,『뉴스생태학』등이 있다.

김유정 현재 문화방송(MBC) 전문연구위원으로 재직 중이다. 연세대학교 사회학과를 졸업하고 동 대학에서 언론학 석사와 박사학위를 받았다. 커뮤니케이션 현상과 그 미시적 기초의 관계, 이것이 가져오는 사회 변동에 대해 연구하고 있다. 지은 책으로『방송의 진화』(공저, 2018),『미디어와 공동체』(공저, 2018)가 있으며, 미디어 이용, 콘텐츠·플랫폼 산업, 미디어 법제도 정책 관련 논문을 다수 발표했다.

뉴스통신진흥총서 20

뉴스를 묻다
뉴스를 바로 보기 위해 알아야 할 거의 모든 지식

지은이 **크리스토퍼 앤더슨, 레너드 다우니 주니어, 마이클 셔드슨** | 옮긴이 **오현경, 김유정**
펴낸이 **김종수** | 펴낸곳 **한울엠플러스(주)**

초판 1쇄 발행 **2019년 10월 31일** | 초판 2쇄 발행 **2024년 10월 15일**

주소 **10881 경기도 파주시 광인사길 153 한울시소빌딩 3층**
전화 **031-955-0655** | 팩스 **031-955-0656** | 홈페이지 **www.hanulmplus.kr**
등록번호 **제406-2015-000143호**

ISBN **978-89-460-6819-3 03070** (양장)
      978-89-460-6820-9 03070 (무선)

Printed in Korea.

* 책값은 겉표지에 표시되어 있습니다.